Andreas Oplatka

Hat Gorbatschow eine Chance?

Land im Widerspruch

Verlag Neue Zürcher Zeitung

Foto Umschlag:
Presse-Agentur Dukas, Zürich

Separatdruck aus der «Neuen Zürcher Zeitung»
© 1987, Verlag Neue Zürcher Zeitung, Zürich
Satz: Neue Zürcher Zeitung, Zürich
Druck: NZZ Fretz AG, Zürich
ISBN: 3 85823 188 6
Printed in Switzerland

Inhaltsverzeichnis

Vorbemerkung   7

Alltag des Sowjetbürgers   9

Gorkistrasse, Samstag vormittag   10
Junge motorisierte Nation   15
Erstellung eines Parkplatzes   20
Umgang mit dem Phänomen Zeit   24
Vorstellungen über den Westen   28
Behörden im Umgang mit Ausländern   32
Kleinanzeigen   36
Das Monatsbudget der Familie Iwanow   41

Unterwegs zwischen Irkutsk und Uschgorod   47

Auf sowjetischen Landstrassen   48
In Galizien   53
Altrussland und Sowjetwirklichkeit   58
Jenseits des Urals   63
Kornkammer Kuban-Gebiet   68
An der Südküste der Krim   73
Geschichtslektionen in Georgien   78
Lob der georgischen Gastfreundschaft   83
Die Armenier, die Nation mit der tragischsten Geschichte   86
Moldawien, ein Fall sowjetischer Abgrenzung   91
Gedanken auf dem Rigaer Herder-Platz   96
Litauen, Mitteleuropäisches auf Sowjetterritorium   101
Reiseaufbruch mit Schwierigkeiten   106
Von Moskau nach Brest und weiter westwärts   109

Sowjetische Selbstdarstellung   115

Das Weltbild eines Durchschnittsfunktionärs   116
Zu Gast bei der Nachrichtenagentur Tass   120
Ein Beispiel parteiamtlicher Geschichtsbetrachtung   125

Weltkriegsjubiläum	129
Begegnung mit einem Kriegsveteranen	133
Afghanistan-Krieg ohne Heimatfront	137

Nicht vom Brot allein... 143

Unruhige Geister	144
Heiliges Russland?	151
Die «seelischen Bedürfnisse» des Sowjetmenschen	155
Sowjetschüler beim Deutschunterricht	160
Unter Kindern im Pionierlager Artek	165
Wo Puschkin in der Verbannung lebte	169
In Tolstois Wohnhaus in Jasnaja Poljana	173
Rock-Oper in der Moskauer Vorstadt	178
Kultursplitter aus der Provinz	182

Anstelle eines Nachwortes 187

Supermacht und Entwicklungsland 188

Vorbemerkung

Die in diesem Band versammelten Berichte sind das Ergebnis eines Aufenthalts in der Sowjetunion vom Frühjahr 1983 bis zum Spätherbst 1986. Die Zeitspanne umfasst die Übergangsperioden nach dem Tod Breschnews, die im Zeichen der kurzlebigen Generalsekretäre Juri Andropow und Konstantin Tschernenko standen, sowie die ersten anderthalb Jahre nach dem Machtantritt Michail Gorbatschows. Zwar gibt es keinen Bereich des Sowjetlebens, auf den die Politik nicht abfärbt, doch will die hier vorgelegte Auswahl weder politische Entwicklungen nachziehen noch Analysen anbieten. Der Verfasser ist überzeugt, dass Berichterstattung aus Moskau nur dann sinnvoll und gerechtfertigt ist, wenn sie – neben der obligatorischen Kommentierung der Aktualitäten – ihrem westlichen Publikum den sowjetischen Alltag nahezubringen versucht. Die Beschreibung eines Autobusses in Krasnodar kann über die Sowjetwirklichkeit mehr aussagen als die gewissenhafteste Zusammenfassung einer im Kreml gehaltenen zweistündigen Rede zur Feier der Oktoberrevolution.

Die im Titel gestellte Frage – hat Gorbatschow eine Chance? – mag somit angesichts dieser Texte unbescheiden erscheinen. Dies um so mehr, als es sich hier nicht darum handeln kann, mit einem simplen Ja oder Nein eine Antwort zu wagen. Zwar hat der neue Generalsekretär seine Vorhaben schon oft genannt, hat von «Umgestaltung» der Sowjetgesellschaft gesprochen, von «Öffnung» und Beschleunigung des technisch-wissenschaftlichen Fortschritts, auch von «Demokratisierung», ohne dass er diese Begriffe und vorab die Mittel, mit denen er die Ziele zu erreichen gedenkt, klar definiert hätte. Auch sind Reformversuche in Russland (nicht nur in der Sowjetunion) zu oft schon verwässert worden und gescheitert, als dass Vorsicht des aussenstehenden Beobachters jetzt nicht am Platze wäre. Bei all der Skepsis, die der Rückblick auf historische Erfahrungen erfordert, ist aber vor allem festzuhalten, dass die Zeit für ein Urteil über die Ernsthaftigkeit und die Erfolgschancen Gorbatschows noch nicht reif ist. Gleich genau wissen zu wollen, sich rasch eine Meinung zu bilden – solche Wünsche entspringen westlicher Ungeduld, einer Mentalität, die man in Russland nicht kennt und die daher keinen guten Dienst leistet, wenn es darum geht, den Vorgängen in diesem Land gerecht zu werden.

Die Stunde der Wahrheit wird für den Parteichef, sofern er die Macht bewahrt, frühestens zu Beginn der neunziger Jahre kommen: bei der Überprüfung der hochfliegenden Pläne im Lichte einer ersten Bilanz. Die Fragen nach der Reformfähigkeit des Systems und nach dem Format des Staatsmanns Gorbatschow werden dann wohl gültigere Antworten finden. Die Beiträge in diesem Band behandeln nicht Einzelheiten des von Gorbatschow eingeleiteten politischen Prozesses, wohl aber das schwierige und schwerfällige Objekt, das der Kremlführer in den Griff zu bekommen versucht. Dieses Buch will Eindrücke vermitteln vom Zustand der Sowjetgesellschaft, wie sie Gorbatschow bei seinem Machtantritt Mitte der achtziger Jahre vorfand.

Persönliches Interesse und Temperament spielen natürlich bei der Auseinandersetzung mit dem Gastland ihre entscheidende Rolle, sie diktieren die Themenwahl. Die auf solche Weise im Vordergrund stehenden Fragen liessen sich im vorliegenden Fall ungefähr so wiedergeben: Worin besteht die Andersartigkeit der Denkweise in der Sowjetunion, inwiefern unterscheiden sich die Einwohner vom Westeuropäer, wie funktioniert es in den Köpfen der Sowjetleute – in denen der Parteikader und auch der Menschen ausserhalb der Sphäre der Macht? Und welche historische und kulturhistorische Faktoren haben diese Wesensart hervorgebracht? Ob und in welchem Mass die offizielle Ideologie den Stand der Dinge in der Sowjetunion heute noch zu begründen und zu rechtfertigen vermag, gehörte im gleichen Zusammenhang auch zu den bevorzugten Gegenständen. Bei all dem meldet der Verfasser weder auf wissenschaftlichen Tiefgang noch auf Vollständigkeit einen Anspruch an, sondern will seine Berichte am liebsten als Annäherungsversuche sehen. Einer der Vorgänger auf dem Moskauer Posten schrieb Ende der sechziger Jahre, jeder Ausländer, der in der UdSSR gelebt habe, stimme in der Meinung überein, dass er die Sowjetunion nicht kenne, handle es sich doch nicht um ein Land nach Menschenmass. Dem ist, auch zwanzig Jahre später, kaum etwas hinzuzufügen.

Andreas Oplatka

Alltag des Sowjetbürgers

Gorkistrasse, Samstag vormittag

«Beschreiben Sie am Anfang zuerst einmal alles, was Ihnen ungewöhnlich und merkwürdig vorkommt. Für so manches, was der Neuankömmling höchst sonderbar findet, geht ihm der Blick nach einem halben Jahr schon verloren. Die Anpassung an das hiesige Leben geht schneller, als man meint, man nütze darum die Frist, die einem die Macht der Gewöhnung einräumt.» Der Rat wird dem in Moskau neu eingetroffenen Kollegen von Auslandkorrespondenten offenbar seit Generationen schon weitergereicht. Leben wir der freundlichen Empfehlung nach, beginnen wir also mit dem Naheliegendsten, dem Strassenbild, mit einem Spaziergang an der Uliza Gorkowo, der Gorkistrasse, an einem Samstagvormittag.

Die wiederholt verbreitete, mehrspurige Strasse, gesäumt von öffentlichen Bauten, Hotels und Geschäften, beginnt in unmittelbarer Nähe des Kreml und des Roten Platzes. Leicht ansteigend führt sie in nordwestlicher Richtung als eine der Hauptverkehrsadern der Innenstadt zum Leningradski Prospekt und zur Leningradskoje Chaussee, den Ausfallstrassen, auf deren Fortsetzung man zum Flughafen Scheremetjewo und weiter nach Kalinin, Nowgorod und Leningrad gelangt. Wir bleiben im Zentrum, gesellen uns der Menge zu, die an diesem Vormittag ihren Einkäufen nachgeht. Der freie Samstag ist in der Sowjetunion, zumindest für Angestellte, allgemein eingeführt, und obwohl die Lebensmittelgeschäfte am Wochenende durchgehend offenhalten, ist der Drang zu den Läden an diesem Tag doch grösser; die Vorbereitung, die Vorsorge für die bevorstehenden freien Tage diktieren die Einkaufswege. Unsereiner, der da hastenden Hausfrauen, Pakete und Taschen schleppenden Ehepaaren folgt, sich von der Strömung treiben lässt, ist da freilich nur Zaungast. Etwas anderes ist es, hier zuzuschauen oder für die eigene Familie vier Mahlzeiten zu besorgen (der westliche Ausländer erledigt das im Devisenladen), und noch anders wiederum fielen wohl die Erfahrungen aus, wollte man nicht das Vorhandene kaufen, sondern etwas Bestimmtes suchen.

Der Spaziergang beginnt beim Hotel Peking, einem überdimensionierten, aber mit Moskauer Mass nicht ganz monumental geratenen Bau, über dessen Haupteingang ein Fries in bestem sozialistisch-realistischem Stil vermutlich den engen Bund von Arbeitern und Bauern zeigt. Vorbei am Denkmal des Dichters Majakowski überquert man den Platz und stösst auf eine lange Menschenschlange. Nein, hier geht es nicht um Lebensmittel, um Mangelwaren, um «defizitni produkti» (man lernt den einheimischen Ausdruck nach einigen Tagen schon), sondern um Karten für das Satirische Theater, das sich da neben der Tschaikowsky-Konzerthalle befindet. Um die Ecke steht zwar eine aus Brettern gezimmerte Verkaufsbude, wo Theaterkarten feilgeboten werden, und auf dem Plakat an deren Seite mit dem Programm der Moskauer Bühne zählt man nicht weniger als 22 täglich spielende Häuser. Auch hier gilt aber die Regel, dass das besonders Begehrte schwer erhältlich ist.

Regen Zulauf dafür hat neben dem Kartenstand ein Getränkeautomat, der für drei Kopeken je nach Wunsch Limonade oder Birnensaft liefert. Frühsommerliche Hitze lastet über der Hauptstadt mit Temperaturen, die an schwülen Nachmittagen gelegentlich 30 Grad erreichen, und viele bleiben da vor dem Apparat stehen, um sich den Durst zu löschen. Pappbecher kennt der Automat allerdings nicht, er verfügt als Zubehör nur über zwei Gläser, die vor der Getränkewahl zuerst jeder an einem eigens hiefür vorhandenen Wasserstrahl spült. Weitere Automaten, die in einer Unterführung eine Reihe bilden, sind mit Tageszeitungen gefüllt. Die Nachfrage ist entschieden kleiner als die nach Limonade, aber hie und da ersteht doch ein Passant für drei Kopeken den «Trud» oder den «Sowjetski Sport».

Plaketten, Gedenktafeln mit Bild und Inschrift erinnern an vielen Häusern daran, dass Würdenträger des Regimes, Musiker oder Schriftsteller hier gelebt haben. Im Gebäude, das ein Relief als den einstigen Wohnort des unglücklichen (nach der Erschütterung des 20. Parteikongresses durch Selbstmord aus dem Leben geschiedenen) Romanciers Fadejew ausweist, befindet sich ein in viele Gewölbe eingeteiltes Lebensmittelgeschäft. Am reichhaltigsten ausgestattet ist die als Bäckerei eingerichtete Abteilung, wo viele Sorten (von dunklen Roggenlaiben bis zum weissen Feingebäck) die Wertschätzung – wie manche sagen: die schon ins Mystische gesteigerte Liebe – der Russen für das Brot demonstrieren. Bei den Kolonialwaren bekommt man Tee und Kaffee, von letzterem sogar mehrere Sorten in kleinen Kartonschachteln, und obwohl die Liebhaber des starken Espresso da kaum auf ihre Kosten kämen, so ist für die Einheimischen jenseits der Qualität doch das Faktum wichtig, dass diese Waren in den Moskauer Läden vorhanden sind. Ganz selbstverständlich ist das nicht in allen Ländern des «real existierenden Sozialismus», wie das der Augenschein etwa in Rumänien lehren kann. Das gleiche gilt hier für Eier, Butter, Zucker und die in Kartonpackungen abgefüllte Milch, die freilich sofort getrunken oder abgekocht werden muss, da sie sonst selbst im Kühlschrank nach einem Tag schon hoffnungslos sauer ist.

Ein ähnliches Bild empfängt den Besucher in allen Lebensmittelläden der Gorkistrasse, es ist auch im «Gastronom Nr. 1», im «Jelissejew», dem nach seinem ursprünglichen Besitzer so benannten Feinkostgeschäft auf der anderen Strassenseite, nicht viel anders. In diesem Raum, der mit seinen an Goldzierat reichen Wänden, seiner überladenen Stukkaturdecke und den bombastischen Leuchtern einem üppigen Opernfoyer der Jahrhundertwende gleicht, herrscht freilich Gedränge. Der aus dem Westen mitgebrachte Reflex, bei einem kleinen Zusammenstoss in der Menge «Entschuldigung» oder «Verzeihung» zu sagen, erweist sich als vollkommen überflüssig und ist abzugewöhnen: Keiner schert sich in solchen Fällen um den anderen, und an der Spitze der Menschenschlangen, wenn mehrere Leute gleichzeitig zum Bedienungspult vorstossen, spielt sich gelegentlich ein von zornigen Bemerkungen begleiteter Nahkampf um den Vorrang ab. Was aber die Schlangen an sich zieht und vielen zumindest eine gute Stunde Wartezeit wert erscheint, das ist eine dicke Wurst, die in der Qualität etwa dem gut schweizerischen Cervelat entspricht. Ohne Mühe bekommt man dagegen einige Sorten von Fischkonserven, und mit einheimischen Produkten gut bestückt ist die Abteilung für alkoholische Getränke. (Zwei Jahre später, im Zeichen von Gorbatschows Antialkoholkampagne, sollte sich dies radikal ändern: die Spirituosen verschwinden jäh, Batterien von Mineralwasserflaschen halten an ihrer Statt Einzug.) Das Pult wiederum, auf dem sich grosse, frische Zitronen und Orangen zu Bergen häufen, lockt kaum jemanden an: Hier wirkt offenbar der Preis – Rubel 3.50 pro Kilo, der Lohn für zwei bis drei Arbeitsstunden – abschreckend.

Schlimm schliesslich (im «Jelissejew» ebenso wie in anderen Läden) nehmen sich Angebot und Nachfrage in den Metzgereien aus. Hinter den Trenngläsern des Verkaufsstands türmen sich da einzig von Fleischschichten dünn durchzogene Fettklumpen. Sind einmal etwas ansehnlichere Fleischstücke vorhanden, so ersieht man das gleich an der Ansammlung geduldig und angesichts der stockenden und undurchsichtigen Bedienung auch resigniert wartender Kunden.

Ökonomen sollen sich immer wieder an der Aufgabe versucht haben, die unproduktiven Stunden zu berechnen, die in diesem Land Männer und Frauen, vor allem Frauen, mit Schlangestehen verbringen. Berechtigt ist die Sorge um so mehr, als der Kunde sich zweimal einzureihen hat: zuerst, wenn er zur Verkäuferin gelangt, und dann nach der Wahl der Ware vor der Kasse. Natürlich denkt man an die Vereinfachung wie im Westen durch Selbstbedienungsläden; hier aber sieht man sich mit der Erkenntnis konfrontiert, dass das Selbstbedienungsprinzip Überfluss zur Voraussetzung hat. In der Tat: In dem Zentral-Hotel hier an der Gorkistrasse (dem einstigen Hotel Lux, wo in den dreissiger Jahren die Komintern-Funktionäre und manche späteren Führer der Ostblockländer in der Emigration ihre Pläne und Intrigen entwarfen und in ständiger Angst vor Stalins Terrorwelle lebten), im Erdgeschoss dieses Hotels ist nun eine Selbstbedienungsbäckerei eingerichtet, möglich geworden eben durch das reiche Angebot an Brot.

Etwas weiter strassenaufwärts wählt der Käufer in einem Gemüseladen ebenfalls selber und bezahlt an der Kasse; zwar ist das Vorhandene auch hier in beträchtlichen Mengen aufgehäuft, von Überfluss kann aber schwerlich die Rede sein, denn das Sortiment ist rasch aufgezählt: man kann sich für Kartoffeln, Kohl, Zwiebeln oder Gurken entscheiden. Das ist wohl wenig, und der Zuspruch nimmt sich denn auch lahm aus. Vermerkt sei indessen eine Kleinigkeit: die Kartoffeln stecken als abgewogene Pakete in Netzen, und selbst die einzelnen Kohlköpfe sind von Plastic-Hüllen umgeben; der nicht selbstverständliche Aufwand für Verpackung signalisiert ein leichtes Ansteigen des Lebensniveaus, zeigt eine Angebotsform an, die über das Lebensnotwendige allein hinausgeht. Ähnliches gilt für das Nachbargeschäft, wo dreierlei gedörrte Früchte verkauft werden und wo das Personal Musse gefunden hat, das nicht eben fürstliche Angebot auf einer schrägen Platte im Hintergrund einladend nach geometrischen Mustern zu ordnen.

Die Kunden ziehen von Laden zu Laden, schauen rasch hinein, um einen Überblick zu gewinnen, ziehen weiter oder stellen sich in die Reihen. Gegen Mittag sind die Einkaufsnetze allmählich prall gefüllt, der Zeitaufwand beginnt, wenn schon nicht Früchte, so doch Ergebnisse zu zeitigen. Viele in der Menge ziehen mit Schachteln, Körben oder Koffern herum – Zugereiste, die an diesem Tag in Moskau Grosseinkäufe tätigen. Wie mag es bei ihnen bestellt sein, wenn die Moskauer Läden die Fahrkarte lohnen? Reichhaltiger und in der Qualität besser ist in der Hauptstadt das Angebot der berühmten Kolchosmärkte, deren Preise freilich – oft das Vielfache des im staatlichen Laden verlangten – ebenso von sich reden machen. Dennoch: Die Versorgung mag knapp und eintönig sein und der Erwerb eines besseren Bissens viel Geld und Zeit kosten – das Notwendige findet sich. Die Moskauer, denen man da auf der Gorkistrasse begegnet, sind denn auch keineswegs ausgehungerte Gestalten – ganz im Gegenteil. Die aus den Nähten platzenden Figuren, die im Westen von Überfütterung zeugen, mögen hier mit Brot, Wodka und Bier, mit einseitiger Ernährung allgemein zu tun haben; die durch grossartige Sporterfolge aufgebaute Legende von der athletischen Nation strafen sie jedenfalls Lügen. Ob es wahr sei, fragte uns ein junger Taxifahrer einmal, dass in der Dritten Welt täglich Tausende an Hunger stürben, und als der westliche Fahrgast bejahte, da schüttelte er den Kopf und seufzte: «Man denke, im 20. Jahrhundert!» Dass sein eigenes Land erst vor einigen wenigen Jahrzehnten noch selber Hungersnöte gekannt hat, schien ihm unbekannt und bei aller Kargheit des Alltags zumindest aus Moskauer Perspektive wohl auch unvorstellbar zu sein.

Nun geht es zurück in die Richtung auf den Puschkinplatz, wo neben dem Denkmal des Dichters auf Bänken Mütterchen ihre Einkaufstaschen abstellen und verschnaufen, Jeans tragende junge Männer in Gruppen herumstehen und wo manchmal – ein Farbtupfen auf grauer Palette – eine westlicher Mode nacheifernde Schönheit vorbeipromeniert. Es geht weiter entlang dem grossen und funktionell nüchternen Bau der «Iswestija»-Redaktion (und man sagt sich im stillen, dass eine Zeitung, die täglich ganze sechs Seiten produziert, mit Büroraum immerhin nicht schlecht bedacht ist), vorbei an Fernseh- und Photogeschäften, in deren Auslage einheimische Erzeugnisse auf ihre Käufer warten. Gewiss, es sind nicht die chromglitzernden Elektronikwunder, deren Anblick man gewohnt ist, und die Überfülltheit von Fachgeschäften oder gar Discountläden soll man hier nicht suchen; dennoch zeigen die Geräte den Willen der sowjetischen Industrie, mit neueren Entwicklungen, etwa mit der Herstellung von Kassetten-Recordern, nach Kräften Schritt zu halten und dem Bürger auch Waren anzubieten, die man hier wohl als Luxusgüter einzustufen hat. Dann wieder ein jäher Kontrast: in wundersamer Schnelligkeit bildet sich an einer Ecke eine Schlange von Frauen, sie reissen sich um eine aus der DDR stammende Hautcrème, die, in kleinen Plasticdosen abgepackt, auf offener Strasse direkt aus Lattenkisten heraus verkauft wird.

Der Ausgangspunkt ist wieder erreicht, das Hotel Peking, wo offenbar gerade ein Treffen von Kriegsveteranen beginnt. Weisshaarige, korpulente Männer, manch einer sich schwer auf einen Spazierstock stützend, stehen vor dem Eingang da und unterhalten sich gutgelaunt. Es mag der Augenblick des «Ach, du bist auch da» und des ersten «Weisst du noch» sein. Die Revers ihrer Zivilanzüge (die meisten tragen Dunkelblau) sind mit Orden schwerbehangen, mit farbig gestreiften Bändern, an denen Medaillen mit dem Profil Stalins hangen, mit dem Bild des Generalissimus, der je nach Lesart ein militärisches Genie oder aber ein Pfuscher war, der (laut Chruschtschow) die Kriegsentwicklung an einem Globus verfolgte. Das aber steht hier nicht zur Diskussion, die Veranstaltung fängt offenbar gleich an, die Veteranen begeben sich ins Hotel; einer unter ihnen verabschiedet sich von einer ebenfalls betagten Begleiterin mit einem vollendet kavalierhaften Handkuss.

Junge motorisierte Nation

Links abbiegen ist nicht erlaubt. In der Mitte der Ausfallstrasse zieht sich nicht nur ein doppelter weisser Streifen; rechts und links in beiden Fahrtrichtungen verläuft ausserdem je eine durch Sicherheitslinien abgetrennte Spur, reserviert für hohe Herrschaften, die mit schwarzen Limousinen einherbrausen. Da sie aber selten auftauchen, kümmern sich die bei allen Abzweigungen wachenden Verkehrspolizisten zumeist nicht um gewöhnliche Sterbliche, die sich die Spur unstandesgemäss aneignen, und sie beginnen mit ihren weissen Stöcken nur dann nervös zu fuchteln, wenn sich am Horizont eine der Staatskarossen zeigt. Ist der mit etwa 100 Kilometern pro Stunde fahrende Spuk vorbei (wer im Fond hinter getönten Scheiben und zugezogenen weissen Vorhängen sitzt, lässt sich kaum ausmachen), dann lockert sich die Disziplin erneut. Linksabbiegen bleibt aber verboten, man muss die wenigen Stellen benutzen, bei denen man in die Mitte einspuren und wenden darf, und die hat man zu kennen.

Das ist für den neu Zugezogenen, der sich ohnehin mit dem Stadtplan orientiert, nicht immer leicht. Dafür herrscht im mässigen Verkehr nicht der im Westen gewohnte Kampf aller gegen alle um Millimeter, und die Parkverhältnisse nehmen sich geradezu paradiesisch aus. Wo in aller Welt darf man sich denn heute noch zwanzig Minuten vor Beginn der Theatervorstellung ins Auto setzen im festen und berechtigten Vertrauen darauf, dass man rechtzeitig ankommen und zwei Schritte vor dem Eingang einen Parkplatz finden wird? Damit ist natürlich gesagt, dass man in Moskau nicht Anrecht auf Staatswagen, Chauffeur und Mittelstreifenbenützung zu haben braucht: wer sich auf vier Rädern motorisiert fortbewegt, gehört bereits zu den Privilegierten.

Kolonnen bilden sich gelegentlich trotz der geringen Verkehrsdichte und trotz der Breite der «Magistralen» genannten Hauptstrassen, und es gibt einige schwer passierbare Stellen, etwa den Smolensker Platz vor dem Aussenministerium. Sehr gross an solchen Stauungen ist der Anteil der schweren Lastwagen (auffallend viele unter ihnen sind leer, ihr Chauffeur geht da angeblich Privatgeschäften nach). Moskauer können auf solchen zähflüssigen Verkehr geradezu stolz hinweisen, als auf ein Zeichen für wachsenden Wohlstand. In der Zeitschrift «Sowjetunion» berichtete der Chef der Moskauer Verkehrspolizei, Generalmajor Nosdrjakow, im Jahr 1983, er rechne auf Stadtgebiet mit einer halben Million Verkehrseinheiten, die gleichzeitig unterwegs seien. Das ist für eine Achtmillionenstadt, zumal wenn die öffentlichen Verkehrsmittel mit inbegriffen sind, nicht gerade eine Enormität, Nosdrjakow führte aber dennoch aus, die Polizei plane die Aufstellung eines computerisierten Überwachungssystems, mit dessen Hilfe man die Wagen von überlasteten Strassen umdirigieren und stets die besten Führungsvarianten berechnen könne. In den achtziger Jahren merkte man von Koordinierung wenig, die grünen Wellen funktionieren in Moskau ebensowenig wie anderswo.

Zwar ist der Traum vom sowjetischen Volkswagen, der Anfang der siebziger Jahre nach der Eröffnung der Togliatti-Autowerke geisterte, heute ausgeträumt. Wohl erreichte die Autoproduktion der UdSSR zu Beginn dieses Jahrzehnts rund 1,3 Millionen Wagen; der Anteil des hier anfänglich Shiguli und später, entsprechend der Bezeichnung der im Westen angebotenen Exportversion, allgemein Lada genannten sowjetischen Fiat figurierte dabei mit 720 000 Stück. Die Preise bleiben aber für den Durchschnittsbürger nach wie vor schwer erlegbar. Im südöstlichen Moskauer Stadtteil Nagatino kann man sich von diesem Sachverhalt gleich auf drei Automärkten überzeugen. Nebeneinander befinden sich hier eine staatliche Verkaufsstelle für Neuwagen, ein «Kommissionsgeschäft», dem Gebrauchtwagen zum Weiterverkauf gegen sieben Prozent des Erlöses anvertraut werden, und ein Occasionsmarkt, wo die Eigentümer selber in ihren Vehikeln sitzen und auf Kunden warten. Vier Modelle werden im Staatsladen angeboten: der kleine Saporoschetz (5439 Rubel), der 1200-Kubikzentimeter-Shiguli (7211 Rubel), der in Grösse und Preis vergleichbare Moskwitsch (7303 Rubel) und schliesslich der als Taxi, aber auch als mittlerer Repräsentationswagen dienende Wolga (15 219 Rubel). Dem nun steht das Faktum gegenüber, dass 200 Rubel als ein gutes Monatsgehalt angesehen werden, und hinzu kommen die Lieferfristen: Während Saporoschetz und Moskwitsch für Einwohner von Moskau sofort zu haben sind, bestehen für den begehrten Shiguli je nach Typus ein bis zwei Jahre dauernde Wartezeiten. Bei diesem Punkt setzt denn auch das unnachvollziehbare sowjetische System der Beziehungen und Zuteilungen ein; man kann dank dem oder jenem Arbeitsplatz oder der Zugehörigkeit zu bestimmten Organisationen die Fristen verkürzen.

Der mit Occasionsautos vollgestopfte Privatmarkt in Nagatino zeigt zweierlei: dass es den offiziellen Löhnen zum Trotz Leute mit Kapitalien gibt und dass die Verkürzung der Wartezeit den Preis stark mitbestimmt. Ein immerhin schon sechs Jahre alter Shiguli des gleichen Typs wie im Staatsladen ist hier nur 1700 Rubel billiger. Erwerben kann man gegen Aufpreis auch fabrikneue Wagen; ihr spekulierender Inhaber lässt sich als Leistung die unverzügliche Lieferung berappen. Man behauptet, die «glorreiche» Zeit des Occasionshandels sei heute vorbei, weil die einheimische Autoindustrie zwar nicht den Volksbedarf befriedigt, allmählich aber doch jenen Markt gesättigt habe, den als Kundschaft eine dünne gutbetuchte Schicht bildet. Dennoch ist der Andrang hier am Wochenende gross, und auffallend viele unter den Interessenten sind leicht dunkelhäutige Zugereiste aus südlichen Republiken, Leute, denen man einen besonderen Geschäftssinn nachsagt.

Der Platz ist mit Wagen vollgepfercht, was zur Folge hat, dass der Käufer keine Probefahrt unternehmen kann. Man klappt die Motorhaube auf, beobachtet den laufenden Motor, stützt sich auf die Stossstangen, um die Federung zu prüfen, damit aber hat's sich; der Kauf bleibt zu einem guten Teil Glückssache. Die angebotenen Wagen reichen vom uralten, durchgerosteten Pobjeda der Nachkriegszeit bis zum neuesten Lada. Auf die Frage, aus welchem Jahr ein perfekt schrotthaufenreifer Moskwitsch stamme, antwortet dessen junger Besitzer lachend und wörtlich: «Weiss der Teufel!» Angeboten wird inmitten der vielen Sowjetfabrikate auch ein Volvo, der an seiner Windschutzscheibe noch eine New Yorker Steuermarke aus dem Jahr 1971 trägt, und Gott allein vermutlich vermöchte zu sagen, welchen Weg ein riesiger schwarzer Plymouth hinter sich hat, der hier als Pièce de résistance steht. Sein Baujahr ist laut Besitzer 1970, sein Preis 25 000 Rubel. «Er verbraucht wenig Benzin, nehmen Sie ihn doch.» Auf die Entgegnung, ein Ausländer könne so etwas nicht erwerben, tönt es gleich zurück: «Doch, ich besorge das für Sie, ich habe viele Kontakte.» Wie ihm erklären, dass 25 000 Rubel zum offiziellen Kurs mehr als 60 000 Franken sind und dass man für diesen Pappenstiel im Westen gleich zwei neue Amerikanerwagen erstehen kann? Und wie die Frage eines älteren Mannes beantworten, für wieviel Rubel er in Frankreich unseren Peugeot 504 kaufen könnte? Nach langen Berechnungen winkt er schliesslich ab; er will den Wagen nicht, er will gar keinen, alle die heutigen Autos sind für ihn Abbruchkisten: «Ich war 1946 als Armeechauffeur in Wien, ich fuhr unsere Offiziere mit einem amerikanischen Hudson, der, ja, der war ein Auto, so etwas gibt es ohnehin nicht mehr.» Und er schwelgt lange in Erinnerungen, doch es beginnt zu regnen, und wir verabschieden uns.

Auch die Sowjetunion macht die Erfahrung, dass der aufkommende Privatverkehr neue Probleme schafft. Zwei Ingenieure und ein Architekt beklagten sich etwa in der «Prawda» über die auf Trottoiren und in Hinterhöfen kreuz und quer abgestellten Wagen. Es gebe eben nur «wenige Glückliche» mit einem eigenen Garageplatz. Die Autoren beriefen sich in ihrem Artikel auf Statistiken, nach denen es in der UdSSR in der zweiten Hälfte der achtziger Jahre 25 Millionen Wagen geben wird, und sie beschrieben als ihrer Ansicht nach gutes Beispiel das Projekt einer Vorortssiedlung für 17 500 Haushalte, bei der eine Parkfläche für 2500 Wagen vorgesehen war. «Selbst wenn jede siebte Familie einen Wagen hat, würde es reichen», hiess es. Der übliche Fall, so auch diesmal, bestehe aber darin, dass die Blöcke fertig würden, Parkplätze und Garagen jedoch nicht, dass man die hiefür vorgesehenen Grundstücke allmählich mit Annexbauten überziehe und beim Parken der Wagen grösste Verwilderung um sich greife. Dabei gebe es schon «experimentelle Lösungen» – als solche genannt wurden auch Tiefgaragen –, man dürfe sich mit der Verunstaltung des Stadtbildes nicht abfinden.

Ein düsteres, von Betrug, vorgetäuschten Leistungen und Schwarzarbeit gekennzeichnetes Kapitel ist das Servicewesen. Das ist keine böswillige Behauptung eines Aussenstehenden, die sowjetischen Zeitungen nennen das Kind selber deutlich beim Namen. Die «Sowjetskaja Rossija» liess Servicefachleute diskutieren und publizierte ihr Gespräch. Festgestellt wurde dabei gleich zu Beginn, dass in den Garagen die Bestechlichkeit das Hauptübel bildet und dass man die Arbeiter mit Geldprämien nicht zu ehrlichem Dienst anhalten kann, da mit den saftigen Trinkgeldern, welche die Kunden im voraus verteilen, nicht Schritt zu halten ist. Die Ursachen liegen allerdings auf der Hand. Gemäss einem Gesprächsteilnehmer würde die gegenwärtige Autoproduktion allein für Shigulis jährlich die Schaffung von acht neuen Servicestationen verlangen, während man mit Mühe zwei ins Leben zu rufen vermag. Ein Service dauert im Durchschnitt 60 Stunden – kein Wunder, dass die Autofahrer dem Tempo mit Banknoten nachzuhelfen suchen. Laut Statistik erhalten von zehn Wagen nur vier ihren Service in den staatlichen Garagen; von einem weiteren darf man annehmen, dass der Besitzer für die Wartung selber aufkommt, bei den übrigen fünf muss man aber auf Schwarzarbeit schliessen. Ob man, so wurde gefragt, nach ungarischem Beispiel die Tätigkeit der heute schwarz wirkenden Automechaniker nicht legalisieren, sie zwar mit Steuern belegen, dafür aber als heilsame Konkurrenz für die Staatsgaragen privat arbeiten lassen könnte?

Schon heute, hiess es, wären zweimal mehr Servicestationen nötig als vorhanden, und der Bedarf wächst mit den neu produzierten Wagen ständig. Dies gilt um so mehr, als die Autos hier bis zur Enderschöpfung in Betrieb bleiben und als altersschwache Vehikel viel Reparatur brauchen. Ein Taxifahrer, dessen Wolga nur noch ein Wunder in (bedächtiger) Bewegung hielt, erzählte stolz, der Wagen nähere sich der 300 000-Kilometer-Grenze. Dann werde er ausgemustert – sprich: vom Taxiunternehmen weiterverkauft.

Wenn die Sowjetregierung den privaten Autoverkehr wenig fördert, so ist hiefür der Zustand des Strassennetzes gewiss mit ein Grund. Der Minister für Strassenbau in der Russischen Föderativen Republik (RSFSR), A. A. Nikolajew, äusserte sich hierüber im Wochenblatt «Nedelja» recht freimütig. Der Minister beklagte sich über ungenügende Bitumenmengen, die nicht ausreichende Kapazität der örtlichen Strassenbauunternehmen, und er verwies auf den unbefriedigenden Grad der Mechanisierung. Vor allem bei der Bitumenzuteilung und bei der Lieferung von Strassenbaumaschinen kann Nikolajew offenbar nichts anderes tun, als seine Kollegen von anderen Ministerien sowie das staatliche Planungsamt um mehr Wohlwollen zu bitten. Seine Hauptsorge sind freilich (und verständlicherweise) nicht die privaten Autofahrer, sondern der Lastwagenverkehr, dies vor allem in der Landwirtschaft, wo Tausende von Kolchosen mit dem Hauptort ihres Kreises nach wie vor nur mit Feldwegen verbunden sind. Strassen zu bauen ist teuer, sagt der Minister, aber keine zu haben kostet noch mehr: der Anteil des Transports an den

Agrarpreisen liegt nach ihm bei 40 Prozent, und oft übertrifft der Transportaufwand die Gestehungskosten. In der Russischen Republik steht nach Angaben des Ministers wegen der Strassenqualität jeder Lastwagen beinahe zwei Monate im Jahr still, und bei Regenwetter sind sechs von zehn Kolchostraktoren mit Abschleppen beschäftigt. Besonderer Nachholbedarf besteht nach Nikolajew in den nördlichen Regionen, und er nannte den Unterhalt der vorhandenen Strassen eine ebenso dringende Aufgabe wie die Erstellung neuer Strecken. Nötig wären laut seinen Angaben auf lange Frist in der ganzen Sowjetunion neue Strassen in der Gesamtlänge von 600 000 Kilometern. Die Baukapazität würde bei gesichertem Material und mit einem modernen Maschinenpark für den Bau von jährlich 30 000 Kilometern ausreichen. Immerhin, sagt der Minister, habe man 1982 insgesamt 16 000 Kilometer neu erstellt. Bleibt zu hoffen, dass die von Nikolajew angegebene Zahl tatsächlich befahrbare Wege signalisiert. Die «Komsomolskaja Prawda» berichtete 1983 von einem Todesfall in Tadschikistan, der eingetreten war, weil ein Krankenwagen auf einer Strasse, an deren Erneuerung man seit sechs Jahren schon arbeitet, nicht hatte durchkommen können. In dem ganz und gar ohne Happy-End ausgehenden Artikel war von erfundenen, nur auf dem Papier vorhandenen Stützmauern und Planierungsarbeiten im Wert von 85 000 Rubel die Rede, und der Bauleiter eines Abschnitts, der mit den Praktiken seiner Vorgänger hatte Schluss machen wollen, bekam zuletzt den Laufpass: er hatte sich geweigert, den Plan mit Hilfe solcher buchhalterischer Kniffe zu erfüllen.

Dass bessere Beläge not täten, denkt man selbst in Moskau, wenn man über die unzähligen Schlaglöcher holpert und darüber nachsinnt, weshalb sich alle Kanalisationsdeckel grundsätzlich fünf bis zehn Zentimeter unter oder über dem Fahrbahnniveau befinden. Auffallend ist im hiesigen Verkehr ferner gleich am ersten Tag schon der Klassenunterschied (um im Lokalstil zu bleiben) zwischen Autofahrern und Fussgängern. Man kennt in der Sowjetunion keine offiziellen Unfallziffern, der Innenminister der UdSSR persönlich erklärte aber beispielsweise in der «Prawda» als Antwort an besorgte Leser, strenge Massnahmen zur Verbesserung der Verkehrssicherheit seien vorgesehen. Der Innenminister liess bei dieser Gelegenheit auch wissen, man habe 1982 wegen Trunkenheit am Steuer 800 000 Fahrausweise entzogen. Sicherheit und Rücksicht hin oder her, vorläufig sind Fussgängerstreifen in Moskau für die meisten Fahrer kein Grund zur Herabsetzung der Geschwindigkeit, und da weichen Passanten jäh zurück, während manch ein gepäckbeladenes Mütterchen sich doch noch entschliesst, im Laufschritt die rettende andere Strassenseite zu erreichen. Hält man aber mit dem Wagen selber an und fordert die Fussgänger zum Überqueren der Fahrbahn auf, so wird die Handbewegung in der Regel nicht verstanden. Manche westliche Einwohner Moskaus meinen, es handle sich da um die typischen Erscheinungen einer noch jungen Autofahrernation: wer im Wagen einherkomme, sei eben der Herr. Andere gehen weiter und wollen ein Landesgesetz erblicken: Vorrang habe der Stärkere.

Erstellung eines Parkplatzes

An jeder Strassenecke liegt ein Thema, man braucht sich nur danach zu bücken, sagte einer der Vorgänger auf dem Moskauer Korrespondentenposten ermunternd voraus. Dass es sogar genüge, aus dem Fenster zu schauen – solche Mühelosigkeit wagte selbst er nicht in Aussicht zu stellen. Besagtes Fenster des eigenen Büros geht auf einen weiten, von zwölfstöckigen Blöcken umstellten Hof, bei dessen Eingang Polizisten Tag und Nacht Wache stehen und der an einer Seite gegen die Nachbarschaft mit einer Betonmauer abgegrenzt ist: hier endet die für Ausländer bestimmte Siedlung (eine der grössten in Moskau), Polizei und Umzäunung sollen uns Zugereiste vor zudringlichen Einheimischen schützen – so heisst es offiziell. Wohl um die zweihundert Personenwagen sind nachts in diesem Hof geparkt, überwiegend westliche Marken mit den roten und gelben Sonderschildern der in Moskau akkreditierten Diplomaten und Korrespondenten. Garagen – solchen Luxus kennt man in Moskaus Wohnhäusern nicht; schneit es in der Nacht, so haben die Herren Ersten Sekretäre und Militärattachés ihre Autos am Morgen herauszubuddeln und Türen und Schlösser zu enteisen, bevor sie in ihre Botschaften fahren. Nun ist der Hof beim westlichen Grad der Motorisiertheit trotz seinen Ausmassen zu eng, und die Hausverwaltung beschloss, den Parkplatz erweitern zu lassen. Davon soll hier die Rede sein.

Die für die Erweiterung vorgesehene Fläche hat, grob gesagt, die Form eines Dreiecks, dessen Seiten je um die achtzig Schritte messen. Kein Riesengelände, kaum ein Viertel eines Fussballfeldes. Ursprünglich gab es hier einen vernachlässigten Kinderspielplatz mit einigen verdächtig wackeligen und verbogenen Schaukeln. Die wurden abgebrochen, und ein niedriges Metallgitter rundherum nahm man mit dem Schweissbrenner auseinander, man warf die Teile in eine Ecke (wo sie dann monatelang rosteten). Das war Anfang September. Hernach herrschte etwa drei Wochen lang vollkommene Ruhe, kein Arbeiter liess sich blicken, und die ausländischen Anwohner, zu dieser Zeit noch im ungewissen, begannen zu rätseln: sollte der Kinderspielplatz renoviert werden, oder ging es darum, für Autos mehr Abstellfläche zu bekommen? Ende September erschien dann ein gelb bemalter Bagger und begann mit Planierungsarbeiten; er säuberte die Mitte des Platzes und schüttete rundherum zwei bis drei Meter hohe Erdhügel auf. Die Zufahrt wurde für Wagen nun vollends unmöglich, aber die Kinder der Ausländerkolonie schätzten die

Abwechslung: die Erdhaufen eigneten sich herrlich zum Spiel – Festungen wurden verteidigt und im Frontalangriff genommen, und abenteuerlich schön wurde das Kriegsgelände erst recht, als nach den ersten herbstlichen Regengüssen das Wasser sich zu Füssen der Hügel in ausgedehnten, lehmig trüben Lachen sammelte.

Im Verlaufe des Monats Oktober hatten die Ausländer genug Zeit, sich an die stille Anwesenheit des Baggers zu gewöhnen: die Maschine stand unbeweglich da, der Führer schlummerte in der Kabine. Er nahm dort seinen Platz gewöhnlich gegen zehn Uhr am Morgen ein, machte sich zur Mittagszeit davon, hielt sich dann etwa bis halb vier von neuem hier auf, sofern er es nicht vorzog, den Nachmittag von vornherein für frei zu erklären. Etwas Gescheiteres hatte er zumeist auch nicht zu tun, denn Lastwagen zum Abtransport der Erde fuhren höchstens ein- oder zweimal im Tag in völlig zufallsbestimmtem Takt vor, in der Regel aber blieben sie ganz aus. Dann wiederum tauchten gleich zwei Schwerlastautos auf, nur war der Baggerführer nicht zur Stelle, die Erde liess sich nicht verladen, so dass die Chauffeure sich eine Zeitlang die Beine vertraten, ihre Zigarette zu Ende rauchten und unverrichteter Dinge davonfuhren. Anderthalb Stunden später kehrte der Baggerführer zurück, erkletterte den Fahrersitz in der Kabine und brütete weiter vor sich hin. Manchmal nur fuhr er bei diesem Tun aus dem Halbschlaf empor und setzte das schwere Raupenfahrwerk mit paffendem Motor ruckartig in Bewegung, um emsig hin und her zu wenden und die Erdhaufen noch ein wenig in die Höhe zu türmen – wenn nämlich ein pelzbekleideter Bauleiter einmal in der Woche zum Augenschein aufkreuzte.

Den Pelz benötigte man nun, denn inzwischen war es Mitte November geworden mit einem selbst für Moskauer Begriffe frühen Wintereinbruch, der Schneestürme und Temperaturen bis zu zwölf Grad unter Null brachte. In der zweiten Novemberhälfte gewahrte man dann plötzlich während zweier Tage gar zwei Löffelbagger auf dem Platz, und die etwas regelmässiger verkehrenden Laster fuhren nicht nur die Erde weg, sondern schafften auch Kies herbei. Die Steine wurden als Schüttgut in Haufen abgelagert, die Bagger verteilten sie als dünne Schicht, doch reichte die Menge nur für die Hälfte der Fläche aus. In den letzten Novembertagen schloss man indessen die Planierung ab (für Kinderspiele war es nun ohnehin zu kalt), doch nun galt es, die sich am Rand des Platzes türmenden schmutzigen Schneehaufen wegzufahren, bevor das Werk weitergehen konnte. Dazu bedurfte es – Bagger und Lastwagen fielen in den altgewohnten Takt zurück – wiederum einer knappen Woche.

In der ersten Dezemberwoche wurde es dann ernst. Man spannte eine Schnur um den Platz und befestigte daran kleine Wimpel, um die Autobesitzer zu ermahnen, sie möchten ihre Wagen nachts nicht mehr auf dem Kies parken. Und an einem Samstagvormittag erschien zum erstenmal ein Lastwagen mit heissem Teer, worauf dann auch eine Strassenwalze bedächtig herangerollt. Es blieb an diesem Tag allerdings bei der Bedächtigkeit und bei zwei

Wagenladungen Teer, und da die Walze aus unerforschlichen Gründen nicht zum Zuge kam, begnügte man sich damit, den heiss dampfenden Belag auf einem schmalen Streifen mit dem Baggerlöffel grob zu verteilen. Nach diesem Grosseinsatz wurde eine Woche Pause eingeschaltet. Trax und Walze standen eingeschneit und unbemannt da. Am hierauf folgenden Samstag ging es dafür mit neuem Elan los, und nun bog man, so schien es, endlich in die Zielkurve ein: die Werkleiter zeigten sich, trafen mit grossen Gesten Anordnungen, als einmaliges Ereignis in der Geschichte der Parkplatzerweiterung standen ganze zwölf Mann auf dem Gelände. Teer wurde angefahren, doch die Walze weigerte sich, nach der wochenlangen Kälte in Bewegung zu kommen, obwohl man unter ihrem Motor mit pechdurchtränkten Brettern ein Feuer entfachte. Eine andere, kleinere Strassenwalze kam an und half aus, die Materiallieferungen klappten diesmal besser, am nächsten Montag wurde sogar für die zweite Hälfte des Platzes wieder Kies gebracht.

An zwei Tagen rückte die Arbeit auf diese Weise der Vollendung ein grösseres Stück näher als während mehrerer vorangegangener Wochen zusammen, und man fragte sich, wie lange der Schwung anhalten werde. Voraussagen erschienen zwar auf Grund der zuvor gesammelten Erfahrungen tollkühn, aber manche in der westlichen Kolonie wagten doch die Prophezeiung, dass die Erweiterung des Parkplatzes, dieses Riesenwerk, Ende Dezember nach knapp viermonatiger hektischer Tätigkeit vollbracht sein könnte. Sie bekamen recht – in letzter Minute allerdings. Kaum waren nämlich die zwei in Sturmarbeit hingebrachten Tage verrauscht, trat wieder Ruhe ein; niemand zeigte sich mehr, kein Bagger, kein Lastwagen, kein «Werktätiger». Die verwaiste und vereiste Strassenwalze blieb eine knappe Woche noch im Hof stehen, dann wurde auch sie abgezogen. Es schien, als wollte man den Platz, der teils immer noch erst eine Schotterdecke aufwies, als Torso seinem Schicksal überlassen. Nach zwei Wochen Grabesstille wurde dann aus heiterem Himmel – in den Weihnachtstagen – auch für die unfertige Ecke noch Teer geliefert, und man erklärte nun den unregelmässig und notdürftig asphaltierten Platz offenbar für vollendet. Es blieb nur noch zu fragen und abzuwarten, wie sich der dünne und von Anfang an schon bröckelnde Belag im Frühjahr ausnehmen sollte, wenn darunter die gefrorene Erde wieder auftaute.

Zweifellos: es handelt sich hier nicht um ein devisenträchtiges Projekt wie bei der sibirischen Gasleitung, in deren termingerechte Fertigstellung die Sowjetunion erst noch beträchtliches politisches Prestige investiert hat. Hier ging es vielmehr um einen «Normalfall», der wohl als Beispiel für Materiallieferung, Zusammenarbeit von Unternehmen und für den Grad der Organisation im sowjetischen Wirtschaftsalltag dienen kann. Eine Rolle bei der Verzögerung spielte offenbar auch die Tatsache, dass die im Freien arbeitenden Werkbrigaden in den Wintermonaten höhere Prämien erhalten. Dass diese Demonstration in der Ausländersiedlung wörtlich vor den Augen der Weltöffentlichkeit stattfand, kümmerte dagegen die Einheimischen offensichtlich nicht im geringsten. Wären sie auf fremde Meinungen bedacht, dann stünden im gleichen Hof keine herrenlosen Autowracks, häuften sich in den Ecken keine verrostenden Badewannen, ausmontierten Wasserleitungen und zerbrochenen Toilettenschüsseln, und man brauchte nicht ortskundig zu sein, um bei einer der Zufahrten zum Parkplatz in einem quer verlaufenden Graben keinen Achsenbruch zu riskieren.

Man blickt also durch das Fenster, beobachtet und bedenkt das alles und kehrt dann zum Schreibtisch zurück, zur Lektüre der Sowjetpresse. Und man liest dies: «Ruhm und Ehre der Arbeit!» sowie: «Höhere Produktivität und Effizienz als wichtigste Zielsetzungen», ferner: «Pläne im letzten Quartal vorzeitig erfüllt» und schliesslich (zum Tag der Menschenrechte am 10. Dezember): «Der Sowjetstaat garantiert das Recht auf Arbeit und sichert die Vollbeschäftigung.»

Umgang mit dem Phänomen Zeit

Zeit gewinnen heisst alles gewinnen.
(Lenin)

Als im sowjetischen Aussenministerium an einer Presseorientierung ein amerikanischer Journalist sich wieder einmal nach dem Befinden des damals noch in Gorki in der Verbannung lebenden und wiederholt in Hungerstreik stehenden Andrei Sacharow erkundigte, leitete der Sprecher des Ministeriums, Wladimir Lomeiko, seine – ausweichende – Antwort mit folgendem Satz ein: «Es ist doch merkwürdig, dass Amerikaner solche Fragen stellen, obwohl sie es sind, die zu sagen pflegen: ‹Time is money›.» Lomeiko gab damit zu verstehen, dass er die Beschäftigung mit dem Thema als Zeitverschwendung ansehe. Die Bemerkung besagte – als kleiner Nebeneffekt – allerdings auch, dass man in Russland (materialistische Weltanschauung hin oder her) diese Bewertung der Zeit als eines teuren, in Geld umsetzbaren Gutes nicht kennt.

Sobald der Ausländer im Moskauer Flughafen Scheremetjewo den Fuss auf sowjetischen Boden setzt, erhält er Gelegenheit, sich von dem andersgearteten Verhältnis zu überzeugen, das die Einheimischen zum Phänomen Zeit unterhalten. Da sind zuerst einmal die polizeilich und bürokratisch bedingten Hindernisse: Die etwa fünf Minuten dauernde Prüfung jedes Passes und hernach die Zollkontrolle, der niemand entgeht, das Schlangestehen, die Durchleuchtung aller Gepäckstücke und im schlimmsten Fall das mühsame Ein- und Auspacken, nachdem der Beamte Kleider und Schuhe und vor allem die mitgebrachten Bücher lange genug gewendet und studiert hat. Man könnte vorschlagen, dass die Menge der Ankommenden, sofern eiserne Lokalsitten dieses Vorgehen schon verlangen, sich wenigstens mit mehr Personal zügiger bewältigen liesse. Der Verdacht liegt indessen nahe, dass für die sowjetischen Amtsstellen diese Abfertigung heute schon ein ungewohntes Höchstmass an Effizienz darstellt. Für das Murren der Ausländer, die bei der Warterei Zeit verlieren, fehlt es ihnen grundsätzlich an Verständnis.

Selbst die politisch wertneutrale Gepäckauslieferung funktioniert höchst eigenwillig, es kann gut über eine Stunde dauern, bis sich das Rollband in Bewegung setzt. Trägheit, schlampige Organisation? Gewiss, doch eben aus der Einstellung heraus, dass Eile nicht not tue. Westeuropäer, die einen drei- bis vierstündigen Flug soeben hinter sich gebracht haben, pflegen einander hier kennenzulernen, wenn sie sich beim Warten in der Ankunftshalle von Scheremetjewo die Beine vertreten. Und da bekommt man den Grund mancher Russlandreise zu hören. Zum drittenmal sei er innert neun Monaten da, sagt ein Schweizer Techniker; seine Firma habe für rund eine Million Franken eine radiologische Apparatur geliefert. Die Einheimischen brächten es nicht fertig, die Bedingungen für die Inbetriebnahme zu schaffen, stets fehle irgend etwas. Worauf ein anderer Schweizer abwinkt und erklärt, neun Monate, das sei eine Kleinigkeit; die von seinem Haus an die Sowjets verkaufte Verpackungsanlage stehe seit vier Jahren schon unbenutzt in einer Vorhalle.

Der gemächliche Rhythmus des russischen Alltags sticht dem westlichen Ausländer, der anders denkt und anderes gewohnt ist, gleich in die Augen. Vom eigenen Konto bei der sowjetischen Aussenhandelsbank 200 Rubel abzuheben, diese Operation dauert selbst dann mindestens zwanzig Minuten, wenn man im Schalterraum der einzige Kunde sein sollte. Wer vorgewarnt ist, bringt Lektüre mit. Man erregt Verwunderung und Irritation, wenn man dem für Ausländer zuständigen Amt etwas hart zu bedenken gibt, man akzeptiere nicht die Antwort als Lösung eines dringenden Problems, den Rat nämlich, man möge alle zwei oder drei Wochen einmal telefonisch anrufen und sich von neuem erkundigen. Selbst wer der Landessprache ganz unkundig ist, lernt hier in kurzer Zeit schon die russischen Wörter für «kleine Minute» und «sofort» und weiss, dass sie in der Praxis mit «irgendeinmal» und «vielleicht» zu übersetzen sind. Episches Ausholen der Russen kann dem ungeduldigen Zugereisten selbst bei den einfachsten Auskünften an den Nerven zerren, so wenn es etwa einige Minuten vor der Abfahrt eines Schnellzugs etliche Quersätze zur Mitteilung braucht, dass man im Bahnhof kein Fundbüro unterhalte. (Im übrigen, so fügt man hinzu, würde einen derart unbedeutenden Gegenstand wie einen Wohnungsschlüssel ohnehin niemand abgeben.)

Warten und warten können gehören zum russischen Leben. Die Frauen, die vor den Läden täglich Schlange stehen, Männer, die bei hartem Frost vor Schenken geduldig ausharren, bis drinnen auch nur ein Stehplatz frei wird, Leute jeden Schlags, die in den nach kaltem Zigarettenrauch riechenden Amtsvorzimmern oder in zugigen Bahnhofhallen Stunden und Stunden zubringen, sie alle tragen an ihrem Los, wie Einheimische selber versichern, bei weitem nicht so schwer, wie das Westeuropäer annehmen. «Das Gefühl, wertvolle Zeit zu verlieren, kennt man in unserem Land nicht», sagt ein junger Biologe beim Privatgespräch über das Thema. Nein, er glaube nicht, dass diese Geringschätzung der Zeit mit dem gegenwärtigen Wirtschaftssystem zu tun habe. Nach allen historischen Zeugnissen sei die Einstellung der Leute um die letzte Jahrhundertwende, als es in Russland immerhin schon eine bedeutende Industrie auf privatwirtschaftlicher Basis gegeben habe, nicht anders gewesen. Berichte von westlichem Arbeitstempo jagen den Sowjetmenschen heute jedenfalls Schrecken ein. «Keine Möglichkeit, sich für eine Stunde oder zwei zu Einkäufen zu entfernen? Da sind aber unsere Sitten humaner.» Als sowjetische Büroangestellte der Moskauer Niederlassung einer Westfirma höhere Löhne verlangten und zu hören bekamen, sie verdienten ohnehin schon weit mehr als Kollegen bei vergleichbaren Sowjetunternehmen, da gaben sie zur Antwort: «Stimmt. Hier muss man aber auch arbeiten.»

Mangelnde Einsicht in das andersgeartete Zeitverständnis der Russen kann zu Fehlinterpretationen auch im Politischen führen. Ein Diplomat der Moskauer US-Botschaft entwickelte im Frühjahr 1984, als Tschernenko an die Macht kam, folgende These: «Der im hohen Alter stehende neue Parteichef muss sich bewusst sein, dass ihm für das mühsame Geschäft innenpolitischer oder wirtschaftlicher Reformen keine Zeit mehr verbleibt; naheliegend ist es darum, dass Tschernenko den Erfolg auf aussenpolitischem Gebiet suchen wird, wo rasche Resultate möglich sind.» Nun ist diese Theorie zwar bestechend, hat aber den Fehler, dass sie bei den Russen westliche Denkweise voraussetzt. Der Drang nach Tätigkeit, das ungestüme Verlangen, das Ergebnis der heute geleisteten Arbeit möglichst morgen schon zu sehen, Durchbrüche in Eile zu schaffen – das alles sind Merkmale des abendländischen Bürgers. Sie gelten nicht für russische Geduld und russisches Beharrungsvermögen, die in anderen Kategorien der Kontinuität und mit unvergleichlich längeren Fristen rechnen. Mag sein, dass die Russen deswegen die besseren Schachspieler stellen – und die konsequenteren Strategen bei der Verfolgung aussenpolitischer Ziele.

«Vielleicht liegen wir auch in dieser Hinsicht zwischen Osten und Westen», meint ein Moskauer Philologiestudent. In der Tat ist die unbeschwerte russische Auffassung der Zeit nicht durchwegs mit Verhaltensweisen verbunden, die man gewöhnlich als orientalisch ansieht. Russen pflegen vereinbarte Treffen zuverlässig einzuhalten, offizielle Programme rollen genau nach Plan ab, Theater- und Kinovorstellungen beginnen pünktlich. Klagen über Verspätungen im Eisenbahn- und Flugverkehr sind allerdings schon ein häufiges Thema der Sowjetpresse. Der russische Historiker Wassili Klutschewski (1841 bis 1911), den sowjetische Auffassung heute als einen bürgerlichen, positivistischen Gelehrten einstuft, mit einigem Respekt aber gelten lässt, ging bei der Bestimmung des russischen Zeit- und Lebensgefühls vom Klima aus; seine Auffassung besagt, dass der lange Winter und der rasch vorbeirauschende Sommer den Russen in Jahrhunderten dazu erzogen haben, seine Kräfte voll und ganz nur während einer kurzen Periode einzusetzen und dann wieder in Trägheit zurückzufallen. Man kann sich tatsächlich fragen, inwiefern die jüngste sowjetrussische Geschichte Klutschewski mit einem schlagenden Beispiel bestätigt hat: mit dem Zweiten Weltkrieg. Einheimische widersprechen nicht der Vermutung, dass Russland heute anders dastünde, wenn es gelungen wäre, in den vier Nachkriegsjahrzehnten auch nur annähernd die gleichen Energien zu mobilisieren wie während der vier Kriegsjahre.

«Ich war noch nie im Westen», fährt in der Unterhaltung der vorhin zitierte junge Moskauer Philologe fort, «aber mir scheint, der Hauptunterschied zwischen Ihnen und uns besteht darin, dass wir die Zeit nicht als etwas empfinden, das unbedingt und dringend zu Unternehmungen benutzt werden muss. Russlands klassische Literatur im 19. Jahrhundert, Dostojewskis Werk etwa, zeugt von unserer Art, das Leben in uns selber, innerhalb der eigenen Persönlichkeit, allenfalls im Familien- und Freundeskreis zu leben, Bereicherung hier zu suchen, Konflikte hier auszutragen.» Ob die Minuten, wendet der Westeuropäer ein, nicht ihren Wert hätten durch das harte Faktum allein, dass die einem jeden zugemessene Lebenszeit begrenzt sei? Ob diese Bedingtheit der Existenz nicht dazu herausfordere, sich zu regen und zu entfalten, zu arbeiten und zu tun? Die Antwort des russischen Bekannten ist einfach: Es gebe kein Kriterium dafür, welche Art und Weise «richtig» sei: Rastlosigkeit und Tätigkeitsdrang des in der Öffentlichkeit wirkenden Abendländers oder die in sich selbst zurückgezogene Beschaulichkeit des Russen.

Über die Frage lässt sich allerdings debattieren, und nicht zuletzt im Westen selber ist die Diskussion über Sinn und Unsinn des pausenlosen Leistungsstrebens bekanntlich in vollem Gange. Fest steht indessen – und die russischen Gesprächspartner stimmen da zu –, dass die von ihnen beschriebene Mentalität sich mit den Erfordernissen einer Industriegesellschaft schlecht verträgt. Die in der Sowjetunion auf Spruchbändern immer wieder auftauchende und den Fremden komisch anmutende Mahnung – «Jede Minute der Arbeitszeit ausnutzen!» – bekommt vor diesem Hintergrund einen höchst konkreten, landesbezogenen Inhalt. Produktivität hat mit dem Zeitfaktor unmittelbar zu tun, und es ist kein Zufall, dass im Munde sowjetischer Führer die Forderung nach erhöhter Produktivität seit einigen Jahren stets mit Nachdruck wiederkehrt. Der Anspruch ist nicht neu. Lenin selber hatte schon erklärt, jede Entwicklungsetappe der Menschheit rechtfertige sich dadurch, dass sie der vorangegangenen an Produktivität überlegen sei.

In diesem Licht besehen, ist das Wirtschafts- und Gesellschaftssystem, wie es Lenin begründet hat, zwar bereits längst widerlegt, aber die Sowjetunion hat bisher über zwei Trümpfe verfügt: den verschwenderischen Reichtum des Landes an Bodenschätzen und den Überfluss an Arbeitskräften. Beides erscheint heute nicht mehr unbegrenzt, der Arbeitsmarkt gilt sogar als ausgetrocknet. Allgemein akzeptiert in der UdSSR ist heute die These, wonach Wachstum künftig auf die Steigerung der Produktivität allein zurückgehen muss. Lenins erwähnte Definition bleibt indessen in Kraft. «Entscheidend beeinflusst werden die internationale Entwicklung und der Gang der Weltgeschichte durch die Erfolge der Wirtschaft», schrieb Tschernenko, Gorbatschows Vorgänger im Amt des Generalsekretärs. Gorbatschow selber aber sprach es ziemlich offen aus, dass die Stellung der Sowjetunion als Weltmacht davon abhängt, ob es gelingt, das neue Jahrtausend mit einem modernisierten, leistungsfähigen Produktionsapparat in Angriff zu nehmen. Aufgefordert ist das Land, so scheint es, zum Bruch mit einer uralten Geisteshaltung, zum Sprung über den eigenen Schatten.

Vorstellungen über den Westen

«Aus der Schweiz sind Sie? Ach, das ist das friedliebendste Land, das es im Westen überhaupt gibt.» Das selbstsichere und in seiner Absolutheit etwas überraschende Urteil über die Eidgenossenschaft stammt von einem ukrainischen Bauern. Auf dem Moskauer Zentralmarkt verkauft er uns rostbraun glänzenden Honig, der zähflüssig noch in den Waben steckt, und bei der Abwicklung dieses Geschäfts tauschen wir einige tiefgründige weltpolitische Gedanken aus. «Die Schweiz», so erläutert er seine Bemerkung auf unsere Frage, «ist das friedliebendste Land, weil es neutral ist. Die Schweizer gehören gar nicht zum Westen. Die Amerikaner möchten Sie zwar ins Kriegslager hineinziehen, aber Ihre Leute, Ihre Regierung lassen das nicht zu. Sie haben eben die allerklügste Regierung.» Auf die Entgegnung hin, dass auch die Amerikaner friedliebend seien und dass überhaupt alle Völker und Regierungen den Frieden wünschten, stimmt er uns sofort zu. Er rückt seine Pelzmütze ein wenig zurück, streicht mit einem Stecken den abgefüllten Honig an der Öffnung des Glases glatt und meint gutmütig beschwichtigend, gewiss wolle niemand einen Krieg.

Auf sonderbare Art hat in diesem Kopf die tägliche Berieselung durch die staatliche Propaganda das Bild der Schweiz geprägt: Der Westen, das sind die feindlichen Nato-Staaten, die schlimmen Kriegshetzer; die Schweiz aber ist, wie das alle ihr gewidmeten Sowjetpublikationen hervorheben, neutral und folglich gar kein richtiges westliches Land, obwohl sie geographisch wiederum im Westen liegt. Offen bleibt bei der kurzen Begegnung, ob der Ukrainer unser Land richtig lokalisiert, ob er sein Lob möglicherweise Schweden und der schwedischen Neutralität gespendet hat. «Schweizaria» und «Schweizia» sind voneinander klanglich noch weniger entfernt als «Switzerland» und «Sweden», einfache Russen haben ebenso ihre liebe Mühe, die zwei Länder auseinanderzuhalten, wie Durchschnittsamerikaner sich mit der Unterscheidung schwertun.

Und dann gibt es die Privatansichten, die mit dem offiziell vermittelten Bild nicht übereinstimmen, sich mit ihm mischen oder neben ihm bestehen, die zitierte Zustimmung etwa, dass selbst die «Kriegshetzer» jenseits des Ozeans den Krieg möglicherweise gar nicht wollen. Vorab aber – und dies schon in klarem Gegensatz zu der täglich verkündeten Sowjetlehre – hegt der gewöhnliche Bürger hier märchenhafte Vorstellungen vom Reichtum des

Westens. Dass das eigene Land militärisch bedroht sei, findet bei der Mehrheit der Bevölkerung vermutlich Glauben. Historische Erfahrung, auf die sich das Regime pausenlos und üppig beruft, stützt diese These. Die in den Zeitungen täglich erscheinenden Artikel hingegen, Schilderungen von Streiks und Arbeitslosenelend im Westen, die stets wiederkehrenden Photos von zusammengesunkenen Männern auf Pariser Strassenbänken oder von New Yorker Armenküchen zeitigen offenbar ebensowenig Wirkung wie die allabendlichen Fernsehbilder von Demonstrationen und von dreinschlagenden Polizisten. «Fahren Sie zum Urlaub nach Hause, in die Schweiz?» fragt auf dem Markt einen Stand weiter eine russische Bauernfrau, die ihren Dauerkunden schon kennt. «So, nach Österreich? Ach, das macht keinen Unterschied, drüben jedenfalls gibt es alles, die besten Waren. Bei Ihnen ist es schön.» Und als unsereiner mit einigen höflichen Allerweltssprüchen antwortet, das Leben habe doch überall seine Vor- und Nachteile, in Russland verhungere schliesslich auch niemand, da nimmt sie das Entgegenkommen nicht an, sondern erwidert: «Lassen Sie das, wir wissen schon, wie es dort ist.»

Wissen sie es tatsächlich? Keineswegs. Sie ahnen manches, suchen sich zurechtzufinden zwischen den Extremen, den Propagandabehauptungen und den eigenen Phantasiegebilden. Unser Kleinwagen, ein Peugeot 205, war in Moskau lange Zeit das einzige Modell dieser Marke und erregte darum oft Aufsehen; auf Schritt und Tritt wurde man darauf angesprochen: Wieviel dieses Auto in Frankreich koste, will ein junger Mann wissen, den man auf den ersten Blick als Studenten einstufen würde. Als er den Preis hört, fragt er nach den Löhnen, denen eines Facharbeiters und eines Ingenieurs, um sie ins Verhältnis zum Preis zu setzen. Die Angaben (und es geht noch nicht einmal um schweizerische Gehälter) versetzen ihn in Erstaunen, und nun ist es an uns, ihm einige Relativitäten beizubringen, als da sind: Abzüge für Altersvorsorge, Steuern und Krankenkasse, ein im Vergleich zur Sowjetunion hohes Mietzinsniveau. Er nickt und will nun wissen, ob es zutreffe, dass in Frankreich zurzeit über zwei Millionen Leute ohne Arbeit seien. Er nimmt die bejahende Antwort mit grösster Überraschung auf, quittiert offenbar mit Verwunderung, dass er das von Sowjetzeitungen gemalte Bild bestätigt findet. Auch da ist ein Zusatz fällig, und auch der ist für ihn neu: dass es in Frankreich Hunderttausende von Fremdarbeitern gibt, da die Franzosen – Westeuropäer allgemein – gewisse Arbeiten nicht mehr verrichten wollen, dass zumindest ein Teil der Arbeitslosen Unterstützung erhält (die über dem sowjetischen Durchschnittslohn liegt) und dass im Westen im Gegensatz zur sowjetischen Gesetzgebung niemand zur Arbeit und somit zur Annahme einer ihm angebotenen Stelle gezwungen werden kann.

Offizielle Schilderung der westlichen Zustände ist in der Sowjetunion gemäss den eigenen ideologischen Prämissen in der Zeit von Marx und Engels stehengeblieben, als gäbe es unverändert die im Manchestertum gnadenlos ausgebeuteten, sozial ungeschützten, recht- und besitzlosen Proletariermassen.

Als Gegensatz hierzu wird die kostenlose sowjetische Krankenversicherung (über deren Qualität, vorab was die Spitäler angeht, manches zu sagen wäre) gross herausgestrichen, ebenso die kostenlose Erziehung. Dass die staatlichen Schulen in Westeuropa ebenfalls unentgeltlich sind und dass westliche Wohlfahrt allgemein Kranken- und Spitalversicherungen kennt, bedeutet als Mitteilung für den Sowjetbürger geradezu eine Sensation. Eine junge Moskauerin, die einen intellektuellen Beruf ausübt und die von ihrem deutschen Freund manches an begehrten westlichen Kleidern und Konsumartikeln zu erhalten pflegt, stellte einmal allen Ernstes folgenden Vergleich als Ausdruck einer ausgleichenden Gerechtigkeit an: «Nun ja, zugegeben, bei euch gibt es herrliche Sachen zum Kaufen. Auch bei uns hat man aber Vorteile. Wir bekommen zum Beispiel im Alter eine Pension.»

Etwas von der propagandistischen Schwarzmalerei bleibt selbst bei Leuten hängen, die dem Regime nicht gewogen sind. «Gibt es bei Ihnen im Westen auch Spezialgeschäfte, wo nur besondere Leute einkaufen dürfen?» So lautete die Frage eines Arbeiters bei einer Zufallsbekanntschaft in der Provinz. Was er meine? Nun, Läden beispielsweise, die reserviert seien für Millionäre. «Bei uns», so fügte er als schöne Grammatiktübung hinzu, «gibt es drei Arten von Geschäften: für uns, für euch und für sie.» Und das heisst so viel: Die armseligen Läden für den Normalbürger, die besser ausgestatteten Geschäfte, in denen man mit Westdevisen bezahlt, und die versteckten Versorgungsstellen für die Parteiprominenz. Für die letztgenannte Art von Leuten gebrauchte der Mann das despektierliche «sie», den häufigen Ausdruck, der etwa «die dort oben» bedeutet. Im selben Augenblick zog er aber die Parallele zwischen der Sowjetunion und dem Westen, verwendete die ihm von der gleichen ungeliebten Partei vermittelte Vorstellung, dass die Herrschaft in den kapitalistischen Ländern in der Hand von «Millionären» liege, die, so folgerte er nun schon selber, ebenso über Privilegien verfügen müssen wie die Sowjetführer; beispielsweise Zutritt haben zu Spezialläden, in denen alles erhältlich ist, was sonst als Mangelware gilt.

Der bei weitem überwiegende Teil der Sowjetbürger interessiert sich viel dringender für die vollen westlichen Schaufenster und Ladenregale als für die ihm unvertrauten und schwer verständlichen politischen Freiheiten, die der Westeuropäer geniesst. Zumindest in Moskau ist es dabei überraschend, wie schnell die Hiesigen über den jeweils letzten Schrei auf dem Feld der Konsumartikel orientiert sind, wie sie etwa als kleines Geschenk für sich eine Swatch oder einen Kugelschreiber mit eingebauter Digitaluhr erbitten können. Was die Bürgerrechte angeht, so wird der westliche Zugereiste selbst unter Intellektuellen hauptsächlich um einen Vorzug allein beneidet: um seine Freizügigkeit. «Reisen, das ist bei uns leider ein Problem», so lautet der immer wieder gebrauchte unverfänglich stereotype Satz. Die Sehnsucht insbesondere der Jugendlichen, durch die Welt zu ziehen, Fremdes zu sehen, ist gewaltig und gleichzeitig, wie sie es selber wissen, ohne Aussicht auf Erfüllung. «Unsere Regierung macht da einen Fehler, sie täuscht sich, wir würden zurückkommen, dies ist ja unser Land», so hört man es gelegentlich. Besagte Regierung handelt so freilich nicht nur aus Furcht, der Sowjetbürger könnte abspringen, sondern ihr ist der Gedanke an den heimkehrenden Untertan, der Vergleiche anstellen kann, wohl noch viel unheimlicher.

Wie auch immer: Mit Reiseaufzählungen, um die man oft gebeten wird, kann der westliche Gast den Mund sowjetischer Zuhörer jederzeit wässrig machen. Im Umgang mit einfachen Leuten kommt es dann allerdings vor, dass das Gegenüber bei einer harmlosen Bemerkung plötzlich einhakt: «Was? Sie waren in Italien in den Ferien? Sagen Sie: Dürfen Sie dorthin ohne weiteres reisen?» Schlimmer wird die gedankliche Übertragung der eigenen sowjetischen Verhältnisse auf den Westeuropäer, wenn der fragende Gesprächspartner ein junger Sowjetdiplomat ist, der es eigentlich besser wissen müsste: «Sie sind Journalist, Korrespondent. Sie gehören, geben Sie es doch unter uns zu, mit Ihrem Recht auf Auslandaufenthalt zu den Privilegierten, nicht wahr?»

Behörden im Umgang mit Ausländern

Die Geschichte, die hier folgen soll, wäre – eigentlich – privater Natur. Erzählt werden will sie aber darum, weil sie Mechanismen und Verhaltensmuster der Sowjetgesellschaft mit schöner Deutlichkeit zeigt. Auch ginge es bei diesem Thema, im Grunde genommen, um etwas höchst Einfaches: Wie kommt man als Ausländer in Moskau zu einem Musiklehrer, der einem Kind der zugezogenen Familie Instrumentalunterricht gibt? Wenn sich der Bericht dennoch in die Länge zieht, voller Fallstricke und unerwarteter Wendungen steckt, so hat das eben mit der Moskauer Umwelt zu tun. Sodann ist dies eine Geschichte, die – dies sei vorweggenommen – gut ausgeht; gut für uns, die Ausländerfamilie, und gut vielleicht sogar für die uns gegenüberstehenden Sowjetbehörden, obwohl sie sich hierüber, versteht sich, nie ausgesprochen haben.

Wird ein Pressekorrespondent (Diplomat, Geschäftsmann) in eine andere Hauptstadt versetzt, so geht seine Arbeit mehr oder minder ungestört weiter; er hat sich an neue Bedingungen zu gewöhnen, Kontakte aufzubauen, sein Tagewerk und sein Arbeitgeber bleiben aber die gleichen. Anders ist es für die mitziehende Familie, für berufstätige Ehefrauen, die sich nach neuen Stellen umzusehen haben, und für die Kinder, die mit den Forderungen andersartiger Schulen fertig werden müssen. So geschehen in unserem Falle beim Umzug nach Moskau, als es unter anderem galt, anstelle des freundlichen spitzbärtigen Professors an der Pariser Scola Cantorum einen Lehrer zu finden, damit unsere damals zwölfjährige Tochter den hoffnungsvoll begonnenen Querflötenunterricht fortsetzen könne. Alle derartigen Anliegen des in Moskau residierenden Ausländers sind als schriftliche Gesuche der für das Diplomatische Korps zuständigen Verwaltungsbehörde (UPDK) vorzutragen. Zu Beginn unseres Moskauer Daseins erging es uns nun in dieser Hinsicht glimpflich: Schon nach einigen Wochen meldete sich ein netter Musikpädagoge, wir einigten uns über die Bedingungen, und während eines Jahrs erschien er dann bei uns alle Wochen einmal, um Flötenunterricht zu erteilen.

Die Schwierigkeiten setzten im September des darauffolgenden Jahres ein, nachdem unsere Kinder aus den Sommerferien in der Schweiz nach Moskau zurückgekehrt waren. Der Querflötenlehrer – nennen wir ihn Michailow – stellte sich noch zweimal ein, blieb dann aber aus; er liess ausrichten, dass er erkrankt sei. Die Krankheit zog sich in die Länge. Am Telefon antwortete

Michailow hörbar verlegen, es gehe ihm immer noch schlecht, er bedaure; dann wiederum war er zu Hause gar nicht antreffbar, seine Frau entschuldigte ihn. Bis November wurde es allen klar – Michailow hatte in der Gemeinde westlicher Ausländer um die zwölf Schüler unterrichtet –, dass mit seiner Rückkehr nicht mehr zu rechnen war. Erkundigungen bei der Leiterin der «Schulabteilung» von UPDK führten zu höchst seltsamen Antworten: Michailow befinde sich auf Krankenurlaub, sei nicht mehr bei UPDK angestellt, habe eigentlich gar nie fest für UPDK gearbeitet. Der Hinweis, dass man mit Michailow als Vertreter von UPDK zu Beginn des Schuljahres einen für zehn Monate gültigen Anstellungsvertrag unterzeichnet habe, der beide Seiten verpflichte, produzierte die höhnische Gegenfrage, ob man dieses Papier denn besitze. Nein, in der Tat, wir hatten es nicht, Michailow war verschwunden, bevor er uns unser Vertragsexemplar hätte zurückgeben können.

Dann kamen die Gerüchte. UPDK-Leute, mit denen westliche Residenten in Moskau zu tun haben, Sekretärinnen, Chauffeure, Haushaltsangestellte, sie murmelten vielsagend, mit Michailow sei etwas nicht in Ordnung, er habe – «so sagt man» – Ikonen verkauft, sich mit einer spanischen Familie zu eng angefreundet, was den «Organen» nicht passe, jemand anders wolle seinen Posten. Wer diese Ungewissheiten jeweils in Umlauf bringt und weshalb er es tut, weiss der Aussenstehende nie. Die Gattin eines bundesdeutschen Diplomaten, Frau G., ebenfalls eine Schülerin Michailows, traf den Mann einige Monate später zufällig auf der Strasse. Michailow war gerührt, liess alle, mit denen er gearbeitet hatte, herzlich grüssen, erwähnte aber nicht einmal andeutungsweise etwas über die Gründe seiner Entlassung. Eines der Gerüchte, dass nämlich ein mit guten Beziehungen gesegneter Konkurrent Michailow verdrängt habe, war allerdings bald schon gründlich widerlegt. UPDK sah sich ausserstande, Michailow zu ersetzen. Man habe, hiess es Anfang Dezember, zwei Kandidaten geprüft, doch entsprächen sie nicht dem erforderlichen künstlerischen Niveau. Bei den Ansprüchen, welche die zumeist kaum über die Anfänge hinausgelangten Schüler stellten, wirkte das lächerlich. Der Verdacht lag nahe, dass es den Bewerbern nicht an musikalischen Qualitäten, sondern an anderen, von den «Organen» erwarteten Eigenschaften gemangelt hatte. Dass das UPDK-Personal über die eigenen Erfahrungen in «westlichen» Wohnungen dem KGB regelmässig berichten muss, ist in Moskau ein offenes Geheimnis.

Eine französische Diplomatenfamilie, in der ein Sohn ebenfalls ohne Flötenunterricht geblieben war, und wir selber entschlossen uns zu gemeinsamer Selbsthilfe. Sie bestand in der Kontaktnahme mit dem Direktor eines Bezirkskonservatoriums. Der Direktor meinte, er nehme den jungen Franzosen und die kleine Schweizerin mit Vergnügen auf, sofern UPDK sein Einverständnis gebe. UPDK gab sein Einverständnis nicht. Im Januar erhielten wir auf das entsprechende (natürlich schriftliche) Gesuch Absagen. Den Franzosen gegenüber sagte man, der Eintritt in ein Konservatorium während des bereits begonnenen Schuljahrs sei nicht möglich. Uns gegenüber hiess es – varietas delectat –, das Konservatorium akzeptiere grundsätzlich keine Ausländer. Nun blieb nichts anderes mehr übrig, als mit den Versuchen zur Selbsthilfe weiterzufahren. Dank der Fürsprache von russischen Bekannten, unter denen sich einige Musiker mit recht bekannten Namen befanden, stiessen wir – freilich nach etlichen Wochen weiterer Wartezeit – in den innersten Kreis vor: unsere Tochter durfte am Tschaikowsky-Konservatorium dem für Querflötenausbildung zuständigen Professor X vorspielen. Er hörte sie kurz an, erklärte, dass er selber sich mit Kindern in diesem Alter nicht befasse, als Lehrer aber einen seiner Studenten empfehle, der gerade vor der Diplomprüfung stehe.

Der beim Auftritt anwesende Student, nennen wir ihn wiederum Pawel, zeigte sich gern bereit, den Unterricht zu übernehmen. Es blieb noch die Schwierigkeit, für ihn die Erlaubnis zum regelmässigen Besuch der Ausländerwohnsiedlung zu erwirken. Russische Normalsterbliche dürfen diese polizeibewachten Blöcke nur in Begleitung ihrer westlichen Gastgeber betreten; die UPDK-Angestellten verfügen über Spezialausweise. Der Leiterin der «Schulabteilung» bei UPDK teilten wir folglich mit, im Gegensatz zu ihrer vergeblichen Suche hätten wir selber einen Querflötenlehrer gefunden und bäten nun für ihn um das Recht, in unserer Wohnung Stunden zu geben. Die reizende Dame in diesem Amt, das, wohlverstanden, dazu da ist, Ausländern das Leben zu erleichtern, lehnte entrüstet ab: Der Genosse stehe in keinem Arbeitsverhältnis mit UPDK, im übrigen dürften Studenten laut Sowjetgesetz keine Stunden erteilen. Was wir tun könnten? Ihre Antwort: Es stehe uns frei, uns an den Rektor des Tschaikowsky-Konservatoriums zu wenden und ihn um Erlaubnis zu bitten. Sofern wir sie bekämen, werde UPDK seinerseits einverstanden sein. Freilich glaube sie nicht, dass wir Erfolg haben würden.

Sie sollte recht behalten. Wir setzten den Brief auf, beriefen uns auf Prof. X, eine Sekretärin brachte das Schreiben ins Konservatorium (es war schon Februar, durch die Langsamkeit der Post sollten nicht noch weitere Tage verlorengehen), und dort bekam sie die Auskunft, dass man den Brief nicht entgegennehme: Ausländer könnten mit dem Rektor nur durch die Protokollabteilung des Kulturministeriums korrespondieren. Nun, die Sekretärin fuhr zum Kulturministerium, gab das Gesuch ab, und wir warteten. Wir warteten lange und erhielten nicht eine abschlägige Antwort, sondern gar keine. Mitte April verfassten wir einen zweiten Brief, und als auch dieser keinerlei Reaktion bewirkte, sahen wir schliesslich nach einem weiteren Monat ein, dass der Weg nicht begehbar war. Der Rektor eines so renommierten Instituts wie des Tschaikowsky-Konservatoriums hatte offensichtlich Angst, den Brief eines westlichen Auslandskorrespondenten zu beantworten. Und dann war das Schuljahr – ohne Querflötenunterricht – allmählich ohnehin zu Ende, die Kinder fuhren wieder in die Schweiz.

Machen wir es kurz. Wir verliessen in der Folge den offiziellen, nirgends hinführenden Pfad, machten uns wieder daran, einen Flötenlehrer zu finden, und stiessen nach mancher seltsamen Vermittlungsaktion von Freunden – erneut auf Pawel. Vom September an unterrichtete er unsere Tochter, kam jede Woche für zwei Stunden zu uns, er wurde «als Gast» stets auf der Strasse abgeholt und ins Haus geleitet. Das war, genau besehen, weder erlaubt noch auch verboten. Während vierzehn Monaten, die bis zu unserem endgültigen Wegzug aus Moskau übrigblieben, forderten die Polizisten vor dem Hauseingang Pawel zweimal auf, sich auszuweisen, und einer der Wächter gab uns unter Namensnennung zu verstehen, «man» wisse genau, wem Pawel Unterricht erteile. Die Besuche wurden indessen bis zuletzt toleriert, und wer immer so entschieden hatte, der Beschluss war nicht nur für uns, sondern gewiss auch von sowjetischem Standpunkt aus richtig: Pawel wie wir vermieden es stets aufs peinlichste, auch nur ein politisches Wort zu wechseln; dafür aber erwies er sich als ein hervorragender Musiker, als ein strenger, aber humorvoller Lehrer und darüber hinaus als ein liebenswerter, bescheidener Mann. Er gehörte zu jenen, die uns in den Moskauer Jahren mehr Liebe zu den Russen beigebracht haben als alle amtlichen Lobpreisungen des Sowjetvolks insgesamt. Der Abschied von ihm fiel schwer.

Die erwähnte deutsche Diplomatenfamilie hatte ihrerseits nicht aufgehört, für Frau G. mit offiziellen Mitteln nach einem Lehrer zu suchen und UPDK zu bedrängen. Nach anderthalb Jahren erhielten die G.s zuletzt einen Brief; ein stellvertretender Kulturminister der Sowjetunion erteilte darin eine endgültige Absage und bestätigte mit eigenhändiger Unterschrift, dass es in Moskau gegenwärtig ganz und gar unmöglich sei, einen Querflötenlehrer zu finden.

Kleinanzeigen

Dass westliche Zeitungen zahlreiche Reklameseiten enthalten und ihre Einkünfte zu einem bedeutenden Teil aus dieser Quelle beziehen, stellen sowjetische Ideologen als den Beweis dafür hin, dass die bürgerliche Presse «im Dienste des Kapitals» stehe: Wer die finanziellen Mittel beisteuere, der entscheide eben auch über den Inhalt. Stolz verweisen sie demgegenüber darauf, dass die sowjetischen Organe auf die Reklame ganz verzichten. In der Tat enthalten weder die «Prawda» noch die «Iswestija» anderes als redaktionellen Text. Wer allerdings vom Zeitungswesen eine Mindestahnung hat, der weiss, dass Herausgabe und Vertrieb eines Blattes zu einem kleinen Prozentsatz nur aus dem Verkaufsgewinn gedeckt werden können. Die Sowjetpresse ist hierin keine Ausnahme, und der stramme Funktionärsspruch kehrt sich da gegen seine Urheber: Wer zahlt, bestimmt tatsächlich den Inhalt; dies ist aber in der Sowjetunion ein einziger Geldgeber, der Staat, während hinter den Inseraten der westlichen Zeitung zahlreiche Auftraggeber mit verschiedensten, einander oft neutralisierenden Interessen stehen.

In der Tat ist das sowjetische Wirtschaftssystem auf Werbung nicht angewiesen. Nach offizieller Lesart darum, weil zentrale Planung Produktion und Bedürfnisse im Gleichgewicht hält, so dass dem Absatz niemand nachzuhelfen braucht. Wo es sodann am Wettbewerb fehlt, dort hat es kein Unternehmen nötig, wirkliche oder vermeintliche Vorzüge seiner Erzeugnisse vor dem Käufer anzupreisen. In Tat und Wahrheit kann aber die Sowjetgesellschaft auf die Reklame darum getrost verzichten, weil in einer mangelhaft funktionierenden Wirtschaft die Nachfrage das Angebot ohnehin übersteigt. Kommen einmal Qualitätswaren in die Läden, Damenschuhe aus Jugoslawien oder Taschenrechner aus Taiwan, dann spricht sich das selbst in der Achtmillionenstadt Moskau augenblicklich herum, und die Vorräte werden in wenigen Stunden weg sein.

Eher nur Alibifunktion haben Leuchtreklamen, die hier und dort in der Nacht über Moskauer Dächern flimmern. Sie sind offensichtlich dazu da, Moskaus weltstädtischen Charakter zu dokumentieren. Wenn auf der Leningrader Chaussee etwa Neonlicht Präzisionsmaschinen aus der DDR empfiehlt, so wird dadurch kein Sowjetbürger, nicht einmal ein Sowjetunternehmen zum Kauf dieser Erzeugnisse animiert, da der Aussenhandel in der UdSSR ein Staatsmonopol ist. Einer speziellen Werbung nicht wirtschaftlicher

Art dienen Sprüche im Stil farbiger Leuchtreklamen, die sich mit Lenin-Zitaten an den Passanten wenden oder ihn höchst summarisch auffordern, sich am Kampf für den Frieden zu beteiligen. Konkreter schon nehmen sich die ebenfalls neonlichtsprühenden Mahnungen aus, die Bürger möchten beim Umgang mit Feuer die geltenden Sicherheitsregeln stets beachten...

Reklamen und Kleinanzeigen bringt als Ausnahme unter den Zeitungen der Hauptstadt das in Abweichung vom grauen Politdurchschnitt etwas bunter aufgemachte Abendblatt «Wetschernaja Moskwa». Zweimal in der Woche, am Mittwoch und am Samstag, veröffentlicht es eine aus acht kleinformatigen Seiten bestehende Werbebeilage, die in 350 000 Exemplaren gedruckt wird und 8 Kopeken kostet. Sechs Seiten enthalten Empfehlungen sowjetischer Firmen oder Organisationen, zwei sind mit Annoncen gefüllt, in denen einzelne Bürger etwas zu kaufen, zu verkaufen oder zu tauschen suchen. Viel Platz nehmen in der Beilage offizielle Mitteilungen ein. Auf einer ganzen Seite kann etwa das Amt für die Vermittlung von Arbeitskräften auf sich und seine Dienstleistungen aufmerksam machen; man findet hier auch die Sportveranstaltungen der nächsten Tage (für Theater- und Konzertprogramm gibt es eine andere Publikation). Unter Werbung eingestuft wird beispielsweise auch ein umfangreicher Aufruf der Gaswerke: die Verbraucher sollen mit dem Gas vorsichtig und sparsam umgehen. Als Bestandteil der von Gorbatschow eingeleiteten staatlichen Antialkoholkampagne erscheint sodann eine gross aufgemachte Empfehlung vitaminreicher Fruchtsäfte. Die Beilage enthält im weiteren Stellenangebote, und schliesslich finden sich einige Inserate, mit denen auf Konsumgüter aufmerksam gemacht wird: auf Produkte der sowjetischen Bekleidungsindustrie, auf neu auf den Markt gebrachte Fernseh- oder Photoapparate. In den meisten Fällen heisst es dazu, die Artikel seien in allen grösseren Warenhäusern erhältlich.

Darüber, was die Moskauer suchen und was sie als wertvoll ansehen, geben die von einzelnen Leuten aufgegebenen Kleininserate allerdings besser Auskunft. Ihre Pflege durch «Wetschernaja Moskwa» zeigt, dass der Anzeige doch eine Funktion zukommt, da eine Gesellschaft von der Grösse der Moskauer Stadtbevölkerung auf dieses Kommunikationsmittel nicht verzichten kann. Die wöchentlich vier Seiten genügen sogar bei weitem nicht. Dies zumindest geht aus der Auskunft von Einheimischen hervor, wonach man auf das Erscheinen einer aufgegebenen Anzeige manchmal über zwei Monate zu warten habe. Die Gliederung in Rubriken erfolgt im Blatt stets nach dem gleichen Muster. Die einzelnen Sammeltitel lauten: «Ich verkaufe», «Ich miete», «Ich kaufe», «Ich tausche», «Ich suche als Arbeitskraft» sowie «Verschiedenes». Während es bei den Mietgesuchen und den Tauschangeboten praktisch ausschliesslich um Wohnungen und Ferien- oder Landhäuser geht, herrscht in den übrigen Spalten inhaltlich ein wildes Durcheinander. Das Objekt, das man erwerben oder veräussern will, kann ein Staubsauger, ein Rennrad oder ein Kleiderschrank sein.

Sowohl bei Verkaufsangeboten als auch Kaufgesuchen fällt auf, dass die Inserenten nach Möglichkeit stets betonen: Es geht um ausländische Artikel. «Importiert» ist in der Sowjetunion ein Synonym für «Qualitätsprodukt». Dem Sprachgebrauch liegt die Überzeugung (die Erfahrung und teils doch wohl auch der Aberglaube) zugrunde, dass Fremdes von vornherein nur besser sein kann als das, was in der UdSSR hergestellt worden ist. Dies gilt nicht nur für westliche Produkte, sondern auch für Erzeugnisse aus den osteuropäischen Ländern: «Zu verkaufen Esszimmermöbel aus Rumänien, dazu Lüster und zwei Wandleuchter (Kristall und Bronze) aus jugoslawischer Produktion.» In der gleichen Nummer der Reklamebeilage sucht jemand einen Käufer für einen italienischen Tennisschläger, eine Modelleisenbahn aus der DDR, einen bulgarischen Küchentisch, japanische Magnokassetten sowie für ein Paar Bergschuhe, die ebenfalls aus Italien stammen. Erwerben möchte man: einen importierten Kühlschrank mit Tiefkühlfach, eine japanische Strickmaschine, Photoapparate des Typs Nikon oder Canon, dazu Zubehör und Schwarzweissfilme der Marken Kodak, Agfa, Fuji und Polaroid.

Bei sowjetischen Waren ist stets die genaue Marke angegeben: «Pianino ‹Roter Oktober› zu verkaufen, nicht teuer» oder «Gesucht Bücherschrank ‹Onega›». Der Name der letztgenannten Möbelfabrik kehrt manchmal wieder; Interesse bekundet wird für einzelne Garniturteile, die im normalen Handel offenbar nicht erhältlich sind. Von Preisen ist nie die Rede; weder was man verlangt noch was man auszulegen gedenkt, wird vermerkt. Videoapparate, die man in der UdSSR zwar allmählich schon herstellt, die aber eingestandenermassen noch lange Zeit Mangelware bleiben werden, sind ein begehrter Artikel. Ebenso wollen viele Leute Kassettenrecorder, Stereoanlagen oder Fernsehapparate kaufen. Bei Geräten solcher Art heisst es gewöhnlich, sie dürften «nicht repariert» sein, das heisst, sie müssen sich als Gebrauchtartikel bewährt haben. Wiederholt findet man Inserate, in denen nach elektrischem Werkzeug Ausschau gehalten wird. Die Bedürfnisse können im übrigen sehr unterschiedlich sein. So liest man etwa, dass jemand ein Kajüten-Motorboot erwerben möchte, einige Zeilen weiter aber ein anderer Inserent schlicht ein Damenfahrrad sucht.

Dass man in der Sowjetunion von einer «Wegwerfgesellschaft» noch recht weit entfernt ist, zeigen die Verkaufsangebote. Nicht nur ein «Walkman»-Apparat mit Kopfhörer ist offenbar eine solche Besonderheit, dass er weiterverkauft werden kann, sondern auch eine tragbare Schreibmaschine, gebrauchte Gartenmöbel und Polstersessel, ein Gasherd mit zwei Kochplatten und einem Gasbehälter, ein Aquarium, ein Spiegelschrank oder gar eine Singer-Nähmaschine, die, wie es aus der Beschreibung hervorgeht, nach guter alter Technik durch Pedal und Schwungrad angetrieben wird.

Gesucht werden am häufigsten Immobilien auf dem Lande: zumeist Datschen, das heisst hüttenartige Sommerhäuschen, bei denen die Interessenten allgemein die von ihnen bevorzugte geographische Lage umschreiben: «Bis zu

100 Kilometer von Moskau entfernt in Richtung Kasan oder Riga.» Nicht selten geht es auch darum, nur einen Teil eines Hauses zu erwerben. Verkäufer von Bauernhäusern machen einige Angaben über die Grösse des Grundstücks, manchmal wird auch vermerkt, dass Gas- und Wasserleitung vorhanden sind. Zwischen Datschen und Landhäusern als Wohnsitz wird ausdrücklich unterschieden. Während der Besitz eines Sommerhäuschens für den Stadteinwohner keine besonderen Auflagen mit sich bringt, geht der Erwerb eines grösseren Objekts mit der Pflicht einher, sich am neuen Wohnort registrieren zu lassen, das Haus ständig zu bewohnen. Für jene, die lediglich eine Bleibe für ihre Ferienwochen suchen, ist dies keine Lösung, da die formelle Niederlassung anderswo mit dem Verlust des Rechts einherginge, in Moskau zu wohnen. Einen Immobilienmarkt in der Grossstadt selber gibt es nicht.

Zugeteilt werden dem Sowjetbürger Wohnungen grundsätzlich vom Staat. Kann er aber einen Raum entbehren oder steht seine Wohnung sogar längere Zeit leer (weil die Familie beispielsweise für zwei Jahre an einen besonderen Arbeitsplatz in den Fernen Osten zieht), dann ist er berechtigt, das Objekt weiterzuvermieten. Dies geschieht in der Regel zu wesentlich höheren Mietzinsen als der bescheidenen Summe, die dem Staat zu zahlen ist. Die Mietgesuche in «Wetschernaja Moskwa» wenden sich alle an solche potentielle Vermieter. Ansprüche und Möglichkeiten, wie sie auch aus den Tauschofferten hervorgehen, muten aufschlussreich an: «Einzimmerwohnung gesucht für Ehepaar, Wissenschafter, ohne Kinder (für längere Zeit)», «Suche Zimmer oder Wohnung», «Einzimmerwohnung für Moskauer Familie mit Kleinkind, bevorzugt Nähe der Metrostation Kusminki». Oft wird hinzugefügt, dass es wünschenswert wäre, wenn die Wohnung Telefonanschluss hätte.

Die zum Tausch angebotenen Wohnungen werden ausführlicher beschrieben. Dabei fällt vorab das Missverhältnis zwischen Zimmerzahl und Grundfläche auf: «Dreizimmerwohnung, 39 Quadratmeter, Nähe Metrostation Medwedkow, gegen zwei Einzimmerwohnungen in beliebigem Wert», «Vierzimmerwohnung (46 Quadratmeter) gegen Zweizimmerwohnung plus Zimmer», «Zweizimmerwohnung, 29 Quadratmeter, Küche 6 Quadratmeter, Metronähe, Balkon, Telefon, gegen Einzimmerwohnung und Zimmer». Die Rubrik «Ich tausche» ist in der Reklamebeilage mit Abstand am längsten. In den meisten Fällen geht es um Zwei- oder Einzimmerwohnungen, und man kann hinter den angemeldeten Wohnbedürfnissen verschiedene familiäre Gründe vermuten: Heirat der erwachsenen Kinder, Todesfall, Scheidung. Seinen literarisch hochstehenden und zugleich authentischen, weil aus einheimischer Feder stammenden Ausdruck fand dieses gesellschaftliche Problem zu Beginn der siebziger Jahre in Juri Trifonows Erzählung «Der Tausch».

Es bleiben noch die Angebote für Arbeitskräfte sowie die Mitteilungen, die unter «Verschiedenes» zusammengefasst sind. In den Stellenanzeigen sind es hier private Leute, nicht staatliche Unternehmen, die Personal suchen. In beinahe allen Fällen halten Familien Ausschau nach Frauen, und zwar für

Hilfe im Haushalt, auch halbtags; ferner für die Pflege betagter Leute, vor allem aber für die Betreuung von Kleinkindern. Zahlenmässig bei weitem überwiegt als Typus folgender Text: «Kinderfrau gesucht zu zweijährigem Mädchen (Bedingungen nach Absprache).» Hier spiegelt sich die Tatsache wieder, dass in der UdSSR praktisch ausnahmslos Mann und Frau einer Arbeit nachgehen und dass die staatlichen Kinderhorte, wie das die offizielle Sozialpolitik durchaus zugibt, einstweilen nicht ausreichen.

Die vermischten Anzeigen als letzte Rubrik enthalten schliesslich zumeist Verlustanzeigen. Diplome und Personalausweise, die jemand in diesem oder jenem Stadtviertel verloren hat, werden gesucht, und gelegentlich meldet sich auch ein ehrlicher Finder. Am häufigsten allerdings ist der verzweifelte Aufschrei von Hundebesitzern, denen ihr Vierbeiner irgendwo in der Stadt im Gedränge abhanden gekommen ist. Ob der fünfjährige Foxterrier, der im November verlorenging, auf eine Anzeige hin, die Mitte April erscheint, noch zum Vorschein kommen wird? Der Eigentümer bittet jedenfalls sowohl den Finder als auch den allfälligen Käufer um einen Telefonanruf.

Das Monatsbudget der Familie Iwanow

Die Familie Iwanow besteht aus drei Mitgliedern. Ein Kind bedeutet bei den Russen den Durchschnitt. Vater und Mutter sind, wie dies in der Sowjetunion ebenfalls üblich ist, beide erwerbstätig. Es ist eine Moskauer Intellektuellenfamilie; der Vater, Igor, unterrichtet Fremdsprachen an einer Hochschule, Wera, die Mutter, ist Chemikerin. Das Ehepaar hat einen zwölfjährigen Sohn, Serjoscha, der zur Schule geht. Die Rede soll im folgenden über Einkommen und Ausgaben der Iwanows sein. Freilich sind im Falle einer russischen Familie weder Einkünfte noch Auslagen derart fest eingespielte Posten, wie sie sich im gutbürgerlichen Haushaltbudget im Westen auszunehmen pflegen. Manches – selbst bei einfachen Punkten – bedarf der Erläuterung. Obwohl man bei diesem Thema nicht darum herumkommt, auch über das Lebensniveau der Iwanows zu sprechen, soll die Qualität der von ihnen erworbenen Waren und Dienstleistungen nicht einbezogen werden. Es geht um die Frage allein, wieviel Geld den Iwanows im Monat zur Verfügung steht und wie sie über diese Mittel verfügen, was zu welchem Preis sie benötigen und sich leisten können.

Der Monatslohn Igors beträgt 180 Rubel, davon bekommt er 161 Rubel und 40 Kopeken ausbezahlt; die Differenz behält der staatliche Arbeitgeber als Quellensteuer, die somit bei diesem Einkommensniveau 10,3 Prozent ausmacht. (Der Steuersatz ist ziemlich konstant, die Progression minimal: Bei einem Monatslohn von 800 Rubeln, der in der Sowjetunion als märchenhaft gilt, sind an Steuern 12,4 Prozent fällig.) Im Falle von Igors Frau betragen die Steuern für 160 Rubel 10 Prozent. Wera erhält also monatlich 144 Rubel. Das Ehepaar verfügt somit jeden Monat über ein Reineinkommen in der Höhe von 305 Rubeln und 40 Kopeken.

Im westlichen Vergleich wäre hinzuzufügen, dass der Sowjetbürger mit den Steuern auch die Prämie für Kranken- und Spitalversicherung schon einbezahlt. Untersuchungen in einer Poliklinik und Krankenhausaufenthalt sind bei Bedarf kostenlos (nicht aber die Konsultation eines Spezialisten, und ausgenommen sind auch die Medikamente, für die man in der Apotheke selber zu bezahlen hat). Von Salären von Leuten ohne Kinder zieht der Staat über die Steuern hinaus noch weitere 6 Prozent ab. Diese Massnahme berührt aber nicht unsere als Beispiel dienende Familie.

Die Iwanows leben in einem Block in einem ziemlich zentral gelegenen Moskauer Quartier in einer Zweizimmerwohnung, die 40 Quadratmeter umfasst. Eine winzige Küche und ein kleines Badezimmer gehören dazu. Der sehr bescheidene Mietzins beträgt 9 Rubel pro Monat; darin sind Heizung, Warmwasserversorgung und Gemeinschaftsantenne für das Fernsehen enthalten. Amtliche sowjetische Darstellungen pflegen diese in der Tat niedrigen Zahlen dem hohen westlichen Mietpreisniveau entgegenzuhalten. Da wir hier, wie gesagt, auf Qualitätsvergleiche verzichten, ist zur Relativierung allenfalls anzumerken, dass bei Untermieten, wenn Angebot und Nachfrage ins Spiel kommen (zumal wenn die fragliche Wohnung in der Nähe einer Metrostation liegt), die Preise rasch hochschnellen und für ein Zimmer 50 Rubel erreichen können. Die Iwanows bezahlen indessen für ihre Wohnung eine Normalmiete, dazu kommen 8 Rubel für Elektrizität und Gas und Rubel 2.50 für das Telefonabonnement. Lokale Gespräche innerhalb von Moskau sind kostenlos.

Die dreiköpfige Familie rechnet mit täglich 5 Rubeln, die für Lebensmittel ausgegeben werden, wobei dieser Betrag als knapp gilt und nur eine recht einfache Verpflegung erlaubt. Enthalten sind in der monatlichen Summe 40 Rubel, die Igor und Wera für die Verköstigung in der Betriebskantine zahlen: Sie entrichten einen Rubel pro Kopf und pro Arbeitstag, dies ist der Preis einer bescheidenen Mahlzeit. Der Gesamtbetrag im Monatsbudget ist somit mit 150 Rubeln einzusetzen, und die Aufzählung einiger Preise macht es verständlich, warum die Iwanows beinahe 50 Prozent ihres Reineinkommens auf diesen Posten verwenden müssen.

Aufgezählt werden hier Preise in staatlichen Läden, nicht an Kolchosmärkten. Die Ware ist an letzteren oft um das Drei- bis Vierfache teurer, was selbstverständlich damit zu tun hat, dass die entsprechenden Produkte im normalen Handel nicht (oder gerade nicht) erhältlich sind. Auch die Schwierigkeit der Beschaffung gehört aber zum Kapitel «Dienstleistungsqualität», die hier der Einfachheit halber ebensowenig eine Rolle spielen soll wie die Frage, wieviel Fett und Knochen in der staatlichen Metzgerei in einem Kilo «Fleisch» mitgewogen werden.

Ein Kilo Weissbrot kostet 28, ein Kilo Teigwaren 55, ein Kilo Reis 88 Kopeken. Für Rindfleisch werden 2 Rubel und für Schweinefleisch Rubel 1.90 pro Kilo verlangt. Einfachste Würste kosten, ebenfalls nach Kilo gerechnet, Rubel 2.20 bis 2.60. Der Kilopreis für Fisch schwankt je nach Art zwischen 80 Kopeken und Rubel 1.50. Ein Kilo Zucker kauft man für 97, 100 Gramm Butter für 37 Kopeken, einen Liter Speiseöl für Rubel 1.62, einen Liter Milch für 36 Kopeken, ein Kilo Hartkäse für 3 Rubel. Zehn Eier kosten je nach Grösse zwischen 80 Kopeken und Rubel 1.30, ein Kilo Kartoffeln kostet 10, ein Kilo Zwiebeln 50, ein Kilo tiefgefrorene Bohnen 80 Kopeken. Äpfel bekommt man per Kilo je nach Saison für 90 Kopeken bis Rubel 1.50, ein Kilo Orangen für 2 Rubel. Gleich viel hat man zu zahlen für ein Kilo Grapefruits, während für ein Kilo Zitronen Rubel 3.50 verlangt werden. Ein

Kilo Honig ist für 5 Rubel zu haben, 100 Gramm Tee für 86 Kopeken, und der stolze Preis für ein Kilo Kaffeebohnen beträgt 20 Rubel. Eine Flasche einheimischen Wein erhält man für 3 bis 4 Rubel, eine Flasche armenischen Cognac für 23 Rubel, einen Liter Apfelsaft für 88 Kopeken.

Eher zu niedrig vermutlich ist im Familienbudget mit 80 Rubeln pro Monat der Posten «Kleidung» eingesetzt. Zu niedrig, weil die Preise ansehnlich sind und weil für ein Kind in vollem Wachstum immer wieder neue Kleider und Schuhe nötig werden. Die für Serjoscha obligatorische Schuluniform allein kostet jedes Jahr 24 Rubel. Allerdings ist die monatliche Aufwendung insofern schwer bestimmbar, als Sowjetrussen Kleider nicht unbedingt regelmässig nach Bedürfnissen zu kaufen pflegen, sondern auch nach dem aktuellen Angebot. Ist im Warenhaus irgendeine besondere Lieferung eingetroffen, so nimmt man die einmalige Gelegenheit wahr, ob das nun im Monatsetat Platz hat oder nicht.

Eine kleine Preisübersicht nimmt sich bei Kleidungsartikeln so aus: Ein Pullover kostet zwischen 30 und 80 Rubel, ein Damenkleid aus synthetischem Stoff 40 bis 100 Rubel, ein kurzer Wollmantel 160 Rubel, ein Paar Wollstrümpfe Rubel 5.50, ein Paar Nylonstrümpfe Rubel 1.40, eine Strumpfhose Rubel 3.80, ein Paar Herrensocken Rubel 2.50, eine gesteppte Windjacke 100 Rubel, ein Regenmantel 120 Rubel, ein synthetischer Pelzmantel 240 bis 380 Rubel. Für ein Paar Jeans als Sowjetfabrikat bezahlt man 30, für das gleiche als Westprodukt 100 Rubel. Für eine Herrenjacke legt der Käufer 50 bis 70 Rubel hin, für einen Winteranzug 150, für ein Herrenhemd durchschnittlich 10 Rubel. Die Preise für ein Paar Schuhe sowohl für Herren als auch für Damen bewegen sich zwischen 30 und 50 Rubeln; Wollstoff mittlerer Qualität für Mäntel kostet 40 Rubel pro Meter.

Die Iwanows legen sodann monatlich 10 Rubel für hygienische und kosmetische Artikel sowie für Medikamente aus. Da sie gemässigte, aber regelmässige Raucher sind, entfallen 5 Rubel auf Zigaretten. Auch diese Ausgaben sind sparsam berechnet, wie die Preise zeigen: 50 Kopeken bis zu einem Rubel für ein Stück Seife, Rubel 1.50 für eine Tube Shampoo, 30 Kopeken bis 1 Rubel für eine Tube Zahnpasta, bis zu 5 Rubel für eine Dose Haarspray. Durchschnittliche Zigaretten als Zwanzigerpackung kosten 50 Kopeken. Zum Budget gehören 4 Rubel für Haushaltartikel, 6 Rubel für den Coiffeur (Igor und Serjoscha bezahlen für einen Haarschnitt Rubel 1.50, Wera 3 Rubel), und etwa 8 Rubel werden für Kultur und Unterhaltung ausgegeben. Auch dieser letzte Posten nimmt sich sehr schmal aus: Konzert- und Theaterkarten kosten gewöhnlich zwischen 1 und 3 Rubel, der Eintritt ins Kino 30 bis 70 Kopeken. Die Schallplattenpreise reichen von Rubel 1.80 bis 4 Rubel, für ein Buch, etwa einen Roman, legt man zwischen 1 Rubel und Rubel 3.50 aus. Mit 75 Kopeken im Monat schlägt das Jahresabonnement für eine Tageszeitung zu Buche. Konzessionsgebühren für Radio und Fernsehen werden in der Sowjetunion nicht erhoben.

Je 6 Rubel bezahlen Igor und Wera für ein Monatsabonnement, das für alle Moskauer Verkehrsmittel (Metro, Bus, Tram) unbeschränkt gültig ist. Daneben besitzen sie ein altes Auto, dessen Erwerb vor zehn Jahren eine Geschichte für sich wäre. Wegen des hohen Benzinpreises gebrauchen sie jetzt den Wagen jedenfalls selten. Der 93-Oktan-Treibstoff kostet 40 Kopeken pro Liter, und die Iwanows haben sich geweigert, ihren Motor «herunterfrisieren» zu lassen, wie das viele tun: das 76-Oktan-Benzin ist um zehn Kopeken billiger, ausserdem ist das der Treibstoff, mit dem staatliche Nutzfahrzeuge verkehren und der darum schwarz zu noch tieferen Preisen gehandelt wird. Service und Ersatzteile sowie die Verkehrsabgabe (19 Rubel im Jahr) schlagen für den kaum gefahrenen Wagen selbst so noch mit 10 Rubeln im Monat zu Buch. Eine Haftpflichtversicherung schliessen die Iwanows aus Gründen der Sparsamkeit nicht ab, sie ist in der UdSSR nicht obligatorisch. Die Jahresprämie für einen Schadenfall in der Höhe von 1000 Rubeln würde sich jährlich auf 25 Rubel belaufen.

Wer die Addition macht, wird feststellen, dass gemäss diesem von Igor angegebenen Budget von den Einnahmen am Ende des Monats 90 Kopeken übrigbleiben. Wie unter diesen Umständen steht es mit einmaligen grösseren Anschaffungen? Ein kleiner Kühlschrank kostet 150, eine Waschmaschine 160, der kleinste Schwarzweissfernseher 170, ein Farbfernseher über 600, ein etwas komplizierterer Photoapparat 150 Rubel. Der Preis des billigsten Autos beläuft sich zurzeit auf über 5000 Rubel.

Die Iwanows haben im vergangenen Sommer zu dritt drei Wochen Ferien an der Ostsee verbracht – und zwar nicht in einem subventionierten und sehr preisgünstigen staatlichen Erholungsheim, da dorthin in der Regel nur Einzelpersonen Einweisungen erhalten, die Iwanows es aber vorzogen, als Familie zu verreisen. Kostenpunkt: 400 Rubel (120 Rubel Reisespesen, beinahe ausschliesslich für Benzin, 84 Rubel für die Unterkunft, nämlich 4 Rubel pro Tag für ein Dreibettzimmer in einem Privathaus, der Rest ging auf Verpflegung). Die Iwanows gönnten sich in den Ferien ab und zu ein Nachtessen in einem Restaurant, und dabei kommen drei Personen, sofern es sich nicht gerade um ein Lokal im Stile von Volksküchen handelt, unter 15 Rubeln nicht weg. Wie also geht das alles vor sich, zumal wenn man bedenkt, dass die Iwanows auch einen pensionierten Grossvater regelmässig unterstützen? Dessen Rente, 80 Rubel im Monat, reicht eben selbst für eine Person nicht.

Die Antwort lautet: Nebenverdienst. Im Falle unserer Familie bedeutet das vorab, dass Igor Privatstunden gibt, Nachhilfekurse führt und Übersetzungs- und Lektoratsarbeit annimmt, die er vor allem in den Sommermonaten verrichtet. Diese zusätzliche Beschäftigung hat ihre bedarfs- und beziehungsbedingten Konjunkturgezeiten; in besseren Monaten können aber die daraus resultierenden Einnahmen die Höhe von Igors offiziellem Monatslohn erreichen. Diese Art des Hinzuverdienens bildet in der Sowjetunion die Regel. Jedermann versucht, die in seinem Beruf steckenden Möglichkeiten zur Aufbesserung des eigenen Monatslohns auf jede legale (und oft auch illegale) Weise auszunutzen.

Die Lage der Iwanows ist für eine Intellektuellenfamilie recht typisch; nach ihrem offiziellen Lohn gehören sie sogar eher zu den Bessergestellten. Der Verdienst von Ärzten und Lehrern in der Grössenordnung von 120 bis 140 Rubeln ist beträchtlich unter ihrem Einkommensniveau. In Igors Institut gibt es in der Administration beschäftigte Beamte, die 90 bis 100 Rubel im Monat erhalten. Verdienste von Arbeitern sind dagegen im allgemeinen höher anzusetzen, sie liegen oft über der 200-Rubel-Grenze. Der durchschnittliche Monatslohn für Arbeiter und Angestellte lag in der Sowjetunion 1986 gemäss amtlicher Statistik bei 190 Rubeln.

Unterwegs zwischen Irkutsk und Uschgorod

Auf sowjetischen Landstrassen

Der ungarische Zöllner winkt ab, die für die Moskauer Wintermonate im Westen eingekauften letzten Reserven, Kaffee, Seife, Medikamente, Ballen von Papiertaschentüchern und siebenmal sieben Sachen, die das Auto über dem Rücksitz bis auf Fensterhöhe füllen, interessieren ihn nicht. «Der sowjetische Kollege drüben wird Sie ohnehin anständig auspacken lassen», bemerkt er und wendet sich dem hinter uns stehenden Sowjetbürger zu. Dieser, wie seine Schilder verraten, Angestellter einer sowjetischen Niederlassung in Wien, transportiert an Gütern nicht weniger, zumal selbst eine komplette Abwaschmaschine zu seiner Ladung gehört. Dass er aus dem «grossen Bruderland» stammt, macht auf die ungarischen Zöllner nicht den geringsten Eindruck, sie führen nun ihrerseits an ihm lange und unbekümmert vor, was das heisst, jemanden einer «anständigen» Kontrolle zu unterziehen.

Zwei sozialistische Staaten, die Sowjetunion und Ungarn, treffen hier am Oberlauf der Theiss aufeinander, aber «normal» nach westlichem Verständnis geht es auch an dieser Grenze nicht zu. Damit ist nicht nur die Abfertigung gemeint, die in unserem Fall auf ungarischer Seite vierzig Minuten und an der sowjetischen Grenzstation zweieinhalb Stunden dauert. Gemeint ist vor allen Dingen der Anblick, der sich vom Niemandsland aus eröffnet, von der Theiss-Brücke, auf der man in der Kolonne zu warten hat, während Eisengerüst und Fahrbahn jedesmal, wenn ein Lastwagen in der umgekehrten Richtung langsam nach Ungarn hinüberrollt, in wilde Schwingung geraten. Was man von da oben zu beobachten Musse hat, sind mehrfache Drahthindernisse am Ostufer des Flusses und sowjetische Wachen: eine zweite Ausgabe des Eisernen Vorhangs, sie trennt die Sowjetunion von jenen Ländern, die Moskauer Sprachgebrauch als die «sozialistische Gemeinschaft» zusammenzufassen pflegt. Durch Stacheldraht markierte Grenze mag – hier im Osten – für die sowjetisch beherrschten Staaten sogar etwas Tröstliches haben – als Zeugnis dafür, wie sehr die Sowjetunion ihre Bürger am unkontrollierten Betreten selbst dieser Länder zu hindern sucht, in welchem Mass sie sogar die osteuropäischen Nachbarn schon als ungewisses und ungesichertes Ausland betrachtet.

Das Grenzstädtchen Tschop auf sowjetischer Seite bezeichnet unser in Moskau herausgegebener Reiseführer als einen «wichtigen Verkehrsknotenpunkt, den täglich Hunderte von Menschen in Eisenbahnzügen, Autos oder

Bussen passieren». Mehr als einige Hunderte können es beim Tempo und beim Geist, der da herrscht, auch gar nicht sein. Heere von Zöllnern müssten hier dienen, wenn man bei westlichen Verhältnissen des Sommerverkehrs weiterhin darauf bestehen wollte, jeden Wagen zu leeren, alle Koffer zu durchwühlen und die hineingezwängte Unterwäsche einzeln zu prüfen. Dabei können wir uns nicht einmal beklagen, denn wir kommen gnädig weg. Kontrolliert wird lediglich die Deklaration über die mitgeführten Devisen und Wertgegenstände (letztere – Uhren, Eheringe – hat man zum Vergleich vorzulegen), und dann setzt es sogar eine Entschuldigung ab: man habe uns wegen der westlichen Wagennummer «nur» für Touristen gehalten; hätten wir die für akkreditierte Journalisten bestimmten Kennzeichen schon mitgeführt, wären wir aus der Reihe geholt worden und früher drangekommen. «Was gilt schon heute für uns im Westen ein Diplomat», seufzte einmal ein Schweizer Botschafter, und er fügte hinzu: «In Osteuropa beachtet man dagegen nach wie vor ein beinahe schon komisch und jedenfalls anachronistisch wirkendes Protokoll voller Hochachtung vor dem Diplomaten.» Die Sonderbehandlung, und das ist vollends ungewohnt, erstreckt sich anscheinend auch auf den Journalisten. Was aber die grosszügig nachsichtige Zollkontrolle angeht, so bekommen wir dafür folgende bündige Erklärung: «Sie sind ja keine Polen.»

Die erste Stadt in Grenznähe ist Uschgorod; das Zentrum der an beiden Ufern des trägen und trüben Flüsschens Usch liegenden Kleinstadt unterscheidet sich in seiner aus dem späten 19. Jahrhundert stammenden Architektur mit den ockergelben Fassaden, den ländlich anmutenden und langgestreckten Wohnhäusern und den im Rezessionsstil erbauten Verwaltungsgebäuden in keiner Weise von den Städten, die unseren Weg von Westen nach Osten begleitet haben, von Kufstein und Schwechat, Györ und Debrecen. Dass man wieder eine Grenze hinter sich hat, zeigen freilich der Eindruck von Verwahrlosung im Strassenbild, abbröckelnder Verputz, die billig und zerknittert gekleideten Passanten und die ärmlichen Geschäfte. Insbesondere das üppige Agrarangebot Ungarns fehlt; die dicht und farbenprächtig bepackten spätsommerlichen Frucht- und Gemüsestände und die in Bergen feilgebotenen Wassermelonen verschwinden diesseits der Trennungslinie jäh, obwohl man sich geographisch nach wie vor in der gleichen Landschaft aufhält.

Eine Anekdote lässt einen alten Mann erzählen, er sei in der k. u. k. Monarchie geboren, dann in der Tschechoslowakei zur Schule gegangen, habe hernach in Ungarn gearbeitet und lebe jetzt in der Sowjetunion in Pension; und als die Zuhörer sich erkundigen, wieso er so oft umgezogen sei, da lautet die Antwort: «Was heisst da umgezogen? Ich habe in diesem Leben meinen Fuss aus Uschgorod nicht hinausgesetzt.» Der Landstrich am Fusse der Waldkarpaten hat zusammen mit dem Hauptort Ungvár seit dem Hochmittelalter zum Königreich Ungarn gehört. Nach dem Ersten Weltkrieg sprachen die Sieger das auch Karpaten-Ukraine genannte Gebiet der Tschechoslowakei zu, Ungvár wurde zu Užhorod. Mit ethnischen Argumenten liess sich dieser Entscheid nicht begründen; sowjetische Statistiken weisen bei einer Gesamtbevölkerung von über einer Million neben der ukrainischen Mehrheit heute noch 166 000 Ungarn, aber nur 12 000 Slowaken aus. Massgebend war 1919 vielmehr die Überlegung, die nach Lemberg führende Eisenbahnlinie für die ČSR und damit für die Alliierten zu sichern und zwischen die vom Bürgerkrieg geschüttelte Sowjetunion und die kurzlebige ungarische Räterepublik einen Keil zu schieben. Während des Zweiten Weltkriegs, nach der Zerschlagung der tschechoslowakischen Republik, war die Karpaten-Ukraine von neuem ein Teil Ungarns, und im Sommer 1945 annektierte die Sowjetunion das Gebiet – trotz früheren Zusagen an die von Eduard Beneš geführte tschechoslowakische Exilregierung, die territoriale Integrität der ČSR zu respektieren. Die UdSSR erzwang hier 1945 ihrerseits die Grenze zu Ungarn, und sie stiess damit – im Gegensatz etwa zu den baltischen Staaten – auf Land vor, welches das zaristische Russland nie besessen hatte.

Seltsam ist die Erklärung, mit der unser Reiseführer die Annexion Transkarpatiens und der aus Ungvár jetzt zu Uschgorod gewordenen Stadt begründet. «Diese alte slawische Stadt war im 11. Jahrhundert von der Kiewer Rus losgerissen worden und befand sich jahrhundertelang in der Gewalt fremder Staaten», liest man im Buch. Angeführt wird also nicht die unter der Habsburgermonarchie schon vorhandene «ruthenische», das heisst ukrainische Bevölkerung. Die Rechtmässigkeit des eigenen Vorgehens von 1945 soll vielmehr auf einem 900 Jahre alten Anspruch beruhen. Zu vergleichen ist das mit der sowjetischen Erwiderung, wenn jemand etwa die deutsche Vergangenheit Ostpreussens zu erwähnen wagt: Es zähle nicht das Historische, sondern einzig die gegenwärtige, unumstössliche Nachkriegsrealität. Gesagt ist damit, dass es nicht auf die Schlüssigkeit eines Arguments ankommt, sondern darauf, wer es gebraucht.

Man spricht in Uschgorod heute, wie ein kurzer Spaziergang zeigt, überwiegend Ukrainisch, zu einem Teil aber immer noch Ungarisch. Die Beschriftungen sind in der ersten Sprache, die in Kiosken angebotenen Zeitungen und Zeitschriften ebenfalls. Ungarisch, heisst es, sei die Unterrichtssprache in den Volksschulen der Minorität, an Mittelschule und Universität lehre man aber im wesentlichen in Ukrainisch oder Russisch allein. In den Gassen, denen wir entlangschreiten, herrscht das Gedränge nach Arbeitsschluss am späten Nachmittag, man begegnet den ersten Schlangen vor Lebensmittelläden, Frauen suchen vor dem Heimweg noch das Nachtessen für die Familie zu besorgen. Dass es bald Abend sein sollte, ist bei der hochstehenden Sonne ungewohnt und unnatürlich: selbst die westlichsten Landstriche der UdSSR richten sich nach Moskauer Zeitrechnung, wir hatten beim Grenzübertritt die Uhren von mitteleuropäischer Zeit um zwei Stunden vorzustellen.

Und nun geht es weiter, zuerst nach Südosten, die eckige Silhouette der Festung von Mukatschewo bleibt rechter Hand zurück, dann wendet sich die Strasse gegen Nordosten, in langsamem Aufstieg der Karpatenkette zu. Die weissen und gelben Bauernhäuser der Strassendörfer werden allmählich von Holzhütten, aus Brettern und manchmal aus massiven Baumstämmen errichteten Behausungen, abgelöst, und anstelle der Kirchtürme mit dem katholischen Kreuz tauchen die ersten orthodoxen Zwiebelkuppeln auf. Der Verkehr ist gering, einige im Schrittempo bergaufwärts keuchende Lastwagen sind zu überholen, und der zwischen bewaldeten Bergflanken liegende Werezki-Pass, den es zu überwinden gilt, ist lediglich 841 Meter hoch. Dafür übertrifft die Strasse – die von den Sowjetbehörden dem Ausländer zugewiesene «Transitstrecke», von der man nicht abweichen und an deren Stelle man keine anderen Wege wählen darf – trotz allen Warnungen die schlimmsten Erwartungen: Der Rand ist ausgefranst, die Mittellinie, sofern Strassenbemalung überhaupt vorhanden, ist zur skurrilen Wellenlinie zerflossen, fehlende oder gar umgekehrt liegende Kurvenüberhöhungen zwingen zur Vorsicht ebenso wie unzählige tiefe Schlaglöcher, und gelegentlich kann der Belag ohne Signalisierung überhaupt ganz aufhören und einer offenbar seit langem schon nach Asphalt rufenden Schotterunterlage Platz machen.

Indessen: Der Weg durch die Waldkarpaten entschädigt. Man fährt durch verlassene, unberührte Gegenden, die Berge laufen dann im Norden in weite, sich allmählich senkende Weiden aus, zuletzt geht die Landschaft in eine Ebene über, auf der die kleinen Siedlungen von weitem schon sichtbar sind. Alte Frauen mit farbigen Kopftüchern sitzen auf Holzbänkchen vor den Gartentoren, und sie winken, als wir vorbeifahren. Sie wünschen uns, ebenso wie die vielen winkenden Jugendlichen, nicht nur eine angenehme Reise, sie möchten uns mit den weit ausholenden Bewegungen vielmehr zum Anhalten veranlassen. Auf einem Rastplatz und beim Halt vor einer herabgelassenen Barriere wird der Sinn der Gebärden klar: ob wir nicht Waren zu verkaufen hätten, heisst es, und man bittet uns, als wären wir fliegende Händler, um Jeans, Turnschuhe, Kinderkleider, Schokolade und sogar um eine Sonnenbrille. Nein, wir haben nichts feilzubieten, und ausserdem eilt es, denn es dämmert, und vor nächtlichen Fahrten auf sowjetischen Strassen rät den Reisenden selbst «Intourist», das Fremdenverkehrsamt der UdSSR, dringend ab.

Dennoch, es ist unvermeidlich, die lange Wartezeit an der Grenze und die schlechte Strasse in den Karpaten haben den Tagesplan durcheinandergebracht, und wir müssen Lemberg erreichen – dies nicht nur wegen des bestellten Hotelzimmers, sondern auch darum, weil die Tagesetappen, die den sowjetischen Organen vor der Reise gemeldet werden müssen, einzuhalten sind. In der hereinbrechenden Nacht nehmen wir nicht mehr wahr, wann wir den Dnjestr passieren, und nach einer Weile tauchen dann in der Dunkelheit die uniformen, wie schwarze Schatten stehenden Vorstadtblöcke von Lemberg auf. Durch schwach beleuchtete Strassen, wo uns hilfreiche einheimische Geister beistehen, geht es mühselig in die Innenstadt, in deren Gassen den Ankömmling ein entsetzliches Kopfsteinpflaster empfängt. Mag sein, dass die Pferdehufe vor der Droschke zu Zeiten Seiner Majestät Franz-Joseph darauf noch prächtig geklappert haben. Heute ist zu befürchten, das in die Sowjetunion mitgebrachte neue Auto könnte gleich den ersten Abend schon nicht mehr überleben. Schliesslich langt man dann doch beim Hotel an, vor dessen Türe noch ein letztes Hindernis zu überwinden ist: der Portier, der einer Schar von Jugendlichen breitbeinig den Eintritt verwehrt, ist zu überzeugen, dass wir nicht zur Tanzveranstaltung möchten, sondern hier eine Reservation haben und übernachten wollen. Am besten sagt man das ein wenig energisch und auf englisch.

In Galizien

Das Lemberger Intourist-Hotel, wo wir vor der Weiterreise nach Kiew und Moskau zwei Tage verbringen, soll einmal «Sankt Georg» geheissen haben. Die besseren Zeiten, als die Plüschvorhänge noch nicht ausgebleicht und die Kanten der marmornen Treppenstufen ohne Scharten waren, hat dieses Haus wohl vor dem Ersten Weltkrieg gekannt. Die im Speisesaal einst gelangweilt Tarock spielenden Offiziere der Stadtgarnison und die bei ihrem Mokka sich verzweifelt nach Wien sehnenden kaiserlichen Beamten sind längst verschwunden. Der Standort des Hotels am Mickiewicz-Platz, wo auch das (bereits 1905 errichtete) Denkmal des polnischen Nationaldichters steht, erinnert daran, dass die Habsburgermonarchie das Kronland Galizien am Ende des 18. Jahrhunderts aus der Hinterlassenschaft des aufgeteilten Polen geerbt hatte und dass die russisch Lwow, ukrainisch Lwiw, polnisch Lwów (Aussprache Lwuw) und deutsch eben Lemberg genannte Stadt nach einem kurzen Selbständigkeitsversuch der Westukraine zwischen den zwei Weltkriegen wieder zum neugeborenen polnischen Staat gehörte. Roter Stern, Hammer und Sichel über dem Hoteldach, Lenin-Prospekt als Bezeichnung der nächstgelegenen Hauptstrasse weisen ihrerseits als unmissverständliche Symbole auf die Gegenwart hin. Auch der für Touristen herausgegebene französische Stadtplan trägt hiezu das Seine bei: der Name des grossen polnischen Dichters erscheint darauf als «Mickevic», als Transkription aus dem Russischen.

Die Gezeiten des alten, bis in unser Jahrhundert andauernden Kampfes zwischen Polen und Ukrainern, der hin und zurück rollende Wellenschlag auf dem unendlichen, von keiner markanten natürlichen Grenze unterbrochenen Flachland haben in Lemberg ihr Strandgut hinterlassen. Östliches ist hier Westlichem benachbart, so wenn unweit der gotischen Kathedrale der Katholiken eine von orientalischen Händlern schon im 14. Jahrhundert in Auftrag gegebene armenische Kirche steht. Letztere, nebenbei bemerkt, ist nun trotz ihrem Rang als Sehenswürdigkeit zugesperrt, Kette und Schloss am Gittertor empfangen den Besucher. Aller Begegnung von Orient und Okzident zum Trotz – Lemberg ist westlich geprägt. Das liegt wohl nicht nur an der langen polnischen Präsenz und der 150 Jahre dauernden Herrschaft Österreichs, sondern auch an der Tatsache, dass die in Galizien wirkenden Einflüsse aus dem europäischen Osten nicht einer primär städtisch bestimmten Kultur entstammten. Das nach Westen gewandte Polen rief dagegen bereits im Spätmittelalter italienische Baumeister in die Stadt, deren Gesicht zuletzt die zum Barock zurückblickende, schwermütige Architektur des Habsburgerreiches abrundete.

Das harmonische, wohlproportionierte Viereck des Marktplatzes mit seinen alten Bürgerhäusern gemahnt an die geographische und historische Nähe von Krakau, ebenso wie die katholische Kirche, Lateinische Kathedrale genannt, die man an einem Freitag vormittag dicht besetzt vorfindet. Menschen jeden Alters folgen betend und singend der Messe. Es sind Polen, für die der Katholizismus in der vor 50 Jahren noch zu zwei Dritteln polnisch sprechenden Stadt jetzt im Geistlichen wie im Nationalen zu einer letzten Fluchtburg geworden ist – nicht zum erstenmal in der Geschichte dieses bedrängten Volkes. Und dass es sich da um einen militanten Katholizismus handelt, erfährt man gleich wörtlich am eigenen Leibe: Eine Bauernfrau ergreift den hinter dem Rücken verschränkten Arm des fremden Besuchers, schüttelt ihn und flüstert zornig: «Die Hände gehören in der Kirche nach vorne, zum Gebet gefaltet.» Freundlicher geht es in der Nachbarschaft, vor dem Spätrenaissance-Tor der Campiani-Kapelle, zu, wo uns ein altes polnisches Ehepaar aus zahnlosem Mund in fehlerhaftem, aber österreichisch gefärbtem Deutsch anspricht, für die Stadtbesichtigung Ratschläge gibt und dann mit einem Anflug von Galgenhumor empfiehlt, der jüngsten Vergangenheit Lembergs im Friedhof auf den Grabsteinen nachzuforschen; noch gebe es unter der älteren Generation viele Polen, doch die Mehrheit bildeten nun Ukrainer und Russen. Auffallend häufig indessen tauchen im spärlichen Stadtverkehr die schwarzweissen Autonummern polnischer Touristen auf, die hier möglicherweise schmerzhaften geschichtlichen Reminiszenzen nachspüren, vermutlich aber eher diesseits der Grenze verbliebene Verwandte besuchen.

Geschichtliche Reminiszenzen – wie alle historischen Museen in der UdSSR steht auch das in Lemberg im Zeichen der Errichtung der Sowjetmacht. Die Darstellung mündet nach spärlichen Zeugnissen früherer Jahrhunderte zuletzt in üppig besetzten Ausstellungsräumen gleichsam als Sinn, Ziel und Zweckbestimmung der Geschichte in die Verherrlichung der gegenwärtigen Ordnung. In Lemberg gilt es darüber hinaus, die Rechtmässigkeit des eigenen Anspruchs auf das 1939 Polen abgenommene, grundsätzlich nur Westukraine genannte Gebiet zu untermauern. Freilich, die aus dem 19. Jahrhundert stammenden Exponate, Aufrufe etwa Ihrer Majestäten Ferdinand und Franz-Joseph an die ergebenen, gerade aber ein bisschen revoltierenden Untertanen 1848/49, die städtischen Verordnungen aus dem späten 19. Jahrhundert sind zumeist deutsch und polnisch, nur selten auch ukrainisch abgefasst. Für die Periode zwischen den zwei Weltkriegen sucht die Ausstellung die gewaltsame Polonisierung der Ukrainer zu belegen, mit einer graphischen Darstellung etwa, nach der die Zahl ukrainischer Schulen 1920 bis 1939 von 3600 auf 316 zurückgegangen ist. Immerhin bedeutet das so viel, dass die k.u.k. Monarchie (gemäss kommunistischer Geschichtsschreibung: «Kerker der Völker») den Unterricht in der Muttersprache selbst in den entlegensten

Provinzen zu sichern gesucht hat. Was aber die gewaltsamen Assimilationsbestrebungen angeht, so leben in der Sowjetunion gemäss der 1979 durchgeführten Volkszählung 1,1 Millionen Polen, von denen nur 29 Prozent Polnisch als Muttersprache angeben.

Nicht nur zum Widerspruch reizend, sondern stellenweise geradezu demütigend muss der Rundgang in diesem Museum für den polnischen Besucher sein, selbst wenn der Gast kein blinder Nationalist ist, sondern sich vor Augen hält, dass das Vorkriegspolen rund vier Millionen Ukrainer unter seinen Einwohnern zählte. Dennoch, welche Herausforderung: Die Rote Armee rückt am 17. September 1939 in die Westukraine ein, heisst es unter einer grossformatigen Photographie; Truppen ziehen auf dem Bild vorbei, im Vordergrund aber liegt ein umgestürzter Grenzpfahl, der weisse Adler und die Beschriftung «Polska Rzeczpospolita», die Kennzeichen der Republik, zu Boden getreten. Was hier dargestellt wird, ist die von der Bevölkerung gefeierte «Befreiung»; das Wort «Überfall» bleibt für Hitler und die westpolnischen Gebiete reserviert. Übrigens: In diesem alten Haus auf dem Lemberger Marktplatz, wo jetzt das Museum eingerichtet ist und wo im Hof unter Renaissance-Arkaden in musealer Unordnung Panzerabwehrkanonen neben herrschaftlichen Kaleschen stehen, ist 1686 der «ewige Friede» zwischen Russland und Polen unterzeichnet worden...

Steigt man auf einen Hügel zum «hohen Schloss» hinauf, auf dem heute nur noch von Unkraut überwachsene, bröckelnde Grundmauern an den Ursprung der Stadt erinnern, wo aber über den Baumkronen eine Aussichtsterrasse errichtet ist, blickt man auf die vielen im spätsommerlichen Dunst schimmernden barocken Kuppeln, Kirchtürme und Dächer hinab, so gemahnt das Bild – eben aus der Ferne – an ähnliche Perspektiven in Prag und Salzburg. Vor der historischen Kulisse spielt sich aber nun das heutige, sowjetische Leben ab. Dessen auffälligstes äusseres Merkmal für den vom Westen Zugereisten ist das Fehlen von Farben, die staubige Eintönigkeit des Strassenbilds. Knarrende Wagen holpern über die unebene Fahrbahn, überfüllte Strassenbahnen rattern auf unsicher gelegten Schienen; ein Lastwagen stellt sich in einer Nebengasse quer, sperrt den Verkehr, man lädt bei einem Verkaufsstand einige Kisten mit Trauben ab, worauf sich gleich eine lange Schlange bildet. Hinter der Fensterscheibe eines Kleidergeschäfts kann man von der Strasse her wie eine Pantomime eine Betriebsversammlung beobachten: Verkäuferinnen sitzen in drei Reihen auf niedrigen Bänken, sie hören, massvoll interessiert, einem etwa vierzigjährigen Mann zu, der mit breiten Gesten etwas vorträgt; vermutlich spricht er von Arbeitsmoral und Effizienz. Während der Versammlung ist das Geschäft geschlossen. Zugesperrt, permanent zugesperrt sind auch die meisten Kirchen, an denen man vorbeigeht; an den Türgriffen sind aber überall von Unbekannten hingebrachte, verwelkende Blumensträusse befestigt. Eine Synagoge zu finden gelingt nicht, nichts deutet mehr darauf hin, dass nach der Vernichtung im letzten Weltkrieg von Galiziens jüdischer Vergangenheit hier etwas noch lebendig wäre. Offen dagegen steht die barocke Dominikanerkirche, sie dient als «Museum der Religion und des Atheismus»; «soli Deo gloria», so lautet die intakte, trotzig-ironische Inschrift über dem Hauptportal.

Die Auslösung des eigenen Wagens von einem bewachten Parkplatz am Morgen des Abreisetags – Bezahlen, Vergleich der Autoausweise, Ausstellung einer Quittung mit dem unerlässlichen Stempel – dauert 20 Minuten, dann hat man noch eine polnische Touristin zu überzeugen, dass wir keine Devisen verkaufen, und als nach enervierenden Irrfahrten durch die Innenstadt schliesslich auch die Kiewer Ausfallstrasse im Nordosten gefunden ist, kann das Pensum eines sehr langen Tages beginnen: knapp 550 Kilometer sind zurückzulegen. Die letzten Hügel bleiben nun im Westen hinter uns, eine unübersehbare, von Wäldchen oder eher als Windschutz dienenden Baumreihen nur selten unterbrochene Ebene öffnet sich, zieht sich hin. Die Strasse, deren Belag seit dem Passieren der sowjetischen Grenze nicht besser geworden ist, meidet nun die Städte, sie führt auch in einer grösseren Siedlung wie Rowno nur durch Industrieaussenquartiere, die sich nirgends in der Welt durch Schönheit auszeichnen. Sorgen bereitet unterwegs das Auftanken, denn bei den ohnehin seltenen Tankstellen ist das für Touristen reservierte 98-Oktan-Benzin nicht immer vorhanden. Andernorts wiederum hat man bei der 93-Oktan-Säule nichts anzubieten, und der Besitzer eines Shiguli fleht uns an, wir möchten ihm einen unserer 10-Liter-Benzingutscheine verkaufen, da er sonst sein Dorf nicht mehr erreiche und Gott weiss wie lange noch warten müsse. Wir haben nicht das Recht, ihm zu helfen. Was tun?

Tafeln verkünden von Zeit zu Zeit, welcher Kolchose – zumindest jede dritte ist nach Lenin benannt – Ackerland und Kulturen unserer Strasse entlang anvertraut sind. Welch ein Kontrast nach Österreich und auch nach Ungarn, wo eine intensive Landwirtschaft selbst die kleinsten Parzellen nutzt; jetzt der Anblick dieser Felder, auf denen Mais und Sonnenblumen, in unregelmässigen Abständen gesetzt, schütter wachsen, Saaten jäh mit Brachland und dann mit Wiesen abwechseln, auf denen vom Regen schwarz gewordene Heuhaufen liegen, ebenso wie die grauen Strohballen auf den Stoppelfeldern, die Wochen nach der Getreideernte noch nicht weggeschafft sind. Neben der Überalterung der Landwirte, der fragwürdigen Organisation, dem Mangel an Kunstdünger und dem ungenügenden Grad der Mechanisierung, neben allen bekannten Schwierigkeiten der sowjetischen Landwirtschaft scheint hier, gerade im Vergleich mit den erwähnten Ländern, auch eine andere, grosszügig-sorglose Mentalität am Werk zu sein, für die es beim Überfluss an Boden nicht auf jeden Maiskolben und Roggenhalm ankommt. Hochgepackte Lastwagen vor uns, welche die Strasse nach der Art von Hänsel und Gretel mit Heubündeln und Rüben bestreuen, liefern – nicht nur im übertragenen Sinne – den Beleg dafür, dass das sowjetische Landwirtschaftsproblem auch ein Weg- und Transportproblem ist.

Es dämmert, über dem flachen Ostufer des Dnjepr liegen schon dunkle Schatten, als wir in Kiew ankommen. Die letzte Stunde verlief abwechslungsvoll: Eine zwar nicht sehr lange, aber von keiner Karte angekündigte und darum als angenehme Überraschung wirkende Autobahnstrecke vor der Stadt erlaubte eine Zeitverkürzung; der Gewinn ging dann aber in Kiew selber wieder verloren bei mehrmaligen vergeblichen Anläufen, den Weg ins Zentrum zu finden. Die Sowjetunion hat erst in den letzten zehn Jahren damit begonnen, Wegweiser aufzustellen; auf den «Transitstrecken» sind die kyrillisch wie lateinisch angebrachten Beschriftungen gut leserlich und eine willkommene Hilfe. Ein Schild mit dem Hinweis «Stadtmitte» scheint es in der UdSSR dagegen bisher nicht zu geben.

Altrussland und Sowjetwirklichkeit

Die österreichisch-schweizerische Nachbarschaft und vor allem Johann Strauss bringen uns im Speisesaal des Kiewer Hotels die Einladung zu einer Flasche Champagner (sowjetischen Fabrikats) ein. Und zwar geht das folgendermassen zu: Das Ehepaar, dem im überfüllten Raum die zwei an unserem Tisch noch freien Plätze zugewiesen werden, gerät in Begeisterung, als es sich herausstellt, dass die Tischnachbarn Schweizer sind und sich auf der Reise von Zürich nach Moskau befinden. Und da wollen sie mit uns auf unseren «grossen Landsmann, den Walzerkönig» anstossen. Die schonend vorgebrachte Berichtigung wird mit dem grosszügigen, aber höchst ungemütlichen Argument beiseite geschoben, Österreich oder die Schweiz, das komme so genau nicht drauf an, da handle es sich doch nur um einen Unterschied von drei Raketenminuten.

Das ist ein missratener Scherz und nicht böse gemeint, zumal wir nach den ersten Sätzen schon übereingekommen sind, politische Themen aus der Unterhaltung zu verbannen. Wie im Mittelalter die Pestkranken ihre Glocken schwangen, so hat der westliche Journalist vor sich selber zu warnen. Unsere neuen Bekannten stammen aus Litauen und sind hier selber auf der Durchreise. Der Mann, ein Agronom, erläutert die Liebe zu Johann Strauss, die sich nicht nur von Schallplatten nähre, sondern vorab von dem traditionellen Neujahrskonzert der Wiener Philharmoniker, das auch das sowjetische Fernsehen übertrage. Da geht neben der Musik offenbar auch ein kleines Fenster zum Westen auf, «Blaue Donau» und «Radetzky-Marsch» schaffen für anderthalb Stunden europäische Einigung vom Atlantik bis zum Ural. Hier in Kiew spielt jetzt lediglich schwitzend und lärmend die unerlässliche Hotelunterhaltungskapelle, die Litauer bestehen indessen darauf (nachdem der übersüsste Champagner getrunken ist), dass wir als Ehepaare kreuzweise ein Tänzchen wagen. Nach vollbrachter Tat verrät dann der gutgelaunte Agronom mit komischer Selbstironie, er müsse doch zu Hause erzählen, er habe mit einer Schweizerin getanzt. Nein, in die Schweiz kämen sie kaum, wir aber sollten sie besuchen, sie zeigten uns gern einmal ihre Republik.

«Keine politischen Themen» – das ist leicht gesagt und schwer getan, denn selbst jene harmlos vorgebrachten Fragen, die Sowjetbürger dem westlichen Ausländer regelmässig als erste stellen – haben Sie einen Wagen, welche Marke, was kostet er, wie vielen Monatslöhnen entspricht dieser Preis? –, selbst diese Fragen sind, da ihre Beantwortung einen Vergleich des Lebensniveaus ermöglicht, bereits von einiger Brisanz. Die Unterhaltung tags darauf, als wir nun unsererseits beim Frühstück zu einem grauhaarigen, beleibten Herrn gesetzt werden, ist dagegen offen politisch; es ist der Tischnachbar, der auf den Gegenstand gleich lossteuert. Wir erfahren, dass er, der über seinem dunkelblauen Zivilanzug auch jetzt eine Sammlung von Medaillen trägt, den Krieg vom ersten bis zum letzten Tag an der Vierten Ukrainischen Front mitgemacht hat und dass er – er zeigt stolz eine seiner Auszeichnungen mit stilisierten Umrissen des Hradschin – wegen Teilnahme an der Befreiung Prags (gemeint ist das Jahr 1945) Ehrenbürger der Tschechoslowakei ist. Und dann bekommen wir wieder eine Einladung zum Besuch einer Republik, diesmal nach dem Süden, denn der alte Offizier ist Georgier. Zum Ruhme seiner Heimat und um sie für Touristen attraktiv zu machen, führt er das milde Klima sowie das Stalin-Museum in Gori an. Stalin, sagt er, war ein grosser Mann; er fügt wörtlich hinzu: «Das ist ein Axiom, das keines Beweises bedarf.» Wie er denn mit solchen Ansichten auf den 20. Parteitag und die Entstalinisierung blicke? Er winkt verächtlich ab: «Jeder hat seine Fehler, nicht?» Diskussion wäre hier fruchtlos, der Hinweis auf die Millionen von Opfern fiele ins Leere; der alte Georgier verehrt im Diktator nicht nur den Landsmann, er gehört auch zu der Generation, die mit dem Ruf «Fürs Vaterland, für Stalin» aus den Schützengräben gestürmt ist und für die der Name von Väterchen Josif Wissarionowitsch Lebensinhalt bedeutet.

Des eigenen Autos überdrüssig, fahren wir mit dem Trolleybus zu Kiews grösster Sehenswürdigkeit, dem von rund 40 Sakralbauten überzogenen Gelände der Höhlenklöster. Unterwegs erst stellt es sich heraus, dass man da die Fahrkarten nicht nach Moskauer Art im Bus, sondern in Strassenkiosken kauft; eine ältere Frau hilft uns aus der Verlegenheit, reicht uns zwei Scheine und verwahrt sich gegen den Versuch, ihr den Preis zu bezahlen. Vielleicht ist an dieser Stelle ein Wort fällig darüber, dass uns auf dem Weg von Uschgorod bis Moskau bei kleinen Begegnungen viel Hilfsbereitschaft und auch Herzlichkeit widerfahren ist. Das gilt für Leute, die uns wortreich die Richtung wiesen und manchmal sogar vorfuhren, für jene, die unaufgefordert immer wieder über ihre Stadt (und auch über sich selber) zu erzählen begannen, und es gilt hier für die Kiewer Museumsbeamtin, die in der grossartigen Volkskunstsammlung in einem Klostergebäude für die zwei Westeuropäer unaufgefordert eine ebenso kundige wie liebenswürdige Privatführung veranstaltet und uns «wegen anderer Geschäfte» erst verlässt, als die Ausstellung prächtig gewobener Stoffe, handgeschnitzter Geräte und vielfarbiger Trachten in den letzten Sälen Erzeugnissen einer «Volkskunstfabrik» Platz macht, Wandteppichen mit rotem Stern und Keramikbodenvasen, deren Wand im Blumenkranz Lenins Porträt schmückt.

In einer Dichte, die man in der Sowjetunion anderswo vermutlich nicht findet, ist in Kiew Geschichte auf engem Raum fassbar. Der Blick von einer der vielen Terrassen auf den Hügeln am Westufer des Dnjepr, das Bild des sich um grün bewachsene Inseln schlängelnden Flusses, bringt ins Bewusstsein, welche Bedeutung diesem Strom als Nord-Süd-Verbindung in den Anfängen zukam. Dieser Eindruck verstärkt sich beim Anblick des Denkmals der Stadtgründer (Kiew feierte unlängst den 1500. Gründungstag). Der Bildhauer lässt die Urahnen mit einem Wikingerboot ankommen – so umstritten Stellung und Rolle der Nordländer im hochmittelalterlichen Kiewer Reich auch sein mögen. Dass der Weg für die Kiewer Herrscher dem Dnjepr entlang im Süden zum Schwarzen Meer führte, zeigt aber die aus dem 11. Jahrhundert stammende Sophienkathedrale, deren Grundriss mit dem Anspruch zur Nachahmung der Hagia Sophia erbaut worden ist und in deren goldglänzenden Mosaiken man staunend ein Gegenstück zu Venedig und Ravenna, eine östliche Ausstrahlung von Byzanz erkennt. Dann wiederum lässt man sich in der Sankt-Andreas-Kirche das Gemälde «Glaubenswahl des Fürsten Wladimir» erklären, und man erhält die anekdotisch ausgeschmückte Version der Nestor-Chronik, wonach sich Wladimir für den Katholizismus nicht zu erwärmen vermochte, da er auf die Vielweiberei nicht zu verzichten bereit war, dass ihm aber auch die Lehre des Islam nicht zusagte, da er am Trinken ebenfalls festzuhalten gedachte.

Das tönt als Erzählung hübsch, dahinter versteckt sich aber die Realität, dass es der Kiewer Rus an einer Einigung mit dem südlichen Nachbarn lag und dass sie sich in einem Mass, das die Welt heute noch in Erstaunen versetzt, die politische Kultur von Byzanz zu eigen gemacht hat. Da ist denn auch die aus dem 19. Jahrhundert stammende Statue des heiligen Wladimir, dessen bronzene Figur auf einem der grünen Hügel das grosse Kreuz emporhält; dargestellt ist er als verzückter frommer Greis – anders, als die spärlichen historischen Zeugnisse ihn schildern, und anders jedenfalls auch als das Bild in den Höhlenklöstern, wo im «Museum des Atheismus» ein Ölgemälde grausame Fürsten zeigt, die ihre widerstrebenden Untertanen zur Taufe mit Peitsche und Schwert in den Fluss treiben. Gerade das Gelände der Höhlenklöster, deren herrliche und doch seltsam fremdartige Kirchen eine vom 11. bis zum 18. Jahrhundert reichende Zeitspanne dokumentieren, zeugt indessen von Bedeutung und Kontinuität des mönchisch-asketischen Wesenszugs in der ostslawischen Welt.

Das sind die bis in die Gegenwart hineinwirkenden Anfänge, die hier am Dnjeprufer greifbar sind, und nun lasst uns viele Jahrhunderte überspringen, Tatarenverwüstung und litauisch-polnische Herrschaft, die Befreiungskriege – das Reiterdenkmal des Kosakenführers Bogdan Chmelnicki, auf den 1654 die erste lockere Verbindung der Ukraine mit Moskau zurückgeht, ist ein Wahrzeichen der Stadt –, stehenbleiben wollen wir aber in einer abschüssigen, von grün und gelb verputzten alten Bürgerhäusern gesäumten Gasse, die mit vielen Kurven von den Hügeln in das «Podil», in die untere Stadt, hinunterführt: das kleine Haus – Aleksejew-Ufer 13 – ist die einstige Wohnstätte des

Schriftstellers Michail Bulgakow und Schauplatz seines Romans «Die weisse Garde», eines impressionistischen Preislieds auf die Schönheit Kiews, eines harten und zugleich realistischen Buches, das den gesamten Wirren des Jahres 1918 gilt, den Kämpfen, die Monarchisten, Kadetten, Offiziere, deutsche Besetzungstruppen, ukrainische Nationalisten und die Anhänger Lenins mit rasch wechselnden Fronten austrugen. Die allzu menschlichen Züge, die Bulgakow den Gegnern der Bolschewiken verleiht, und die Freimütigkeit, mit der er die Selbständigkeitsregungen der Ukraine schildert, haben bewirkt, dass der Roman in der UdSSR in vollständiger Fassung erst 1966 erschienen ist – 26 Jahre nach dem Tod des Autors.

Die Eindrücke vom modernen Kiew bleiben bei der Kürze des Aufenthalts flüchtig; man behält das Gesamtbild einer mit grossen Anstrengungen wiederaufgebauten, schön gelegenen Stadt, die in ihrem Zentrum geordneter, urbaner wirkt als Moskau. Und man erinnert sich als Bestätigung an das Bekenntnis eines Einheimischen, Kiew habe nicht das Kulturleben Moskaus zu bieten, sei aber als Wohnort unvergleichlich angenehmer. Wir werfen am Tag der Abreise, als es aus der Stadt hinausgeht, einen letzten Blick auf die hellblau gestrichene Rokokofassade des Marien-Palais, der einstigen Zarenresidenz (an die der Sitz des Obersten Sowjets der Ukraine als Betonklotz offenbar in nächster Tuchfühlung angebaut werden musste); und bevor man den Dnjepr überquert, passiert man noch ein Kriegsdenkmal, eine schwertbewehrte heroische Figur von der Grösse eines Hochhauses. Ein unterirdisches Museum unter dem Sockel der Statue erinnert an die Leiden und die Rückeroberung Kiews im Zweiten Weltkrieg.

Mahnmale des Kriegs und Literatur begleiten uns auf der Reise weiter. Nächstes Ziel ist Orjol, Geburtsstadt Turgenjews, an den hier eine Gedenkstätte erinnert und dessen Namen auf dem Hauptplatz ein modernes, geschmackvoll erbautes Theater trägt. Der Abendspaziergang im Zentrum führt trotz der schon nordisch wirkenden späten Helle durch beinahe ausgestorbene Gassen. Jugendliche stehen vor einem Kino – man spielt einen Liebesfilm und kündigt im nächsten Programm einen Kriegsfilm an –, durch die Fensterscheiben einer Genossenschaft sieht man hinter uralten Nähmaschinen noch Frauen am Werk. Einige Häuser weiter tragen Arbeiter mit Äpfeln und Trauben gefüllte Harasse in einen Lebensmittelladen.

In der Mitte eines Plätzchens zeigt ein Transparent die Bewegungen der Armeen, als Orjol 1943 nach zwei Jahren der Besetzung im Anschluss an die Panzerschlacht von Kursk von den Russen wieder genommen wurde. Die Stadt hat im Krieg schwer gelitten, die ausgestorbene Hauptstrasse, der wir jetzt entlanggehen und die – versteht sich – Lenin-Boulevard heisst, vermittelt hier mit den tiefgelben Fassaden der niedrigen alten Häuser vielleicht eine letzte Ahnung davon, was ein russisches Provinzstädtchen vor hundert Jahren gewesen ist. In dieser Atmosphäre und hinter solchen weissgerahmten Fenstern müssen sich Tschechows drei Schwestern vor Sehnsucht nach Moskau verzehrt haben. Der Gedanke an sie liegt nahe: der Weg von Orjol nach Moskau führt nicht nur an Jasnaja Poljana, dem Anwesen Tolstois, sondern auch an Tschechow, der nach dem Schriftsteller benannten Stadt, vorbei, in deren Nähe der Dichter einige Jahre lang als Kreisarzt tätig war.

Zum Besuch literarischer Museen bleibt jetzt freilich keine Zeit, denn uns drängt es, die lange Reise abzuschliessen. Auf einheimischen Rat hin hatten wir uns noch in der Ukraine bei einer der Bäuerinnen, die am Strassenrand Kartoffeln, Tomaten, Äpfel und Zwetschgen feilbieten, reichlich mit Früchten eingedeckt. Der Preis beträgt einen Bruchteil dessen, was auf Moskauer Märkten zu erlegen ist. Je weiter die Ukraine zurückbleibt, um so ärmlicher wirken nun hier in Russland die Holzhütten der Dörfer, mögen sie auch an einem Hauptverkehrsweg liegen. Der Zwischenhalt in einem Strassenrestaurant misslingt, da uns der Gestank verbrannten Öls jede Experimentierlust nimmt. In einem Dorfladen kaufen wir dagegen frisches Brot und etwas Streichkäse. Das Angebot beschränkt sich sonst auf Konserven; Gemüse und Früchte, Milch und Fleisch fehlen ganz – vielleicht vertröstet man sich mit der ländlichen Selbstversorgung. Gut beliefert nimmt sich dagegen der zweite Geschäftsraum aus, wo die notwendigsten Konsumartikel, von Kleidern, Gummistiefeln und Bettdecken über Tischgeschirr bis zum Gartenwerkzeug, gestapelt sind.

In windigem kühlem Wetter nähern wir uns Moskau – der Eindruck drängt sich dem spätsommerlichen Datum zum Trotz auf, man fahre auf einer kargen Hochebene dem russischen Winter entgegen. Hochhäusersiedlungen und dichter, stockender Lastwagenverkehr zeigen die Nähe der Hauptstadt an; die Einfahrt gestaltet sich mühevoll, bis dann der innere Ring und der vertraute «Heimweg» erreicht sind. Das in Zürich abgelesene Zählwerk des Autos zeigt, von Haustüre zu Haustüre, 3219 Kilometer an.

Jenseits des Urals

Kindheitserinnerung: Nachdem die Telegrafenverbindung zwischen Moskau und Sibirien durch die einfallenden Tataren unterbrochen worden war, blieb dem Zaren keine andere Wahl mehr, als seinen besten Kurier, den Gardeoffizier Michail Strogow, nach Irkutsk zu schicken, damit der dort residierende Grossherzog vor einem Verräter gewarnt werde. So stand es in Jules Vernes Roman, und atemlos folgte man der abenteuerlichen Reise des Kuriers, wie er sich von Moskau nach Nischni Nowgorod und hernach durch Feindesland von Omsk nach Tomsk und nach Krasnojarsk durchschlug, die Ströme Ob und Jenissei überquerte, um dann schliesslich – im letzten Augenblick, aber gerade noch rechtzeitig – vom Baikalsee her mit einem Floss auf dem Fluss Angara in Irkutsk anzukommen. Die Reise liesse sich heute – als Hommage à Jules Verne – nicht wiederholen: Die Sowjetstädte Gorki (früher: Nischni Nowgorod), Omsk, Tomsk und Krasnojarsk sind für Ausländer alle gesperrt, und so gibt es (anstelle von Postkutsche und Schlitten) nur eine Zwischenlandung auf dem Omsker Flughafen als Unterbrechung des sechs Stunden dauernden prosaischen Fluges von Moskau nach Irkutsk. Der von Verne erträumte und vorausgeahnte Triumph der Technik und von niemandem vorausgesehene politische Umstände haben die Romantik gründlich getilgt.

Ausländischen Gästen wird bei Aeroflot Sonderbehandlung zuteil, eine freundliche Bodenhostess geleitet sie in Omsk in einen für Touristen reservierten Warteraum, wo Tee serviert wird und wo nicht der undefinierbare allsowjetische Geruch in der Luft steht, sondern Sauberkeit herrscht. Die Begleiterin ist gesprächsfreudig, und da ergibt sich die erste Unterhaltung über Menschen und Land jenseits des Urals. Mit einem ironischen Zwinkern stellt sie sich, die sie eine unverwechselbare europäische Russin ist, als eine in Omsk geborene «Asiatin» vor, lässt sibirischen Stolz anklingen («Wir sind härtere Leute, die Unseren waren im Krieg die Ausdauerndsten»), schwärmt von der eigenen Stadt und lädt die Gäste ein, Omsk einmal im richtigen Winter bei minus 40 Grad zu besuchen. Den Einwand, dass der Zutritt da Ausländern untersagt sei, nimmt sie nicht ganz ernst, und dann erkundigt sie sich über das Herkunftsland der Reisenden. Ob man in der Schweiz – die Frage bekommt man in der Sowjetunion immer wieder zu hören – Englisch spreche? Es sei halt selten, dass sich Schweizer hierher verirrten, rechtfertigt sie sich, worauf – der Zufall hat die besten Regieeinfälle – eine Touristengruppe auftaucht und ein älterer Herr beim Buffet die Serviererin schlicht in der eigenen Muttersprache so anredet: «Sie, muess me da mit Rubel oder mit Devise zale?»

Bei der Ankunft in Irkutsk herrscht schon tiefe Nacht, die Zeitdifferenz gegenüber Moskau beträgt fünf Stunden, es geht bereits auf Mitternacht zu. Ein kühler, aber strahlender Morgen grüsst am folgenden Tag, zartgrüne Vorfrühlingsbäume leuchten am Angara-Ufer, auf der gegenüberliegenden Seite zeichnen sich die Schnörkellinien des sonderbaren Bahnhofgebäudes und die Silhouetten der blau und rot bemalten Wagen der Transsibirischen Eisenbahn scharf ab. Tags zuvor, heisst es, sei noch schneevermischter Regen gefallen. Holzhäuser mit geschnitzten Fensterläden und Friesen unter dem Dachgesims, reich verziert, bestimmen das Bild in der Stadtmitte. Das grosse Dorf, wie es das russische 19. Jahrhundert hier zurückgelassen hat, lebt mit städtischem Anspruch weiter. «Ja, die Holzbauten, es gibt sie noch», sagt ein Einheimischer, und hoffen kann man nur, dass dieses «noch» kein Programm enthält. Sowjetstolz auf das Vollbrachte mag die windschiefen Allerweltsblöcke in den neuen Industriequartieren am Stadtrand für schöner halten und lieber vorzeigen; die aus Holz erstellte Innenstadt mit dieser Dichte der historischen Zeugnisse bleibt dennoch ein erhaltens- und schützenswerter Schatz, der seinesgleichen sucht.

Die letzte Jahrhundertwende hat mit einigen grossspurigen Verwaltungsgebäuden das Zentrum markiert, klassizistische Säulenfassaden künden vom Versuch, den einstigen entlegenen Aussenposten des Handels mit dem Fernen Osten in eine russische Stadt europäischen Zuschnitts zu verwandeln. Ob ländliche oder urbane Merkmale überwiegen, ist in Irkutsk freilich auch heute noch nicht mit Sicherheit auszumachen. Truthähne und Gänse watscheln im Garten eines Hauses an der Hauptstrasse, und im Schatten eines mehrstöckigen, noch nicht bezogenen Betonblocks, der wie ein künftiges wissenschaftliches Institut ausschaut, haben Leute in einem Hof hinter einem wackeligen Bretterzaun soeben ein Schwein geschlachtet und sind jetzt dabei, das Tier zur Entfernung der schwarzen Borsten mit siedendem Wasser zu übergiessen. Ruhe der Provinz, wo sich die Wölfe gute Nacht sagen – das allenfalls ergäbe als Impression den gemeinsamen Nenner. Selbst die in jedem sowjetischen Winkel ausgespannten Spruchbänder warten hier mit einer nachgerade treuherzigen Provinzialität auf: «Das Sowjetvolk weiss: Wo die Partei ist, dort ist der Erfolg, ist der Sieg.»

Sonderbarer Eindruck sodann (trifft es zu, oder bildet man es sich ein?) – bei allem ins Auge stechenden Unterschied zwischen Überfluss und Bedürftigkeit erinnert manche Gasse und manches Haus an amerikanische Kleinstädte. Hier wie dort hat man es mit einer jungen, von aussen eingeführten und verpflanzten Zivilisation zu tun; dass hinter der Siedlung lediglich zwei bis drei Jahrhunderte stehen und die Umgebung das Werk der fremden Kolonisten noch abstösst, die Geschichtslosigkeit bleibt spürbar. Daran, dass Irkutsk geographisch in Asien liegt und die Grenze zur Mongolei nur rund 200 Kilometer weiter im Süden verläuft, wird man auf den Strassen durch Russisch sprechende, aber schlitzäugige Passanten immer wieder erinnert, und obwohl die grosse Mehrheit europäisch wirkt, glaubt man in manchen Gesichtszügen die Spuren des einen oder anderen östlichen Vorfahren zu entdecken.

«Alle Reichtümer Sibiriens dem Vaterlande.» So fordert es eine Parole auf einem Bretteranschlag, und man fragt sich, wenn man um sich blickt, was für die Sibirier selber übrigbleibt. Die Menschen, die entgegenkommen, sind zwar nicht besser und nicht schlechter angezogen als die Moskauer, als alle Einwohner des Riesenreichs, welche die zentrale Planwirtschaft in eine billige Uniformität schnell zerknitternder Stoffe kleidet. Der Kolchosmarkt nimmt sich, zumindest um diese Jahreszeit, ärmlich, darüber hinaus aber mit den feilgebotenen Fleisch- und Fischabfällen auch unappetitlich aus. In einer Zeile, die sich mit den niedrigen Häusern und den einst gelb verputzten Mauern als die vornehme Geschäftsstrasse aus vergangenen Zeiten ausweist, drängen sich die Menschen vor Bretterbuden, Verkaufsständen, obwohl in der Stadtmitte gerade nur einen Steinwurf weiter auch ein stattliches Warenhaus steht. An einem der Stände sind aus Osteuropa importierte Schuhe zu haben, die Kartonschachteln stapeln sich auf dem Trottoir. Manch einer, der nach dem Schlangestehen an die Reihe kommt, stellt seine Einkaufstaschen ab, balanciert schwerfällig auf einem Bein und schlüpft in den Schuh, andere geben sich mit dem Anprobieren erst gar keine Mühe, sondern bezahlen gleich: Irgend jemandem, Mascha, Sascha oder Djadja Kolja, wird die Ware schon passen. Weiter strassenaufwärts, wo in Fläschchen Shampoo aus der DDR die Attraktion bildet, kommt es unter Frauen wegen Hamsterversuchen zu gehässigem Streit.

Die Kirche mit ihren weissgetünchten Mauern, hellgrünen Dächern und Kuppeln könnte im europäischen Russland ebenso stehen, die bärtigen Geistlichen, die drinnen singen und den Gottesdienst zelebrieren, und auch die vielen betend dastehenden Mütterlein sind die gleichen wie westlich des Urals. Touristen, aber auch sowjetische Schulklassen, die mit ihren Lehrerinnen artig einherkommen, besuchen indessen die Stätte wegen des kleinen Kirchhofs, wo Dekabristen begraben liegen. Die hierher verbannten Aristokraten, die 1825 eine Verfassung hatten erzwingen wollen, kamen in Sibirien, wie die Jahreszahlen an den schlichten Grabsteinen zeigen, als junge Männer an, und nur wenige erlebten die Amnestie 1855, als den Verurteilten die Rückkehr nach Europa gestattet wurde. Auf die Bemerkung, dass es rührend sei, an den Dekabristengräbern heute noch frische Blumen vorzufinden, erwidert ein zwischen Herzlichkeit und Grobheit unberechenbar schwankender Einheimischer, ein älterer Mann, folgendes: «Habt ihr denn gemeint, wir hätten sie vergessen? Nein, die Revolution ist bei uns heilig, und die Dekabristen waren die ersten Revolutionäre.» Welchen linientreuen Spruch unsereiner mit dem stillen Gedanken quittiert, dass die Petersburger Adligen, ihren radikaleren

Nachfolgern in der Tat nicht unähnlich, eine Revolution von oben planten und sich vom politischen Bewusstsein der Massen wenig versprachen. Da unterbricht aber der Bekannte von vorhin die eigene Überlegung und verkündet mit spürbarem Stolz, sein Sohn sei hier, im benachbarten Kloster, Mönch gewesen. Was alles hat denn in einem solchen Kopf nebeneinander Platz? Fällt ihm selber wirklich kein Widerspruch auf? Fragen.

Ein kleines, in einem Holzhaus untergebrachtes Museum in der Stadt erinnert mit Bildern, zeitgenössischen Büchern und Dokumenten an das Schicksal der Dekabristen und hebt hervor, dass die zuerst zu Zwangsarbeit nach Sibirien verschickten Revolutionäre, nachdem sie einige Jahre später von dem schweren körperlichen Tagewerk in Gruben und Mühlen entbunden worden waren, einen bedeutenden Beitrag zum geistigen Aufschwung und zur Europäisierung ihrer Umgebung erbrachten. Und dann stösst man auf einen merkwürdigen Fremdkörper unter den ausgestellten Schriftstücken, dessen Inhalt, wie es sich zeigt, das Museumspersonal nicht kennt: Neben dem Bericht einer zaristischen Untersuchungskommission über das Tun der Dekabristen liegt ein in französischer Sprache abgefasster Brief, der die russischen Machthaber anklagt, nach dem Aufstand 1830 über 1000 Polen nach Sibirien deportiert zu haben, gewöhnliche Leute, nicht einmal die Organisatoren der Erhebung; sie seien von russischen Militärgerichten in Schnellverfahren verurteilt worden, ohne dass Richter und Angeklagte die Sprache des anderen verstanden hätten. «Ein Verlust für Polen, kein Gewinn für Russland.»

Der Brief gemahnt daran, dass Sibirien vor den Dekabristen schon Verbannungsort für die Anführer russischer Bauernrevolten war, dass aus dem armen Polen 1863 im Zeichen der «Ordnung in Warschau» von neuem unbotmässige Untertanen hierher gebracht wurden und dass unter den verbannten Revolutionären neuerer Zeiten 1904/05 auch Stalin in Irkutsk weilte. Der Zweite Weltkrieg berührte die Stadt nicht, Sowjetgegenwart hat hier, auf eine vom europäischen Teil der Union auffallend abweichende Art, keine Heldenvergangenheit aufzuweisen; Denkmäler mit den Namen der Gefallenen erinnern an die Opfer, und ein T-34-Panzer, der unter dem Namen «Irkutsker Komsomolz» den Krieg durchkämpft hat, steht nun in einer Aussenstadt auf Steinsockel aufgestellt.

Es ist unser Fahrer, ein mitteilsamer, junger Sibirjak, der uns dann bei einem Ausflug zum Baikalsee unterwegs fragt, ob wir den deutschen Soldatenfriedhof zu sehen wünschten. Er bringe gelegentlich Besucher aus der Bundesrepublik dorthin, erklärt er, nachdem wir dankend abgelehnt haben. Teilnehmer des Zweiten Weltkriegs ruhten dort, Kriegsgefangene, die hier im Arbeitslager gelebt hätten. (Und die, so fügt man bei sich hinzu, ihr kurzes Leben lang nicht von einem solchen Schicksal geträumt hatten, das ihnen von tollwütigen Politikern bereitet worden ist: 8000 Kilometer vom Rheinland oder vom Schwarzwald entfernt einen frühen, sinnlosen Tod zu sterben.) Für die Leiden der Vergangenheit und die Härte der Lebensbedingungen, mit denen sich der Name «Sibirien» verbindet, reicht die Vorstellung freilich vollends nicht aus, wenn man an einem solchen lauen Frühlingstag im Sonnenschein am Baikalsee sitzt. Tiefe Stille herrscht, der Blick streift über die weite Wasserfläche gegen Süden, wo sich Schneegipfel erheben, sanfte, glasklare Wellen klatschen vor uns gegen die Ufersteine. Sibirien? Ein Sinnbild vielleicht eher der eigenen Lage: dass es für den, der als Fremder in diesem Land lebt, ob Diplomat oder Journalist, nicht leicht ist, über Touristendasein und Touristenperspektive hinauszukommen.

Kornkammer Kuban-Gebiet

Das Wetter ist nach dem zweistündigen Flug vorerst ebenso unfreundlich regnerisch wie in Moskau. Dass man im äussersten russischen Süden angekommen ist, im Hauptort des durch seine Fruchtbarkeit bekannten Kuban-Gebiets, verraten im Flughafen nur die wartenden Reisenden, die mit der gleichen Maschine nach Moskau zurückkehren werden, welche uns hergebracht hat: ihr Handgepäck, Netze oder Plasticsäcke, ist mit Aprikosen, Pfirsichen und Tomaten gefüllt. Auch die Moskauer Kolchosmärkte nehmen sich während der kurzen Sommermonate mit den vielen Früchten und Beeren ungewohnt farbenfreudig aus; die Ware hier im Süden mag aber frischer und auch billiger sein, der Heimtransport lohnt sich. Mit diesem ersten Eindruck der Ankunft beginnt die Reise, die uns – wir sind eine vom sowjetischen Aussenministerium eingeladene kleine Gruppe von Korrespondenten – in den nächsten Tagen von der Stadt Krasnodar über die weiten flachen Landschaften des Kuban führt.

Die flüchtige Bekanntschaft mit der Halbmillionenstadt Krasnodar hinterlässt eigenartig widersprüchliche Eindrücke. Wäsche trocknet an Leinen auf den Hochhausbalkonen, erreicht zwar nicht die unbeschwert indiskrete Üppigkeit neapolitanischer Gassen, erinnert aber doch ebenso an Italien wie manch ein Trottoircafé, wo unter Sonnenschirmen weisse Tischchen und Stühle stehen. Ins Auge stechen diese Gaststätten am Strassenrand (wo man türkischen Kaffee serviert) vorab aber darum, weil sie als kleine Merkmale der Gemütlichkeit im Moskauer Stadtbild fehlen; dass dem so ist, liegt wohl nicht einmal an Moskaus Klima, das im Sommer heiss genug ist, als eher an Einfallslosigkeit, an fehlender Initiative. (Erst die Antialkoholkampagne, Anordnung also von oben, liess einige Jahre später auch in der Sowjethauptstadt Strassenstände entstehen, wo man Mineralwasser und Fruchtsäfte anbietet.) Krasnodar wirkt im Vergleich mit Moskau allgemein südlicher, lebendiger und freundlicher, selbst wenn in den Wohnquartieren die graue Betonuniformität und die unkrautüberwachsenen Hinterhöfe den wohlvertrauten allsowjetischen Anblick bieten. Ortseigen wiederum sind im Zentrum die ausgedehnten, gepflegten Parkanlagen; Spazierwege unter Laubbäumen führen heute auch an der Stelle vorbei, an der gemäss der Überlieferung 1794 aus dem unteren Dnjepr-Gebiet hergerittene Kosaken Fuss fassten und die zu Ehren ihrer Zarin die Jekaterinodar genannte Stadt gründeten. «Dar», das Geschenk, wurde dann 1920 im Zeichen veränderter Zeitläufe nicht mehr der einstigen Herrscherin, sondern der Roten (krasnaja) Armee zugeschrieben, welche im Bürgerkrieg den hier in Südrussland besonders harten Widerstand der Weissen schliesslich gebrochen hatte.

Städtisch in der Stadt erscheint allein die Hauptstrasse, an der Verwaltungsgebäude und Parteihaus, Theater und Hotel stehen und die von Geschäften gesäumt ist. Schon in den Nebengassen beginnt aber ein grosses Dorf, das mit niedrigen, aus Stein oder Holz errichteten Bauernhäusern und vielen, jetzt in der sommerlichen Jahreszeit prächtig grünen Zier- und Gemüsegärten und schattigen Lauben sich Kilometer um Kilometer bis zur Stadtgrenze fortsetzt. Die aus Hochhäusern bestehenden Quartiere bilden die Minderheit, und Beamte der Lokalverwaltung verheimlichen nicht, dass der Wohnungsmangel eines der grössten Probleme der Stadt darstellt. Zu tun habe aber damit, so heisst es immer noch, insbesondere der letzte Krieg; die erbittert umkämpfte Stadt habe schwere Schäden erlitten. Man führt uns zu einem Denkmal, das an die Erschiessung Tausender von Zivilisten durch die Besetzer erinnert, und bittet uns, Blumen niederzulegen. Wir alle kommen der Aufforderung gern nach; zum Widerspruch herausgefordert fühlt man sich aber jäh, wenn einer der Begleiter gegenüber einer amerikanischen Journalistin bemerkt: «Sehen Sie, deshalb können wir den Krieg nicht vergessen, deshalb kämpfen wir für den Frieden.» Der Satz schliesst auf gängige sowjetische Art die Unterstellung ein, dass die andere Seite den Krieg auf die leichte Schulter nehme und ihn sogar wolle, dass Friedenssehnsucht ein Sowjetprivileg sei, und er setzt amerikanische (und allgemein: westliche) Demokratie mit Hitlers Piratenregime gleich.

Nicht weniger als vierzehn Funktionäre sind zu unserem Empfang im Haus des Krasnodarer Regionalen Exekutivkomitees aufgeboten, das Gespräch bestreitet aber als Ranghöchster der Stellvertretende Vorsitzende allein. Seine Ausführungen, mit denen er die Presseleute aller Monotonie zum Trotz überfährt, sind ein Musterbeispiel für die Bedeutung des Quantitativen in der sowjetischen Denk- und Darstellungsweise. Wie viele Tonnen Zement die Region im vergangenen Jahr produziert hat, teilt er ebenso mit wie die Menge des Fleisch- und Milchertrags, die Millionen gelegter Eier und die Anzahl von Schulen und Universitäten sowie die Schüler- und Studentenzahlen; wir erfahren, wie viele Forscher und Forschungsprogramme es in Krasnodar gibt, wie viele Museen und Krankenhäuser, Deputierte und Komsomolmitglieder, in wie grosser Auflage die fünf Lokalzeitungen erscheinen, ferner, wie viele «Helden der Sowjetunion» aus dieser Region hervorgegangen sind. Das alles mag sehr eindrucksvoll sein oder auch nicht – da uns aber jeder Vergleich fehlt und vorenthalten wird und da die reinen statistischen Angaben beispielsweise in der Wirtschaft keinerlei Entwicklung oder Tendenz erhellen, sind sie für unsereinen wertlos.

Aufschlussreich fällt die Antwort dagegen in einem anderen Fall aus –

wenn sie nämlich verweigert wird. Drei Tage vor unserer Ankunft veröffentlichte die «Prawda» unter dem Titel «Protektion» eine scharfe Abrechnung mit den Zuständen in der Krasnodarer Region. Seit der Absetzung des lokalen Parteichefs Sergei Medunow und seinem Ausschluss aus dem Zentralkomitee im Sommer 1983 hatte es in der Sowjetpresse immer wieder Kritik an der Krasnodarer Führung gegeben, und der jetzt zitierte «Prawda»-Artikel sprach von Vetternwirtschaft bei der Besetzung von Kaderposten, in der Versorgung mit Mangelwaren und bei der Zuteilung von Wohnungen. Mehr als hundert hohe Funktionäre wurden in der Region gemäss dem Parteiblatt «wegen verschiedener Ursachen» abgesetzt. Ob er uns über die Hintergründe etwas mitteilen könnte, fragen wir den Gastgeber. Nun ist es diesem lokalen Parteigewaltigen vielleicht nicht übelzunehmen, wenn er saftige Korruptionsaffären nicht ausbreiten will und sich mit der einsilbigen Bemerkung begnügt, wenn Genossen Fehler begangen hätten, so sei Kritik berechtigt, im übrigen herrsche nun wieder Ordnung. Eine Zumutung dagegen ist sein ungeschicktes Ausweichmanöver, wenn er im Ton naiver Unschuld versichert, sich nicht äussern zu können, da er besagten «Prawda»-Artikel nicht gelesen habe. Als wüsste nicht jedermann, Auslandkorrespondenten immerhin inbegriffen, in welchem Mass das Parteiblatt für jeden Sowjetfunktionär Pflichtlektüre ist, der er täglich Verhaltensnormen und selbst den jeweils geltenden Sprachgebrauch entnimmt. Die Antwort hier bedeutet aber soviel: das alles geht euch und damit die Öffentlichkeit weiter nichts mehr an.

Die Reise durch das Kuban-Gebiet steht hernach ganz im Zeichen des Agrarischen. Die weite Ebene am Rand des Nordkaukasus ist mit ihrer geradezu fettig schwarzen Erde eine der fruchtbarsten Regionen der Sowjetunion. Getreidefelder ziehen sich endlos hin, an manchen Orten wird die Ernte gerade eingebracht; Mähdrescher rücken im Weizenfeld langsam vor, begleitet von Lastwagen, in die das Korn aus einem Arm der Mäher in dunkelbraun stiebendem Strom hinüberfliesst. Andernorts empfangen uns schon trocken und hellgelb glänzende Stoppelfelder, dann wiederum folgen, so weit das Auge reicht, Sonnenblumenkulturen – wie Soldaten einer gut gedrillten Armee wenden die Pflanzen ihre von Samen beschwerten Köpfe alle in die gleiche Richtung.

Dem beinahe ohne Gefälle träge fliessenden Fluss Kuban entlang erstrecken sich zwischen Kanälen zartgrüne Reisfelder. Die Anpflanzung von Reis im Kuban-Gebiet wurde in den letzten drei Jahrzehnten stark ausgeweitet; 1966 gründete man in der Nähe von Krasnodar ein Forschungsinstitut für Reisanbau und Verarbeitungstechnologie. Hier bekommen wir die Auskunft, dass die Region heute im Jahresdurchschnitt 700 000 Tonnen Reis produziert, dass der Hektarertrag aber nur bei vier Tonnen liegt, während man beispielsweise in Japan bei wesentlich höherem Mechanisierungsgrad auf einer Hektare acht bis zehn Tonnen erntet. Bessere Organisation, gesteigerte Produktivität sind darum auch hier Schlagworte, und auf ein Krebsübel der sowjetischen Lebensmittelproduktion allgemein wirft die Mitteilung ein Licht, wonach nur 70 Prozent der eingebrachten Menge den Detailhandel tatsächlich erreichen. Der hohe Verlust – die Gesprächspartner lieben das Thema offensichtlich wenig – entsteht anscheinend bei Lagerung, Verpackung und Transport.

Etwas sonderbar Widersprüchliches liegt zwischen dem, was man da vorgeführt bekommt, und dem Sowjetalltag. Zumindest für den Journalisten, der alles andere ist als ein Reisfachmann, tönen die Erläuterungen der im Institut geführten Forschungsarbeiten eindrucksvoll; auf einem Gebiet hat aber auch der in Moskau wohnhafte Korrespondent sein Mitspracherecht: er ist Konsument. Und als solcher weiss er, dass Sowjetreis in der Pfanne als zerkochte Masse zu enden pflegt. Die Gastgeber im Institut setzen dem Einwand ihre Küchenrezepte entgegen, schwören, dass ihr Produkt den körnigsten Risotto ergebe, räumen aber ein, dass die Qualitätsverbesserung ihre wichtigste Aufgabe ist. Ein ähnliches Gefühl des Unbehagens meldet sich in einer den Besuchern vorgeführten landwirtschaftlichen Hochschule, wo in viereinhalbjährigen Lehrgängen Agronomen, Agraringenieure und auch Tierärzte ausgebildet werden. Die Erklärung eines – gewiss zu Recht zufriedenen – Spezialisten, die Sowjetunion habe an Traubenproduktion Frankreich überflügelt und stehe nun hinter Italien und Spanien an dritter Stelle, lässt einen verwundert fragen, wieso Trauben in den Sowjetläden zu den Raritäten gehörten. Eine Antwort gibt es da nicht; interessant sind dagegen zwei Auskünfte anderer Art über das Institut: mit Stipendien lernen hier unter den 7000 Studenten Vertreter zahlreicher Entwicklungsländer, und man unterrichtet, wohl im Hinblick auf diese Hörer, auch die Landwirtschaftskunde tropischer und subtropischer Zonen.

In welchem Mass das Kuban-Gebiet als Kornkammer gilt, zeigt die Aussage eines Kolchosvorsitzenden, als dessen Gäste wir am Rande des Kornfelds der Ernte zuschauen dürfen: er hole dieses Jahr über 60 Zentner pro Hektare ein, während der sowjetische Landesdurchschnitt bei 14 Zentnern liegt. (Die «Prawda» allerdings sprach Anfang 1984 tadelnd von dem wiederholt verfehlten Planziel, in der Kuban-Region 35 bis 37 Zentner zu erreichen.) Von geradezu märchenhaftem landwirtschaftlichem Überfluss soll uns indessen hernach der Besuch eines Sowchos überzeugen. Das «Rotarmist» genannte Staatsgut hat rund 4000 Arbeiter und Angestellte und ernährt mit den Familienangehörigen etwa 9000 Leute. Hauptprodukte sind Weizen, Reis, Obst, Fleisch, Milch, Fisch und Wolle, der Wert der jährlich an den Staat abgelieferten Güter beläuft sich auf mehr als 7 Millionen Rubel. Stolz und Liebe des Direktors, eines weisshaarigen, untersetzten Originals mit vielen goldenen Zähnen und goldenem Humor (aber auch mit autokratischer Bärbeissigkeit), gelten jedoch der Pferdezucht, dem Gestüt des Sowchos, aus dem – auch für den Export – edelste Tiere hervorgehen. In welche Preislage man das Staatsgut im Landesvergleich einzureihen hat, wird gleich klar, wenn uns der Direktor bei einer Vorführung in der Reithalle freudestrahlend zuruft: «Schaut das Mädchen, das dort reitet! Sie ist die Enkelin des Landwirtschaftsministers, studiert in Moskau, verbringt aber die Ferien bei uns.»

Gewiss ist das Staatsgut ein Paradestück, wohl ein beliebtes Objekt für ausländische Besuche: so manches, was dasteht, wirkt vor dem Hintergrund sowjetischer Agrarwirklichkeit beinahe grotesk überzogen, ohne dass hier an Ort und Stelle Zweifel an der Echtheit des Vorgezeigten erlaubt wären. Das monatliche Durchschnittseinkommen der Mitglieder gibt man mit 200 Rubel an, was rund zehn Prozent über dem mittleren sowjetischen Monatslohn liegt. Die Hälfte der Familien wohnt in Eigenheimen, die andere Hälfte in staatlichen Wohnungen mit sehr niedriger Miete. Für ein 5-Zimmer-Einfamilienhaus, das wir besichtigen dürfen, sind im Jahr lediglich 96 Rubel zu zahlen; die Wohnfläche beträgt allerdings nicht mehr als 50 Quadratmeter, und das Wasser – trotz gekacheltem Badezimmer – hat man vom Druckbrunnen im Garten zu holen.

Das Staatsgut besitzt ein eigenes kleines Krankenhaus, mehrere Schulen, einen stattlichen Kulturpalast mit Theatersaal und Bibliothek, eine Musikschule für Kinder, Sportanlagen und sogar einen Rummelplatz mit Riesenrad. Zahlreiche Sozialleistungen, Kindergarten, Ferienaufenthalt für die Schüler im Pionierlager und für Erwachsene in eigenen Erholungsheimen, sind kostenlos. Als Pièce de résistance führt man uns durch ein klassizistisches Säulenportal in eine Kunstgalerie, wo in 16 Sälen Bilder von Sowjetmalern hängen (darunter manches Gemälde, das den Sowchosdirektor vor versammeltem Volk als dozierenden Führer zeigt). Um das Mass zu füllen, heisst es dann noch, man plane jetzt neben der Galerie die Erstellung eines tropischen Wintergartens. Nein, zu kostspielig sei das nicht, winkt man auf eine Frage hin ab. Ein Modellfall? Die «Prawda» schrieb im erwähnten Artikel am 23. Januar 1984, es gebe im Kuban-Gebiet – und man müsste hinzufügen: selbst im Kuban-Gebiet – 187 wirtschaftlich schwache Kolchosen und Sowchosen, darunter auch defizitäre Betriebe.

An der Südküste der Krim

Welcher Unterschied zwischen einzelnen Funktionären: Der Stellvertreter des Stadtratsvorsitzenden in Jalta spricht vor den ausländischen Journalisten frei, er beantwortet Fragen offen und weist selber immer wieder auf Probleme, Schwierigkeiten hin, die mit einem Kurort von der Grösse und dem Ruf Jaltas einhergehen; bei allem – natürlichen – Bestreben, die eigene Stadt den Besuchern im besten Licht vorzuführen, ist ihm Triumphalismus fremd. In der Stadt Simferopol im Gebäude des Kreissowjets der Halbinsel Krim liest dagegen einen Tag später ein Beamter vom Blatt monoton und lang einen Rapport ab, der mit vielen statistischen Angaben gespickt ist und auch auf den Maisertrag pro Hektare ausführlich eingeht. Es handelt sich vermutlich um den letzten Rechenschaftsbericht, der in dieser Form irgendeinem Parteigremium schon einmal präsentiert wurde, selbst die Anrede ist stehengeblieben, die mehrheitlich aus westlichen Ländern stammenden Journalisten werden per «geehrte Genossen» angesprochen. Über das Persönliche hinaus mag da der Unterschied in Vortrags- und Auftretensweise als Spiegelbild auch den Abstand kennzeichnen, der zwischen einer sowjetischen Provinzstadt und dem internationalen Badeort Jalta besteht.

Am Ende eines knapp zweistündigen Flugs findet man auf der Krim nach dem kühlen Moskauer Regenwetter die Sonne wieder. Der Sommer allerdings lässt sich auch hier nicht mehr einholen; die Schwarzmeerküste ist nicht die Riviera, mag auch Jalta mit Nizza und auch mit Pozzuoli, einem Vorort von Neapel, Städtepartnerschaft pflegen. Man gerät aber in einen milden Herbst, der an den Hängen des zum Meer herabsteigenden Krimgebirges Trauben reifen lässt und auf der Strandpromenade selbst die Kastanienblätter erst am Rand rostbraun gefärbt hat. Dicht stehende Zypressen und hier und dort eine Pinie bezeugen den südlichen Breitengrad, doch Palmen sind selten, kleingewachsen und schwächlich – erzwungene Dekoration in den Pärken. Die Partnerschaft mit Nizza ist gewiss nicht zufällig: Das schützende Gebirge im Norden mit seinen verkarsteten und dann wieder von Maquiswäldern bewachsenen, jetzt grün, golden und dunkelrot glänzenden Flanken beschwört als Gegenstück das Bild der französischen Mittelmeerstadt, wie denn die ganze südliche Krimküste mit ihren steilen, aber weichen Linien an die Côte d'Azur gemahnt.

Freilich – und das mag man je nach Geschmack als Vorzug oder als Nachteil empfinden – hören die Parallelen auf, wenn man über die Natur hinausgehen und das von Menschenhand Geschaffene betrachten will. Vor allen Dingen verläuft die Landstrasse hier nicht der Küste entlang, sondern weiter oben im Gebirge, die Ortschaften berühren sich nicht, wuchern nicht in ähnlicher Bauwut wie am Mittelmeer, obwohl Kräne auch da über dem einen oder anderen halbfertigen Hochhaus emporragen. Im Vergleich mit westlichen Ferienzentren erscheint dieser Strand, sobald man sich ein wenig ausserhalb von Jalta begibt, beinahe leer. Die Erholungsheime, von den Einheimischen «Sanatorien» genannt, obwohl sie nicht der Krankenpflege in unserem Sinne dienen, blicken von der Höhe auf das Meer hinab. Teils sind es ehemalige Palais und Villen des russischen Adels aus vorrevolutionärer Zeit, teils neu errichtete Betonbauten. Von vielen führt nicht einmal ein Fussweg zum Meer hinunter, das hier allerdings an eine felsige, zum Baden wenig geeignete Küste brandet.

Die historische Einleitung durch den Gastgeber im Jaltaer Stadthaus fällt breitmaschig aus: Der Name der Stadt, so erzählt er, werde urkundlich zum erstenmal im 13. Jahrhundert erwähnt. Und dann sind wir schon bei der Entdeckung des milden, für Lungenkranke besonders heilsamen Klimas im 19. Jahrhundert, um hernach geradeaus bei Lenins Dekret zu landen, das die Krimküste den Werktätigen als Ferienort zur Verfügung stellt. Damit ist die tatarische und osmanische Vergangenheit der Krim, ihre relativ späte Eingliederung in das Russland Katharinas der Grossen zwar übersprungen, aber wir halten hier in der Tat weniger nach historischen Lektionen, eher nach der Gegenwart des Ferienorts Jalta Ausschau. Sie nimmt sich nach den Zahlenangaben folgendermassen aus: Zu den 152 000 Einwohnern der Stadt kommen 40 000 Gäste in den Erholungsheimen – dies durch das ganze Jahr hindurch, da sowjetische Betriebe ihre Angestellten in beliebigen Monaten in die Ferien schicken. Der Sommer dominiert den Jaltaer Ferienbetrieb dennoch bei weitem, Versorgung und Dienstleistungen für die Touristen müssen in dieser Zeit praktisch verdoppelt werden. In einem Jahr besuchen rund zwei Millionen Touristen die Stadt; 200 000 von ihnen kommen aus dem Ausland, und zwar etwa zu gleichen Teilen aus der «sozialistischen» Sphäre und aus dem Westen.

Wie man uns erklärt, bewältigt die Stadt den Sommerandrang dank der Selbstversorgung der fruchtbaren Krimhalbinsel; industrielle Konsumgüter müssen allerdings vermehrt aus anderen Regionen herangeführt werden. Bei den Dienstleistungen wiederum greift man in der Hochsaison in grosser Zahl auf Studenten und noch nicht fertige Absolventen von Hotelfachschulen zurück, die hier ein Praktikum absolvieren. Die Kapazitätsgrenze der Stadt – gemeint sind die Unterkünfte – beziffern die Jaltaer Behörden mit 200 000. Darin sind auch Privatzimmer und Campingplatz enthalten. Für Absteiggäste bei Familien gibt es einen Vermittlungsdienst; die Preise variieren je nach gebotenem Komfort. Als Kriterium für die Aufnahme von Touristen nennt man als untere Grenze sechs Quadratmeter pro Person. Beim Gedränge, das etwa im August herrsche, fänden Touristen freilich oft keine Bleibe mehr. Gerade deshalb, sagt der Vorsitzende, gelte es, sich anzustrengen, bessere Leistungen zu bieten, denn der Sowjetbürger habe gemäss der Verfassung der UdSSR eben das Recht, sich an einen beliebigen Ferienort zu begeben.

Diese letzte Angabe trifft zwar wohl der Form nach zu, doch bleibt es in der Praxis mehrheitlich bei Einweisungen, bei der Zuteilung eines Platzes in einem Erholungsheim durch die Gewerkschaften. Ein altes Übel dieses alten Systems, das deshalb gegenwärtig anscheinend immer mehr Widerstand erweckt, ist die Schwierigkeit, Ferienort und -zeit für die in verschiedenen Betrieben arbeitenden Ehepaare zu koordinieren: Der in einem Erholungsheim weilende Sowjetbürger verbringt seine Ferien zumeist ohne seinen Ehepartner. Bei einer Autobusfahrt auf einer kurvenreichen Gebirgsstrasse in der Jaltaer Umgebung machen uns die Begleiter auf zahlreiche Ferienheime aufmerksam, und in einem Fall betonen sie besonders, hier könnten neuerdings ganze Familien mitsamt den Kindern Ferienunterkunft finden.

Die Stadtväter unterstreichen zwei Leistungen: die intensiven Renovierungs- und Instandhaltungsarbeiten sowie die Errichtung von Kläranlagen der Jaltaer Küste entlang. Ob es zutrifft, dass das Meer sich da durch besondere Sauberkeit auszeichnet, lässt sich nicht nachprüfen. Dagegen genügt der kurze Aufenthalt schon zur Feststellung, dass die Stadt selber in der Tat einen geordneten, angenehmen Eindruck macht; sie gehört zweifellos zum Gepflegtesten, was man auf sowjetischem Boden vorfinden kann. Gewiss, die Geschäfte und vorab die Lebensmittelläden zeigen, dass die Versorgung hier – Fruchtbarkeit der Krim hin oder her – nicht besser ist als anderswo, und der aus Moskau mitgebrachte Auftrag, in Jalta Zitronen einzukaufen, die in der Hauptstadt seit Monaten fehlen, erweist sich als eine Naivität. Auch soll man da auf der Strandpromenade und in den Gassen um den Hafen nicht die von Italien her vertrauten kleinen Fischrestaurants und Trottoircafés suchen; und während man sich an letztere, etwa mit dem Geschmack eines Cappuccinos im Mund, wehmütig erinnern mag, nimmt man umgekehrt dankbar zur Kenntnis, dass die Unmengen von Souvenirläden mit ihrer zweifelhaften Ware hier ebensowenig fester Bestandteil eines Badeortes sind.

Am schönsten ist in Jalta die Natur, die felsige Bucht, welche die Stadt umfängt, die üppige Vegetation, die Baumalleen und Parkanlagen, und zu den Vorzügen für den Stadtbewohner gehört die reine Luft. In verwinkelten Gassen stehende weissgestrichene kleine Steinhäuser, auf denen als Obergeschoss Holzveranden errichtet sind, geben den Wohnquartieren einen leichten Stich ins Orientalische, obwohl hier an die osmanische Vergangenheit nichts mehr erinnert. Auch die von Stalin in der Schlussphase des Weltkriegs deportierte tatarische Bevölkerung der Krim ist kein Gesprächsthema. Ihre Spuren findet man einzig auf einer Flaschenetikette, als im Dorf Massandra in der Nachbarschaft Jaltas der Besuch einer Weinfabrik auf dem Programm steht. Bei der grosszügig bemessenen Probe der süssen Südkrimweine (unter ihnen eines Muskats mit 23 Prozent Zuckergehalt) wird den Presseleuten auch ein «Schwarzer Doktor» genannter schwerer Rotwein eingeschenkt, der als Sorte tatarische Hinterlassenschaft sein soll und auf dessen Etikette die unterste Zeile tatsächlich in fremdartigen, runden Buchstaben aufgetragen ist. Im Kreissowjet in Simferopol heisst es wiederum beiläufig, die Bevölkerung der (zur Ukraine gehörenden) Krim setze sich zu 62 Prozent aus Russen und 32 Prozent aus Ukrainern zusammen, unter dem Rest gebe es alle möglichen Nationalitäten der UdSSR, so auch Tataren.

Im einzelnen nicht näher erläutert, dem Sinn nach aber klar ist die amtliche Antwort auf die Frage, ob der sowjetische Süden als Wohnort nicht allzu attraktiv sei und die Bevölkerung aus anderen Landesteilen anziehe. Es gebe den Drang zur Krim, heisst es, aber es liege auf der Hand, dass man die nötigen Bedingungen zur Aufnahme – Behausung und Arbeitsplatz – nicht im verlangten Mass erfüllen könne. In Jalta ist ein grosser Zugezogener von einst heute allerdings der Stolz der Stadt: Tschechow, der – auf der Suche nach Linderung für sein schweres Lungenleiden – sich 1898 in Jalta niedergelassen und die letzten fünfeinhalb Jahre seines Lebens hier verbracht hat. Sein 1899 erbautes Haus, die «Weisse Datscha», steht jetzt Besuchern offen. Die nach dem bürgerlichen Geschmack der Jahrhundertwende möblierten Zimmer sind unverändert erhalten, so auch der Arbeitsraum, wo auf dem Schreibtisch unter Nippsachen immer noch die gleichen vier kleinen Elfenbeinelefanten stehen, die hier dereinst der Entstehung des «Kirschgartens» zuschauten. Jenseits des Gartens, dessen Bäume der Dichter teils noch selber gesetzt hat, befindet sich ein kleines Museum, das mit vielen Photographien und mit leider nur wenigen Manuskripten Leben und Laufbahn Tschechows dokumentiert. Aus dem ausgestellten Zeugnis des Gymnasiasten lernt man, dass Tschechow mit der Geometrie Mühe hatte und dass er dagegen ausgezeichnete Noten wohl in den Fremdsprachen, jedoch nicht in Russisch aufwies; manch ein blamierter Schulmeister gehört nun einmal stets zur Biographie von Genies.

Und dann sind noch die Spuren von Staatsmännern da. Man besucht das in hellem Marmor glänzende frühere Zarenpalais Liwadia, wo sich im Februar 1945 die «grossen Drei» trafen, betrachtet den runden Konferenztisch, bei dem nach der Legende die Teilung Europas besiegelt und in Wirklichkeit die Abhaltung freier Wahlen in Polen vereinbart wurde. Ein grosses Ölgemälde zeigt die Teilnehmer, von denen rund vierzig Jahre später einzig der damals noch blutjunge Andrei Gromyko und der seinerzeit schon betagt wirkende Molotow Zeitgenossen geblieben sind. Im Arkadenhof des Palais kann man sich sodann in die Mitte begeben: Hier unter Palmen entstand die berühmte Aufnahme, die den todkranken, unter einem Überwurf fröstelnden Roosevelt zwischen dem lächelnden Churchill und Stalin, dem selbstsicher dreinblickenden Gastgeber, zeigt. Und man kann sich Gedanken machen über den zweiten misslungenen Versuch in diesem Jahrhundert, eine gerechte und dauerhafte Friedensordnung zu errichten. Zu Betrachtungen solcher Art lädt das im Palais unter Glas ausgestellte Konferenzcommuniqué ein, das mit der feierlichen Versicherung schliesst, die Gründung der Vereinten Nationen biete der Menschheit eine gewaltige neue Möglichkeit zur friedlichen Zusammenarbeit. Die Stadt Jalta hat aus der seither verstrichenen Zeit die Konsequenzen auf ihre Weise gezogen: Eine Strasse im Zentrum ist nach dem 1945 verstorbenen amerikanischen Präsidenten benannt; der Name des später im kalten Krieg zum Feind gewordenen Churchill kam für dergleichen wohl nie in Betracht; eine Stalinstrasse wiederum lässt sich in Jalta – heute – nicht mehr ausmachen.

Geschichtslektionen in Georgien

Wie dem Leser die Rührung erklären, die der Moskauer Korrespondent auf Streifzügen durch die Altstadt von Tiflis verspürt? Kommt man in der georgischen Hauptstadt aus einem noch winterlich kühlen Moskau an, um sich am Südfuss des Kaukasus unvermittelt in einem prächtigen Frühling wiederzufinden, wandelt man durch die steil den Hang hinaufsteigenden Gässchen, dann melden sich auf einmal mit Macht Erinnerungen an frühere Reisen, an Italien, Griechenland, an Algerien, und die Erkenntnis überfällt den Besucher jäh, dass selbst in dieser entlegenen Ecke, am östlichen Ufer des Schwarzen Meeres, bis heute Mittelmeerkultur Landschaft und Stadtbild prägt. Die Einheitlichkeit der mediterranen Welt, die von Gibraltar bis zu diesem Land hinter heutigen Sowjetgrenzen herübergreift, wird als Erlebnis des Raumes auf faszinierende Weise gegenwärtig.

Am Rande kleiner Vorgärten, mit weit ausladenden Glasveranden, eng neben- und übereinander sind die Häuser der Altstadt erbaut; die Mauern der an die Bergflanke geklebten Siedlung sollen den Menschen Schatten spenden, und selbst an diesem frühsommerlich warmen Tag schon sind die mit Kieseln ausgelegten Strässchen verlassen. Mittägliche Schläfrigkeit lastet über den Dächern, Stille herrscht, der Lärm der modernen Grossstadt Tiflis unten im Tal an den Ufern des Flusses Kura dringt nur noch wie ein Summen hier herauf. Je weiter man sich vom Zentrum bergaufwärts entfernt, um so ruhiger wirkt das Viertel, um so mehr verfallen auch: bröckelndes Gemäuer, geknackte, morsche Dachbalken rechts und links, Schlacke, zerfallener Hausrat auf Schutthalden. Während die Altstadthäuser unten, den Hauptstrassen entlang, farbenfroh renoviert und geschickt in die einstige Stadtmauer hineingefügt sind, scheint das Geld hier oben nicht auszureichen.

Auf einem Vorsprung über der Stadt steht eine der kleinen georgischen Kirchen, deren spitz auslaufender Kegelturm rund herum symmetrisch angeordnete Schiffe und Seitenkapellen überragt; romanische Torbögen und Ornamente vollenden die westlich-byzantinische Mischung. Drei schwarzhaarige Jugendliche, in der dunklen sowjetischen Schuluniform und mit dem roten Pionierhalstuch, begegnen uns auf diesem Aussichtspunkt als einzige Passanten. Sie sprechen uns auf russisch an, erkundigen sich nach der Zeit – ein probates Mittel, mit Ausländern eine Unterhaltung zu beginnen, und dann folgt die Bitte um Kaugummi, die wir leider nicht erfüllen können. Aus welchem

Land wir kämen? (Die Auskunft führt in den nächsten Tagen mehrmals zur Frage, ob man keine Uhren zu verkaufen habe. Zumindest in Georgien ist das Prestige der Schweizer Uhrenindustrie ungebrochen.) Die Schüler möchten, bescheidener, allenfalls noch Kugelschreiber bekommen, und dann ist die Reihe an ihnen beim Antworten: Russisch lernten sie in der Schule von der ersten Klasse an; nein, zu Hause sprächen sie nicht georgisch, sie seien Armenier. Schliesslich verabschieden sie sich und bitten mit liebenswürdiger Höflichkeit um Verzeihung wegen der Störung.

Damit haben wir, so scheint es, Bekanntschaft gemacht mit einem der Grundzüge und Grundprobleme der kleinen Sowjetrepublik, deren nicht ganz fünf Millionen Einwohner nur zu rund zwei Dritteln aus Georgien stammen, während die anderen Russen, Armenier, Aserbeidschaner und Abkhasier sind. Die Altstadt, zumal ihr verfallener Teil, gilt in erster Linie als Heimstätte der Einwanderer aus den anderen kaukasischen Republiken. Unser Spaziergang führt nun auf steilen Treppen zurück in den neuen Stadtteil. Aus einem der letzten Häuser der Altstadt dringt hinter gezogenen dunklen Vorhängen in der Mittagsstille der Ton einer Geige heraus; jemand übt eine Bach-Partita. Die von Platanen gesäumten grossen Strassen weit unten um den unvermeidlichen Lenin-Platz erinnern wiederum an die Provence: Natursteinfassaden massiver Bauten reihen sich aneinander, aufgelockert durch Grünflächen, Geschäfte, deren Auslagen bei aller Sowjetknappheit Freude am Dekorativen verraten, hier und dort gibt es sogar so etwas wie ein Kaffeehaus. Und dann: die in Gruppen beisammen stehenden, diskutierenden Männer mit ihren flachen Schirmmützen auf dem Kopf – ist man ihnen nicht in Béziers oder Tarascon schon begegnet? Der breitbeinige Stand, die schwer in die Hosentaschen gesenkten Hände, die Stoppelbärte über bräunlichen Wangen scheinen die gleichen zu sein – nur Boule spielt hier niemand...

Und das alles in einem Land, wo die Frage, ob man sich hier nun in Europa oder Asien befindet, bei den Einheimischen regelmässig Verlegenheit bewirkt. Manche antworten mit «Europa», manche mit «Vorderasien»; der Kaukasus im Norden gelte nach heutigem Stand des Schulwissens als Grenze zum Alten Kontinent. Aber kulturell? Merkwürdige, überraschende Erfahrungen am Abend des gleichen Tages im Tifliser Opernhaus, dessen Interieur herkömmliche europäische Theaterarchitektur mit grellen orientalischen Dekorationselementen vermischt. Gespielt wird «Rigoletto», und ein junger Tenor, der die Partie des liederlichen Herzogs von Mantua – in italienischer Sprache – mit Geschmeidigkeit und Schmelz singt, macht eine sonst mittelmässige (und auf russisch abrollende) Vorstellung zum Genuss. Der georgische Sänger, so lassen wir es uns nachher sagen, habe gerade eine Spielzeit an der Mailänder Scala hinter sich. Dem (georgisch und russisch gedruckten) Programmheft ist wiederum zu entnehmen, dass «Rigoletto» bereits 1853, zwei Jahre nach der italienischen Uraufführung, in Tiflis seine Premiere hatte. Da erinnert man sich an die rühmenden Worte Tolstois, der 1851 bei seinem

Aufenthalt im Kaukasus das Gesellschafts- und Theaterleben von Tiflis mit dem Petersburgs verglich. Und man denkt an eine Erläuterung in dem zuvor besuchten historischen Museum der Stadt; deutlich zur Rechtfertigung des vertraglichen Anschlusses an Russland vor 200 Jahren heisst es dort, Westeuropa habe für das von Türken und Persern bedrängte Georgien keinerlei Interesse gezeigt. Eine unerwiderte Liebe mehr. Fest steht freilich, dass georgischer Nationalstolz die zwei unter Russland verbrachten Jahrhunderte ungebrochen überlebt hat, durch die Herausforderung vermutlich sogar gestärkt worden ist. Kunsthistorische Schätze, die in den Museen von Tiflis aufs eindrücklichste die weit in vorchristliche Jahrhunderte zurückreichende Geschichte der Georgier vorführen, ihre frühe Christianisierung und die hochmittelalterliche Blütezeit ihres Königreichs belegen, zeugen ebenso von einem starken Bewusstsein wie Gespräche mit Einheimischen, die sich immer wieder darum bemühen, dem Fremden die geschichtlichen Dimensionen ihrer Heimat zu erschliessen. Alles ist eine Frage der Perspektive, des geographischen Standorts: Jason und die Argonauten, diese verfeinerten Griechen, raubten das Goldene Vlies im Barbarenland Kolchis – das heisst: in Westgeorgien am Schwarzen Meer –, die georgische Variante der Medea-Sage betont aber die Rückkehr der entführten Königstochter nach Kolchis als Triumph über die Eindringlinge. Auch besitze die Überlieferung Georgiens ihren eigenen Prometheus, der, so wird versichert, den Göttern das Feuer schon längst vor der Entstehung der griechischen Sage abgejagt habe. Wie dem auch sei: Als Barbaren werden für die Georgier nicht die eigenen Vorfahren gelten, sondern jene Völker, die lange Zeit nach der Antike noch namenlos irgendwo in den nordeuropäischen Wäldern gehaust oder in den Steppen ihr Nomadenleben geführt haben.

Nur: klein ist die georgische Nation und ihr Land, das in der ungünstigen Nachbarschaft grosser Völker liegt und Eroberer immer wieder angelockt hat: nicht durch die Fruchtbarkeit der Täler allein, sondern auch durch die Bedeutung der vom Westen nach Osten und über den Kaukasus nach Norden führenden Handels- und Militärstrassen. Dass die Geschichte Georgiens tragisch sei, wird uns immer wieder auseinandergesetzt, und man zieht auch – damit die Gäste sich besser zurechtfinden – den Vergleich mit der Schweiz: Leider hätten die Nachbarn hier kein Interesse am Bestand eines selbständigen, ausserhalb der regionalen Gegensätze stehenden Kleinstaates gezeigt. Die Auskünfte über die Gegenwart fallen verständlicherweise vorsichtig aus, sind aber in diesem Licht zu sehen. Heute noch erzählt man aber den Fremden mit Stolz, dass die Georgier Ende der siebziger Jahre durch Volksmanifestationen des Widerstandes den Versuch abgewehrt haben, die Verankerung des Georgischen als offizielle Sprache aus der Verfassung der Republik zu eliminieren.

Und dann ist die grosse Revanche da, die das winzige Georgien an den Russen und allen anderen Völkern der Sowjetunion genommen hat: sie heisst

Stalin. Eine Uferpromenade in Tiflis trägt heute noch den Namen Stalin-Quai, und in Gori, der Geburtsstadt des Diktators, steht – wohl als Konzession an das georgische Selbstgefühl – das letzte der unzähligen Stalin-Denkmäler, die in den fünfziger Jahren in all ihrer hässlichen Klobigkeit sowohl in der UdSSR als auch in den «Bruderländern» jede Stadt zu schmücken hatten. Die armselige Hütte, in welcher der Sohn des Schuhmachers Dschugaschwili zur Welt kam, ist nun als Gedenkstätte von einem auf Säulen ruhenden flachen Marmordach bedeckt, und dahinter, im gleichen Stil erbaut, erhebt sich ein Stalin gewidmetes Museum. Jemand, dem an historischer Echtheit liegt, wird hier indessen nicht auf seine Rechnung kommen. Was das Museum enthält, ist eine einzige Propagandaschau, die beispielsweise nichts über Säuberungen und Schauprozesse weiss, den Stalin der dreissiger Jahre dafür als einen biederen Kunstfreund vorstellt, der bei der Übersetzung des georgischen Nationalepos ins Russische mitgewirkt, den Herausgeber dann aber bescheiden darum gebeten hat, seinen Namen im Buch nicht zu erwähnen.

Schulklassen und auch Gruppen von Soldaten lassen sich vor dem Hintergrund des Museums und des Stalin-Geburtshauses photographieren – und das sind nicht nur Georgier. Ein georgisches Publikum dagegen ist es, das in Tiflis am hellichten Tag ein Grosskino füllt und beim Spielfilm «Sieg», in dem Stalin wieder zu hohen Ehren kommt, den wohlgelungenen Repliken des Diktators Beifall spendet. «Das ist die eine Seite der Medaille», sagt jemand im Privatgespräch. «Die andere besteht darin, dass Stalin für sein Geburtsland nie etwas getan hat, seiner Schreckensherrschaft aber allein an Georgiern 250 000 Menschen zum Opfer gefallen sind. Das ist für ein kleines Volk eine gewaltige Zahl, und daran erinnern sich hier noch viele.»

Trifft das von den Russen gehegte Bild des in Überfluss schwelgenden, reichen und geschäftstüchtigen Georgiers zu? Seinen Ursprung hat diese Vorstellung zuerst einmal in klassischen Beschreibungen (dem Weltmann Puschkin sagten vor allem die Thermalbäder von Tiflis, der Rotwein der Kaukasushänge und die georgischen Mädchen zu); für prosaische Popularisierung der Idee sorgen aber in heutiger Sowjetwirklichkeit die auf jedem russischen Kolchosenmarkt anzutreffenden Georgier, die selbst in den kargen Wintermonaten Südfrüchte, Gemüse und Salat anbieten und die ihre Ware trotz phantastischen Preisen – ein Kilo Tomaten für 20 Rubel, sprich: für mehr als zehn Prozent eines sowjetischen Durchschnittslohns – tatsächlich an den Mann bringen. Mit solchen Gewinnen lassen sich die billigen Flugreisen zu den Märkten von Moskau spielerisch finanzieren, und diese Praxis scheint ebenso alt zu sein wie der Kampf in Georgien gegen «illegale Ausfuhr von Lebensmitteln aus der Republik». Seinen für Sowjetverhältnisse beträchtlichen Agrarreichtum verdankt aber Georgien nicht südlicher Sonne und fruchtbarem Boden allein, sondern in den letzten Jahren offenbar auch Reformen in der Landwirtschaft, so einer gewissen Förderung der Kleinproduktion auf Privatparzellen. Ein Besuch des damaligen georgischen Parteichefs Schewardnadse in Ungarn und seine guten Eindrücke von der dort bestehenden Versorgungslage sollen die Anregung zu diesem Kurs mitbewirkt haben.

Manche in Tiflis widersprechen indessen den Moskauern; man hört von ihnen die in der sowjetischen Provinz verbreitete Meinung, den Leuten in der Hauptstadt gehe es am Ende doch am besten; hier dagegen müsse alles in Schlangen – wörtlich – erstanden werden. Kann sein. Dem Gast, der einige Tage nur in Georgien verbringt, steht hierüber kein Urteil zu. Im Vergleich mit Moskau will es ihm dennoch scheinen, als herrsche in Georgien ein etwas freierer, fröhlicherer Geist. Nicht zuletzt hat man bei Gesprächen den Eindruck, dass die örtliche politische Führung den Einwohnern in dem Sinn näherstehtt, als sie bei kleinerer Distanz einige menschlich nachfühlbare Züge bewahrt und sich nicht in unnahbaren Sphären in reiner Abstraktion aufgelöst hat. Die Kirche atmet in Georgien anscheinend etwas leichter als in Russland. Auch ein kurzer Augenschein in Tiflis genügt zur Feststellung, dass moderne Architektur hier zu Wagnis und Experiment mehr Spielraum erhalten hat als in der Unionshauptstadt. Und ungewohnt nach der Bedrücktheit der Moskauer Strassen wirkt es, dass südliches Temperament sich hier in lautem Gespräch, geräuschvoller Lebhaftigkeit Bahn bricht.

Und schliesslich die Zeugnisse georgischer Lebenskunst, soweit zumindest das Kulinarische gemeint ist. Schmausende und einander zuprostende Bauern sind ein Hauptmotiv der Bilder Niko Pirosmanaschwilis, eines naiven Künstlers, dessen Werke im Tifliser Kunstmuseum in Sondersälen hangen, im gleichen Gebäude, wo Stalin dereinst das Priesterseminar besucht hat. Man könnte meinen, wir hätten eine halbe Stunde nach dem Rundgang in der Galerie die Modelle des georgischen Nationalmalers entdeckt: Zwei schwarzhaarige Männer tun sich im Hotelrestaurant schwitzend und mit hochgekrempelten Ärmeln an Schaschlik gütlich, und damit das scharf gewürzte Fleisch gut munde, haben sich die beiden nicht nur Wein, sondern auch noch je eine Flasche süssen Sowjetchampagner auf ihren Tisch stellen lassen.

Lob der georgischen Gastfreundschaft

«Und dann gehen wir noch auf einen Sprung bei meinem Vetter vorbei», sagt unser georgischer Bekannter. Er hat seine aus Moskau vor einer Stunde unerwartet eingetroffenen Gäste abends um halb zehn im Hotel abgeholt, mit ihnen eine kleine Rundfahrt unternommen und flugs seine Stadt vorgestellt: Die Wehrmauern, die auf Holzsäulen ruhenden Veranden der Altstadthäuser, die eigentümlichen, stumpfen Kuppeln der Schwefelbäder und die auf Felsvorsprüngen stehenden kleinen romanischen Kirchen nimmt man hinter Autoscheiben als nächtliche Impression wahr. Der Besuch beim Vetter gehört unabdingbar zum Programm, Hinweise auf unsere beiden mitfahrenden Kinder, die allmählich doch ins Bett kommen sollten, werden freundlich überhört.

Der Strassenbelag hört nach der Toreinfahrt in der Aussenstadt auf, wir rollen in einen dunklen Hinterhof ein. Weiter vor uns scheint es eine Baustelle zu geben, der lehmige Boden ist vom Werkverkehr aufgewühlt. Das Manöver, den Wagen zu parkieren, geht zwischen tiefen Pfützen und einem wackeligen Bretterzaun vor sich und erfordert einige Geschicklichkeit. Der Vetter ist offenbar zu Hause, sein Auto, ein Niwa-Geländewagen, steht am Fuss einer unverputzten Brandmauer. Wir können also, wie es heisst, getrost an seiner Türe läuten.

Ob die Gastgeber zu dieser Stunde vorgewarnt sind oder ob wir bei ihnen unerwartet hereinschneien, wird im Verlaufe des Abends nicht recht klar. Vermutlich hat ihnen unser Stadtführer zuvor schon einen Wink gegeben, man fällt um diese Zeit mit vier fremden Personen womöglich selbst in Georgien niemandem ins Haus. Bestimmt aber sind die weiteren Gäste, die nach und nach auftauchen, unvorbereitet. Ihnen telefoniert man erst nach unserer Ankunft aus der Wohnung, und die auf solche Weise Eingeladenen finden sich nach einer Weile alle ein: ein Ehepaar, Freunde, ein junger Mann, der ebenfalls als ein Cousin vorgestellt wird. Besonders herausgeputzt hat sich niemand, die Männer kommen mit offenem Kragen, die Frauen haben allenfalls rasch Zeit gefunden, mit dem Lippenstift das Nötigste nachzuziehen.

Der Hausherr empfängt uns wie alte Bekannte. Wir schütteln die Hände aller Familienmitglieder, zuerst einer alten Dame, die uns mit einigen französischen Worten begrüsst. Die georgische Familie lebt mit ihren Alten eng zusammen. Das Gefühl für die Sippe nehme sich ungleich stärker aus als in

Europa, so wird uns erzählt und vorgeführt. Erstaunlich und rührend ist denn auch weniger die Tatsache, dass die bald 90jährige Urgrossmutter mit den nachfolgenden Generationen zusammen im gleichen Haushalt lebt, als eher ihr voller Einbezug in den Familienkreis: Sie sitzt beim Gastmahl, das hernach folgt, am oberen Tischende. Alle kümmern sich um sie, bemühen sich, sie an der Unterhaltung teilnehmen zu lassen, und der erste der vielen Trinksprüche wird auf ihre Gesundheit vorgebracht.

Noch sind wir aber nicht soweit, uns zu Tische zu setzen. Vorerst gilt es, unter Führung des Hausherrn die Wohnung zu besichtigen, in deren Räumen unbeschwerte Unordnung herrscht. Unser Gastgeber ist ein Kunstliebhaber, und mit Sammlerstolz zeigt er seine Schätze, deren überraschende Vielfalt von Rokokosesseln bis zur geschnitzten chinesischen Kommode und dem mit persischen Miniaturen geschmückten Wandbehang reicht. Jedes Stück hat seine genussreich zum besten gegebene Erwerbsgeschichte. Unversehens mündet die Vorführung in einen temperamentvoll bestrittenen Vortrag über georgische Kunst und über den Einfluss, den Motive der antiken Klassik und die einheimische Mythologie auf sie bis heute ausüben.

Die Frauen haben inzwischen im Raum nebenan den Tisch gedeckt. Die Einheimischen hatten alle etwas mitgebracht und es, diskret in ein Tuch gewickelt, der Hausfrau übergeben. Kuchen, so erzählt man dann, backe man selber und bewahre sie auf; so sei jede Familie gegen überraschenden Gästebesuch gefeit. Der Tisch, nein, er biegt sich nicht, ist aber mit Backwerk und Früchten vollgestellt. Champagner wird knallend entkorkt, man serviert aber auch Tee, in den kein Zucker hineingehört. Man löffelt dazu vielmehr Eingemachtes, in übersüssem Sirup schwimmende Kirschen und Erdbeeren. Flache Käsekuchen bietet man an als georgische Nationalspeise, mit Buttercrème gefüllte Hörnchen, Blätterteiggebäck, Honigschnitten, Nussrollen, Apfelmustörtchen mit Eierschnee und dann ein dunkelbraunes, leicht klebriges Etwas, das der Uneingeweihte für eine Wurst oder eine gezogene Wachskerze hielte, von dem man aber nach der ersten Kaukasusreise schon weiss, dass es ein süsser Nussstengel und eine Spezialität von Georgien und Armenien ist. Schalen mit Äpfeln, Birnen, Trauben, Quitten und Granatäpfeln werden herumgereicht, und wir müssen von allem kosten. Verzweifelte Ausreden, wir hätten im Hotel schon zu Abend gegessen, lassen die Gastgeber nicht gelten.

Die Unterhaltung belebt sich immer mehr. Deutsche, französische, englische Sprachkenntnisse, teils auf beachtlichem Niveau, holt man zur Verständigung mit den Gästen hervor. Lingua franca bleibt das Russische, und unter sich sprechen die Einheimischen ihr mit Kehllauten durchsetztes, aber melodisches Georgisch. Die Schweiz mit ihrer Mehrsprachigkeit, die Funktionsweise eines solchen Staates sind – aus eigener Lage der Fragenden heraus – Objekt der Neugierde, immer wieder haben wir über den schweizerischen Alltag Auskunft zu geben. Die Erklärung, dass es in unserem Land die deutschschweizerische Mehrheit sei, die sich darum bemühe, die Sprache der Minderheiten zu erlernen, und nicht umgekehrt, erweckt Verwunderung. Man erzählt, diskutiert, alle reden. Die Stimme hebt zwar niemand, aber das Stimmengewirr ist beachtlich.

Im Hintergrund plärrt den ganzen Abend lang der Fernseher. Niemand schaut zu, es bleibt völlig gleichgültig, ob ein Kommentator sich über Raketenrüstung äussert oder ob Fussballer bei Europacup-Spielen dem Ball nachjagen – benötigt wird zur Gemütlichkeit lediglich eine Lärmquelle. Zum Aufbruch kommt es auf unser Drängen erst lange nach Mitternacht. Zuvor aber muss unbedingt noch eine Flasche Chablis aufgemacht werden (Hinterlassenschaft der Aussteller an einer Weinschau in Tiflis vor einigen Jahren), und das gibt dem Hausherrn Anlass zu einem letzten Toast: Er trinkt auf Frankreich, sein Savoir-vivre und seinen Esprit, mit denen Gott uns, die wir alle zusammen keine Franzosen sind, segnen möge.

Der erste Blick beim Erwachen am nächsten Morgen trügt. Das milde mediterrane Herbstwetter ist nicht von dichtem Nebel abgelöst worden. Vielmehr hat man über Nacht die Hotelfassade zu Ehren des Revolutionstags in riesige Dekorationen eingehüllt; über unser Fenster im 9. Stockwerk ist gerade eine hellgraue Stelle der Draperie hingekommen. Es ist der 7. November, auf der Strasse vor dem Hotel sind Tribünen errichtet; Militäreinheiten, Raketenwerfer und Panzer und dann die Masse der «Werktätigen», sie defilieren hier vor den winkenden lokalen Parteigrössen ebenso, wie das an diesem Tag in Moskau auf dem Roten Platz geschieht. Der Dekorationsbehang vor dem Fenster verunmöglicht zwar jede Aussicht, aber das reicht nicht aus. Eine Hotelangestellte, begleitet von einem stummen Zivilisten, klopft zehn Minuten vor neun aufgeregt an die Zimmertüre: «Verfügung der Administration: Die Hotelgäste dürfen sich zwischen neun und zwölf Uhr mittags nicht in ihren Zimmern aufhalten.»

In den Hotelkorridoren, wo es von Sicherheitsleuten geradezu wimmelt, treffen missmutige Ausländer vor den Lifttüren zusammen. Ihrem Geschimpfe schliessen sich diesmal sogar ostdeutsche Touristen an. Den Höhepunkt erreicht aber die Groteske in der Frühstückshalle im ersten Stock. Während draussen Blechmusik schmetternd die proletarische Befreiung feiert, sind die Gäste hier bei ihrem Tee von zwei Sicherheitsbeamten überwacht, jungen Männern, die gleichgültig dreinschauen, jedoch drohende Miene aufsetzen, sobald jemand die Kühnheit hat, sich zum Zuschauen ans Fenster zu begeben oder gar die Gardinen zu verrücken. Dann springen die beiden nervös auf, eilen auf den Täter zu und ermahnen ihn gestreng, solche Handlungen zu unterlassen. In der Tat, man hat von hier freien Blick auf die etwa 400 Meter entfernt stehende Ehrentribüne... Gelobt sei das wunderlich eingerichtete menschliche Gedächtnis. Scharf bewahren wird es wohl auch in diesem Fall nicht die rüden Manieren des Staates, sondern die herzliche Aufnahme bei der georgischen Familie.

Die Armenier, die Nation mit der tragischsten Geschichte

Der Schauplatz: das historische Museum Armeniens, ein überdeutlich auf Monumentalität hin erstelltes Gebäude. Zusammen mit andern Bauten im gleichen Stil bildet es den weiten Hauptplatz Jerewans, erinnert sowohl an Lenin als auch an Stalin: Die Statue des Staatsgründers steht hier. Architektur und Anlage aus den fünfziger Jahren entstammen aber dem Stalinschen Geschmack und Willen, Macht und Selbstbewusstsein der Nachkriegssowjetunion auszudrücken. Die am Vormittag kaum besuchten Hallen im Museum selber künden von einer anderen Geschichte, die weit in vorchristliche Jahrhunderte und sogar Jahrtausende zurückreicht. Die Bemerkung eines in Moskau wohnhaften Armeniers, seine Heimat sei heute noch so etwas wie ein biblisches Land, fällt uns ein. Der Gedanke daran kehrt in den nächsten Tagen bei Fahrten durch die kahle, abgeholzte, aber in ihrer steinigen Kargheit gewaltige, dramatische Gebirgslandschaft immer wieder – selbst wenn man den (jenseits der türkischen Grenze liegenden) Gipfel des Ararat bei den tief hangenden Wolken des Novemberhimmels nie zu sehen bekommt.

In einem der Museumssäle schliesst sich dem Westeuropäer ein einheimischer Besucher an. Er mag ein pensionierter Arbeiter sein, und er benutzt die Gelegenheit, dem Fremden sein historisches Weltbild eifrig auseinanderzusetzen. Auch das wiederholt sich manches Mal in den folgenden Tagen. Ein jeder in Armenien scheint gegenüber Ausländern gern als Propagandist der nationalen Sache zu wirken. «Wir sind das Volk mit der tragischsten Geschichte», so lautet die häufige Schlussfolgerung, «eine alte Kulturnation, der das Recht auf einen eigenen Staat nie zugestanden wurde.»

In einem erbärmlichen Russisch sagt das auch unser freiwilliger Museumsführer. Auf die – zugegeben: provozierende – Frage, ob mit Sowjetarmenien nun nicht doch eine gewisse Selbständigkeit erreicht sei, antwortet er mit einer überraschenden Gegenfrage: «Darüber wage ich nicht zu reden – sag einmal: Bist du kein russischer Agent?» Er zieht es denn auch vor, über die vielen vergeblichen Unabhängigkeitskämpfe zu erzählen, über die Jahrhunderte während Teilung Armeniens zwischen der Türkei und Persien, den schrecklichen Blutzoll, der von seinem Volk immer wieder gefordert wurde.

Den Hass gegen die Türken sucht das Museum nicht zu verheimlichen. Die Massaker an den Armeniern Ende des 19. Jahrhunderts und während des Ersten Weltkriegs sind ein offizielles Thema, und unser einheimischer Begleiter weist wiederholt auf Dokumente hin, die diese Feindschaft belegen. «Die Türken, Nomaden und Krieger, haben den Wert der vom sesshaften Bauern geleisteten Arbeit nie verstanden», sagt er in ehrlicher Erschütterung vor einem Gemälde, auf dem die Ermordung eines Landsmanns durch Janitscharen zu sehen ist. Ähnliche Sätze kann man auch auf dem Balkan vernehmen, wenn dessen Völker über ihre Vergangenheit sprechen. «Die christliche Welt hat uns Christen in unserem Abwehrkampf gegen die Türken niemals unterstützt», fügt unser Mann hinzu, und auch das ist eine jener bitteren Bemerkungen, die unter Griechen und Bulgaren, Serben und Ungarn auf gleiche Weise häufig fallen.

Von selbstloser Hilfe, in der Tat, weiss die Weltgeschichte wenig. Wandte sich die in der frühen Neuzeit ungestüm expandierende osmanische Grossmacht einmal gegen die asiatischen Nachbarn, dann atmeten vielmehr selbst die vom Halbmond bedrängten Osteuropäer jeweils in der Gewissheit auf, der Sultan werde dieses Jahr gegen ihre Länder keinen Feldzug führen. Was aber Westeuropa anging, so kam dorthin nur noch ungewisse Kunde, es blieb bei dem bieder-zynischen Geschwätz des «Osterspaziergangs» über «Krieg und Kriegsgeschrei» und die Völker, die «hinten, weit, in der Türkei, aufeinanderschlagen».

Nationalbewusster Standpunkt, wie man ihn von Armeniern hören kann, pflegt zu errechnen, dass die heutige Armenische Sowjetrepublik mit ihren knapp 30 000 Quadratkilometern bloss etwas mehr als zehn Prozent des historischen Armenien umfasst. Die übriggebliebenen Gebiete liegen nach dieser Auffassung in der Türkei und in Iran. Freilich rechnet man heute in der Türkei nur noch mit rund 80 000 Armeniern, und selbst die patriotischsten Leute in Jerewan geben zu, dass Massenmord und Austreibungen, die unbarmherzigen Methoden der zusammengeschrumpften, auf sich selbst zurückgeworfenen Türkei, dem armenischen Gebietsanspruch die Grundlage wohl für immer entzogen haben.

Die offizielle sowjetische Haltung betont deutlich den Gegensatz zwischen Türken und Armeniern – als Rechtfertigung für die heutige Zugehörigkeit Armeniens zur UdSSR. Bereits das Vordringen des zaristischen Russland im Verlaufe des 19. Jahrhunderts wird in sowjetischer Geschichtsschreibung als «Befreiung» und Anschluss Armeniens an ein «kulturell höher stehendes Staatswesen» geschildert, und diesem Vorgang folgte mit der Sowjetmacht natürlich eine abermalige «Befreiung».

Zwar mutet es als eine gewaltige Selbstüberschätzung an, wenn einzelne Leute in Jerewan heute meinen, Moskau wie Ankara fürchteten ein starkes, selbständiges «Grossarmenien», so dass Russen und Türken das Gebiet unter sich komplizenhaft teilten. Man versteht aber, dass das Feilschen über den Grenzverlauf nach dem Ersten Weltkrieg zu dieser Auffassung hat führen können, zumal die internationale Forderung nach einem eigenständigen armenischen Staat (Friede von Sèvres 1920) toter Buchstabe geblieben war.

Nun kann man sich in Jerewan vorsichtig geäusserte Beschwerden über Russifizierung anhören, Klagen, dass die ausserhalb der Republik in der Sowjetunion zerstreut lebenden Armenier als Gemeinschaften keine kollektiven Rechte hätten, und man braucht an all diesen Behauptungen nicht zu zweifeln. Als Aussenstehender wird man dennoch vermerken, dass die Armenier von nationalem Standpunkt aus gegenwärtig in der Sowjetunion immer noch am besten dran sind. In aller Relativität ausgedrückt: Ihr Schicksal ist hier am wenigsten tragisch. Zwar ist das, was eine Sowjetrepublik bietet, ihrem Wesen nach vom Grundsatz des Selbstbestimmungsrechts meilenweit entfernt, aber in der von Grausamkeiten strotzenden neuesten Geschichte Armeniens will selbst das Elementarste schon als ausserordentlich festgehalten werden: das Faktum, dass die Armenier dank der russischen und später der sowjetischen Schutzmacht hier, in einem Teil ihres angestammten Landes, als kompakte Bevölkerung überlebt haben. Bei allen Abstrichen vom Propagandabild der sowjetischen Nationalitätenpolitik bleibt es eine Tatsache, dass die nicht ganz drei Millionen Armenier in dieser Republik kulturelle Rechte und Möglichkeiten besitzen, dass es Schulen in der Landessprache gibt, Verlage, Bücher und Zeitschriften, die auf armenisch erscheinen, in den lustig geschnörkelten armenischen Buchstaben gedruckt werden.

Zwei Gegebenheiten verleihen Armenien innerhalb der UdSSR eine Sonderstellung: das Faktum zum einen, dass in westlichen Ländern zahlreiche, zahlenmässig starke, nicht assimilierte armenische Kolonien bestehen, welche die Verbindung zum Ursprungsland beibehalten und pflegen. Zum anderen kommt der Kirche Armeniens Bedeutung bei, da sie Trägerin einer eigenständigen – monophysitischen – altchristlichen Lehre ist und daher als Kitt zwischen den in aller Welt verstreuten armenischen Gemeinden dient.

Die Schätzungen über die im Ausland lebenden Armenier schwanken zwischen 1,5 und 2 Millionen. Die gewichtigsten Kolonien befinden sich in den Vereinigten Staaten, namentlich in Los Angeles, sowie in Frankreich. Gleich gross, etwa 1,5 Millionen, ist die Zahl der in der Sowjetunion ausserhalb der Republik wohnhaften Armenier. Rührend und amüsant zugleich ist es, mit welchem Stolz armenisches Selbstbewusstsein die Leistungen der Landsleute im In- und Ausland verfolgt, handle es sich um den Sowjetkomponisten Chatschaturjan, um den amerikanischen Schriftsteller William Saroyan oder den französischen Chansonnier Charles Aznavour – bei ihrer Herkunft sind sie alle, wie es in Armenien heisst, «unser». Verwegene Geister erwägen sogar die Möglichkeit, im Rückgriff auf den Klang des Namens, auch den Ruhm Herbert von Karajans für Armenien zu beanspruchen. Als ein «gesicherter» Ehrenarmenier gilt dagegen bis zum heutigen Tage Franz Werfel wegen seines Romans «Die vierzig Tage des Musa Dagh», in welchem er dem verfolgten Volk ein Denkmal gesetzt hat.

Im Gegensatz etwa zur georgischen Hauptstadt Tiflis besitzt der Flughafen von Jerewan eine Abfertigungshalle für Auslandverbindungen. Wenn man mit ansieht, was für eine Menschenmenge vor dem Ausgang des Zollbüros auf soeben angekommene Verwandte wartet, dann bekommt man eine Ahnung von der Lebendigkeit und Verbundenheit der armenischen Weltgemeinschaft. Für die Sowjetmacht selber ist dieser Besucherstrom nicht unproblematisch, denn die Armenier gehören damit (zusammen mit den baltischen Völkern) innerhalb der UdSSR zu jenen, die über das Lebensniveau im Westen am besten im Bilde sind.

Studenten aus Libanon sprechen uns an, Mitglieder der dortigen armenischen Gemeinde. Sie besuchen nun, da die Beiruter Zustände ein Studium nicht mehr zulassen, die Jerewaner Universität. Ihrer Erzählung ist zu entnehmen, dass Auftreten und Berichte der aus dem Westen zugereisten Armenier auf die Einheimischen verlockend wirken, dass viele natürlich auch hier den Traum träumen von dem rasch erworbenen Mercedes und dem Generaldirektorensessel, der nur darauf wartet, besetzt zu werden. Die Vorstellung, die angestammte Heimat verlassen zu müssen, erscheint hier insofern weniger belastend, als die Auswanderung bei der Geschlossenheit der Armeniergemeinden im Ausland nicht mit dem Verlust nationaler Identität einherzugehen braucht. Angesichts der restriktiven sowjetischen Emigrationspolitik bleiben diese Überlegungen freilich theoretisch, sie fallen eher nur als politischer Störfaktor ins Gewicht.

Wie reagiert der Sowjetarmenier heute auf die Nachricht von Terroranschlägen in westlichen Hauptstädten, auf die Ermordung türkischer Diplomaten durch Armenier? Man könne diese Attentate nicht billigen, sie brächten der armenischen Sache keinen Nutzen, eher umgekehrt, so lautet die gängige Antwort, die man in Jerewan bekommt. Hinzugefügt wird aber auch, dass der Terror seine Ursachen in den Massakern habe, die nicht in Vergessenheit geraten dürften. In den Antworten schwingt unüberhörbar auch ein wenig uneingestandener Stolz mit über die nach Palästinenservorbild handelnden Landsleute. Berichten die Massenmedien Sowjetarmeniens über solche Terrorakte? In der zentralen Sowjetpresse, so wird erklärt, finde man keine entsprechenden Nachrichten. Die armenischen Zeitungen brächten dagegen die Informationen mit einigen Zeilen, ohne sie je zu kommentieren. Totschweigen liessen sich solche Vorfälle in der Tat kaum, denn die Grenze zur Türkei ist von Jerewan nur wenige Kilometer entfernt, Radio und Fernsehen des Nachbarlandes werden hier empfangen, und es gibt offenbar auch Leute in stattlicher Zahl, deren Türkischkenntnisse zum Verständnis ausreichen.

Und dann die armenische Kirche. In ihrem Zentrum, in Etschmiadsin, rund 20 Kilometer von Jerewan entfernt, genügt schon ein Rundgang in der uralten (aus dem 7. Jahrhundert stammenden) Kathedrale und in dem angeschlossenen Museum, um zu begreifen, mit welcher Bewusstheit Armeniergemeinden überall in der Welt nach diesem Städtchen blicken. Das Faktum, dass das hier residierende Kirchenoberhaupt, Vasken I., aus der Armenierkolonie in Bukarest stammt, zeigt allein schon die grenzüberschreitende Funktion dieser Kirche. Die verschiedenen Geschenke in der Kathedrale, Goldschmiedearbeiten, Leuchter oder reich bestickte Stoffe, die Armenier aus den Vereinigten Staaten, Italien oder gar China geschickt haben, machen es vollends klar, dass geistliche und nationale Einheit hier zusammenfallen, dass die Kirche Identifikationsmittel des in aller Herren Ländern zerstreuten Volkes ist. Wer da eine gegen die Kirche gerichtete Politik betreibt, hat es mit der Nation zu tun, und eine «halbamtliche» Erklärung besagt denn auch, die atheistische Parteipropaganda bleibe in Armenien weise auf Sparflamme.

Was es aber mit der Religiosität auf sich hat, das kann man an einem Wochenende auch als harmloser Tourist bei einem Besuch des Felsenklosters Geghard erleben. Das aus dem Mittelalter stammende Bauwerk, nordöstlich von Jerewan im kahlen Gebirge gelegen, ist ein Ausflugsziel für Fremde, gleichzeitig aber ein Wallfahrtsort sonderbarster Art für Einheimische: Ganze Bauernfamilien streben dem Kirchenportal zu, bringen Federvieh mit, führen am Seil zottige Schafe, ein Mann müht sich gar mit einem widerspenstigen Kalb ab. Ein Priester in dunklem Ornat steht vor dem Tor, segnet die Tiere und schneidet dann von ihrem Ohr ein Stückchen ab. Mit dem Blut wird das Zeichen des Kreuzes an die Stirn einer Frau oder eines Kinds gemalt – Geste und Wallfahrt sollen dazu dienen, jemandem, der gerade eine Krankheit durchgemacht hat, auf diese Art zu Schutz und Kräften zu verhelfen. Auf einem eigens hiefür eingerichteten, mit flachen Steinen ausgelegten Platz gleich neben der Kirche werden die Tiere geschlachtet. Ihr Fleisch, heisst es, dürfe nicht gebraten, nur gekocht werden. Heidentum und Christentum reichen sich in dieser abgeschiedenen Bergwelt die Hand. Abraham, der anstelle seines Sohns einen Widder opfert – das war hier erst gestern.

Moldawien, ein Fall sowjetischer Abgrenzung

Im Westen ist das nicht anders als im Osten: Wenn ein Land eine Pressereise veranstaltet, so will es sich selber den Journalisten von der besten Seite vorstellen. Aufschlussreich allein ist es schon, welche Themen die Gastgeber auswählen. Beim Besuch einer Gruppe von Moskauer Korrespondenten, die eine knappe Woche in Moldawien verbringen, liegt ein Hauptakzent auf dem historisch-kulturellen Selbstverständnis der Republik. «Moldawien – gleichberechtigt unter gleichberechtigten Sowjetrepubliken», so lautet ein Spruchbandtext auf einem Platz in Kischinew, und man kann sich fragen, wozu dies so verkündet zu werden braucht, wenn es sich um eine von der Verfassung garantierte Selbstverständlichkeit handelt. Im Klartext: Ohne dass das Kind beim Namen genannt wird, ist es ein erstrangiges Anliegen der Gastgeber, vor uns den Beweis zu erbringen, dass Moldawien mit dem benachbarten Rumänien wenig zu schaffen habe, sprachlich, geschichtlich und kulturell etwas Eigenständiges darstelle und folglich zu Recht zur Sowjetunion gehöre und nicht Bukarest unterstehe.

Da ist zuerst einmal die Terminologie, an die sich die vielen Gesprächspartner alle eisern halten: Sie sprechen nicht nur von moldawischer Bevölkerung, sondern auch von moldawischer (beileibe nicht rumänischer) Sprache, verwenden gern den Ausdruck «Selbständige Republik Moldawien» und meiden die Bezeichnung «Bessarabien»; dieser Name, so wird erklärt, stehe nur für die Region, die im Osten am Dnjestr ende, während Moldawien selber auch Gebiete am linken Flussufer umfasse. Wichtig für die Sowjetgeschichte ist diese Unterscheidung nicht nur, weil an das walachische Fürstengeschlecht Basarab offenbar nicht erinnert werden soll, sondern auch darum, weil in der Zwischenkriegszeit, als Bessarabien zu Rumänien gehörte und der Dnjestr die Grenze bildete, die Sowjetunion 1924 am östlichen Ufer die (der Ukraine zugeschlagene) «Autonome Republik Moldawien» gründete und damit ihren weiterhin bestehenden Anspruch auf ganz Moldawien markierte. Das, allerdings, hatte nach sowjetischem Verständnis mit «Revanchismus» natürlich nicht das geringste zu tun.

Bei besagtem Anspruch führte die Sowjetunion das Recht der historisch eingesessenen Macht ins Feld: das Faktum, dass Bessarabien 1812 von der damals noch weit im nördlichen Balkan stehenden Türkei an Russland abgetreten worden war. (Bei der Übernahme und Beibehaltung all dieser einst eroberten Randgebiete hat die UdSSR für einmal keine Hemmungen, sich zur zaristischen Kontinuität zu bekennen.) Der rumänische Anspruch dagegen begründete sich (und begründet sich im stillen auch heute) mit ethnischen Argumenten: 64 Prozent der rund 4 Millionen Einwohner stellen laut sowjetischer Statistik immer noch Moldawier, die sich gemäss rumänischer Auffassung von ihren Landsleuten westlich des Pruth einzig darin unterscheiden, dass ihre Sprache mit kyrillischen Buchstaben geschrieben wird, während die Rumänen Mitte des 19. Jahrhunderts zum lateinischen Alphabet übergegangen sind. Mit der These von der moldawischen Eigenständigkeit soll gerade diese rumänische Forderung entkräftet werden; wie es dabei auf sowjetischer Seite mit der Beweisführung zugeht, davon gibt uns in Kischinew ein Gespräch in der Akademie der Wissenschaften eine Ahnung. Man hat zur Begegnung mit den ausländischen Journalisten eine ganze Reihe von Akademiemitgliedern eingeladen, unter ihnen auch Historiker und Sprachwissenschafter.

In Kurzform, die für Laien gedacht ist, erklärt man uns, dass in die Sprache der Moldawier im 19. Jahrhundert zahlreiche russische und ukrainische Lehnwörter eingegangen seien, dass sie slawische Substanz überhaupt stärker bewahre, während sich die Modernisierung des Rumänischen hauptsächlich am Latein und an den westlichen romanischen Sprachen, dem Französischen und dem Italienischen, orientiert habe. Eine Tatsache bleibt es indessen, und die Akademiemitglieder können diese simple Wahrheit nicht verneinen, dass die Leute sich dies- und jenseits der Grenze völlig mühelos im gleichen Idiom verständigen können. Goethe schon, so gibt uns indessen nachsichtig-geduldig einer der Linguisten zu bedenken, habe von «moldawischer Sprache» gesprochen. Er führt dies als Beweis an dafür, dass das Moldawische eben einen eigenständigen Zweig innerhalb der ostromanischen Sprachfamilie darstelle. Ein in Kischinew 1977 herausgegebenes Fachwerk, «Die Moldawier», zitiert im gleichen Sinne Bemerkungen von Engels über das Moldawische. Freilich: Goethe wie Engels meinten damit das Rumänische, die Sprache des Fürstentums Moldau, des nordöstlichsten Teils des heutigen Rumänien.

Und die Geschichte? Der moldauische Fürst Stefan der Grosse, den die Rumänen als eine ihrer hervorragenden historischen Gestalten verehren und dessen Grab sie im Kloster Putna mit Bändern in den rumänischen Nationalfarben schmücken, steht als Statue auch hier in Kischinew; der Name ist am Sockel mit kyrillischen Buchstaben angebracht. Als Held und Herrscher wird er diesseits der Grenze ebenso in Anspruch genommen. Inwiefern sich nämlich das historische Schicksal der Moldau (Rumänien) und Moldawiens (in der UdSSR) vor dem Jahr 1812 unterscheide, darauf bekommen wir in der Akademie nur unklare Antworten. Das Hauptargument besagt indessen ohnehin, das Nationalgefühl habe sich im Bürgertum des 19. Jahrhunderts ausgebildet und dadurch sei es in dem zu Russland gehörenden Gebiet zwischen Pruth und Dnjestr – anders als in den rumänischen Fürstentümern – zu einer Auffassung der «moldawischen Eigenständigkeit» gekommen.

Beiläufig erfahren wir, dass unsere Akademiemitglieder – trotz «besten Beziehungen» – mit ihren Fachkollegen in Rumänien gelegentlich polemische Auseinandersetzungen austragen. Welcher Natur diese Differenzen sind, darüber fallen nur Andeutungen. Bekannt ist indessen, dass die Geschichtsschreibung in Bukarest auf dem Standpunkt steht, das rumänische Nationalgefühl habe sich bereits am Ende des 18. Jahrhunderts fertig herausgebildet, die Nation habe – territorial zersplittert – damals schon existiert. Dass dies zur sowjetischen Behauptung über den moldawischen Sonderweg im 19. Jahrhundert schlecht passt, liegt auf der Hand.

Polemik geführt wird aber auch über die Übernahme Bessarabiens durch das Königreich Rumänien 1920 und über seine Abtretung an die Sowjetunion 1940. Handelte es sich jeweils um eine «Einverleibung», um «Annexion» oder aber um «Rückkehr»? Der Sprachgebrauch ist natürlich je nach Perspektiven anders. Höchst angriffig und beleidigt pflegt die sowjetische Seite zu reagieren, wenn in Rumänien davon die Rede ist, die Sowjetunion habe 1940 die Rückgabe des Gebiets ultimativ erzwungen. Dabei enthielt der sowjetisch-rumänische Notenwechsel im Juni 1940 tatsächlich den lupenreinen Fall eines Ultimatums; Moskau verlangte die Überlassung Bessarabiens und der Nordbukowina unter offener militärischer Drohung und räumte der rumänischen Regierung zur Zustimmung ganze 24 Stunden ein. In der sowjetischen Note hiess es 1940, Bessarabien werde «überwiegend von Ukrainern bewohnt»; in den offiziellen Angaben der sowjetischen Volkszählung des Jahres 1979 liest man für Moldawien: «Ukrainer: 14,2 Prozent».

Charakteristisch fällt in der Kischinewer Akademie die Antwort aus auf die Frage, was man hierzulande von der «dakoromanischen Theorie» halte. Besagte Lehre stellt in Rumänien heute so etwas wie eine Staatsideologie dar und unterstreicht nicht nur den (heute befriedigten) Anspruch Bukarests auf Siebenbürgen, sondern auch auf Bessarabien und die Bukowina. Behauptet wird, dass die heutigen Rumänen aus der Synthese der dakischen Urbevölkerung und der römischen Kolonisatoren hervorgegangen seien und dass sie nach Abzug der Römer bereits einen «grossrumänischen» Staat gebildet hätten. Die Auskunft in Kischinew lautet nun nicht, dieser oder jener Gelehrte habe Einwände, Forschungsergebnisse stützten nicht die rumänischen Ansichten. Wir bekommen keine sachlich begründete Antwort. Vielmehr heisst es: «Die sowjetische Wissenschaft anerkennt nicht die dakoromanische Kontinuitätstheorie.» Der staatlichen Lehre wird eine andere staatliche Lehre entgegengesetzt.

Im Historischen Museum von Kischinew, wo man uns hindurchführt, fehlen die Perioden einfach, in denen Bessarabien zu Rumänien gehört hat. Wie weit man auf sowjetischer Seite bei der «Erschaffung» einer eigenständigen moldawischen Kulturvergangenheit zu gehen bereit ist, zeigt ein in Kischinew soeben herausgekommenes Buch über den rumänischen Dichter Mihail Eminescu. Der Lyriker, der 1850 westlich des Pruth geboren und 1889 in Bukarest gestorben ist, wird darin als «moldawischer Dichter» vorgestellt, und der Band enthält Gedichte von ihm in vier Sprachen – ausser in der rumänischen Originalfassung; statt mit lateinischen Buchstaben, die Eminescu selber schrieb, sind seine Verse hier kyrillisch transkribiert, und es ist bezeichnend, dass sich unter den vielen Bildern im Band keine Reproduktion eines Eminescu-Manuskripts findet.

Die grösste Zeitung Moldawiens, das lokale Parteiblatt, komme in moldawischer Sprache in 215 000 Exemplaren heraus; eine entsprechende russische Ausgabe bringe es auf 140 000 Exemplare. Rund zwei Drittel der Bücher würden in Moldawisch verlegt, 70 Prozent der Radio- und Fernsehsendungen erfolgten in der landeseigenen Sprache. Diese Angaben erhalten wir bei einem Gespräch, zu dem die Gastgeber nicht weniger als 25 einheimische Künstler und Intellektuelle eingeladen haben; die Palette reicht von der Opernsängerin bis zum Funktionär des örtlichen Journalistenverbands. Auch hier wird die Zusammenarbeit mit Rumänien gerühmt. Ob es zwischen Moldawien und Rumänien ein Abkommen über Bücheraustausch gebe? Dies, so erwidert man, gehöre in die Kompetenz des Moskauer Kulturministeriums. So weit, mit anderen Worten, reichen die Rechte der «Selbständigen Republik Moldawien» nicht mehr.

In den Buchläden von Kischinew gibt es denn auch keine rumänischen Ausgaben, an den Strassenkiosken keine rumänischen Zeitungen oder Zeitschriften. Beim Besuch von zwei Künstlerateliers, in denen ansehnliche Bücherwände vorab mit Kunstbänden aus allen osteuropäischen Ländern und auch aus manchem westlichen Verlagshaus gefüllt sind, gelingt es uns mit Mühe, ein einziges rumänisches Werk ausfindig zu machen. Immerhin, eine Filiale des «Freundschaft» genannten Spezialgeschäfts, in dem in der UdSSR Bücher der «Bruderländer» verkauft werden, ist auch in Kischinew vorhanden, und hier besteht eine kleine rumänische Abteilung.

Das Presseprogramm umfasst im weiteren den Besuch in einer Schule, wo man immer wieder betont, wir befänden uns in einer moldawischen Anstalt – dies im Gegensatz zu den Schulen, in denen der Unterricht auf russisch erfolgt. Über zwei Drittel der Schulen in Moldawien werden gemäss amtlicher Auskunft in der Landessprache geführt; in Kischinew selber überwiegen allerdings die Schulen mit Russisch als Unterrichtssprache. Interessant mutet es an, dass in den moldawischen Anstalten neben dem Russischen als zweite Fremdsprache Französisch bevorzugt wird; ebenso wie im benachbarten Rumänien wählt man mit Vorliebe ein romanisches Idiom.

Auffallend ist in unserer «moldawischen Schule», dass nicht nur die Dekorationen in den Gängen, sondern auch das Demonstrationsmaterial an den Wänden der Klassenzimmer (ob es sich um die Länder Südamerikas oder um Pilzsorten handelt) alle russisch beschriftet sind. In einer Kolchose, wo einen Tag später die Besichtigung der sozialen Einrichtungen und somit des Kindergartens mit dazugehört, verkündet die Kindergärtnerin den fremden Journalisten stolz und unter völliger Verkennung des Gebots der Stunde, hier werde nur russisch gesprochen, die Vier- bis Fünfjährigen verstünden diese Sprache bereits gut. In Kischinew ist auf öffentlichen Plätzen das meiste in zwei Sprachen angeschrieben; Russisch scheint immerhin zu dominieren. Bei einem grossen «moldawischen Folkloreabend», zu dem man uns ins Kulturpalais einlädt, rollt gut die Hälfte des Programms auf russisch ab.

Wieweit ist das Gefühl der Zusammengehörigkeit über die Grenze hinweg in der Bevölkerung lebendig? Die Umstände unserer kurzen Reise erlauben hierauf keine Antwort. Familienverbindungen scheinen immerhin zu bestehen. Eine Bauernfrau erzählt von einer Tante in Bukarest, die alle zwei Jahre für einen Monat zum Besuch herzukommen pflege. Sie selber sei noch nie drüben gewesen. Ein Abkommen über Besuchsverkehr für Einwohner der Region ist zwischen Rumänien und der UdSSR offenbar in Kraft; über Einzelheiten seiner Bestimmungen vermag man uns keine Auskunft zu geben.

Vermuten darf man indessen, dass in Moldawien die Sehnsucht nach Zugehörigkeit zu Rumänien unter den heutigen Bedingungen massvoll bleibt. Das Gefühl nationaler Identität, sofern ausgeprägt, ist eines; Kenntnis der rumänischen Wirtschaftsnöte – und sei es auch nur vom Hörensagen – ein anderes. Wer in Moldawien wohnt, hat im Winter immerhin nicht mit Abschaltung von Heizung und Elektrizität zu rechnen, und die Versorgung nimmt sich eher etwas besser aus als im Nachbarland.

Gedanken auf dem Rigaer Herder-Platz

Mit vielen S-Lauten prasseln die Sätze von der Bühne herunter – eine vokalreiche, klangvolle Sprache, gesprochen von jungen, verhalten agierenden Schauspielern. Gespielt wird hinter der Rampe «Sommer und Rauch» von Tennessee Williams oder, wie es im Programmheft mit vereinfachender lettischer Rechtschreibung heisst, von Tenesijs Viljamss. Nationale Transkription kennt vor fremden Namen keinen Respekt, der Spielplan kündigt auch «Romeo un Džulieta» von Sekspīrs an. Als Ausländer sitzt unsereiner in dieser Vorstellung mit dabei, schaut und hört zu – und versteht kein Wort; in aller Unsicherheit nur glaubt man manchmal Anklänge an Slawisches oder Skandinavisches zu vernehmen. Unter solchen Umständen bleibt dann hier, im Parterre von Lettlands Akademischem Dramatischem Theater, reichlich Zeit zum Nachdenken über dieses sonderbare (und darum gesuchte) Erlebnis, über den Reichtum unseres alten Kontinents, über seine faszinierende Vielfalt.

Europa vom Atlantik bis zum Ural als politischer Wunschtraum – Europa als bestehende kulturelle Einheit. Westliches Bewusstsein mag die hinter sowjetischer Grenze verschwundenen baltischen Länder noch gründlicher verdrängt haben als die nominell selbständig gebliebenen Staaten in Moskaus Herrschaftsbereich; dass sie von der Europakarte der allgemeinen Vorstellung zu Unrecht gestrichen wurden, dass europäische Geschichte gerade in diesem Raum mit seltener Schärfe fassbar wird, erlebt man selbst bei einem knapp bemessenen Besuch auf Streifzügen durch die lettische Hauptstadt.

Spür- und sichtbar ist in der Altstadt von Riga freilich auch manche ironische Grimasse der Geschichte, Widersinn und Tragik. Durchquert man bei der Ankunft eine der Brücken über den Fluss Düna, so empfängt die Stadt mit ihrer Silhouette, den grün schimmernden Kirchtürmen und den spitz auslaufenden Giebeln als eine Erinnerung an Stockholm und Kopenhagen, als ein Zeugnis baltischer Kulturverwandtschaft; auch ein klobiger Wolkenkratzer, erbaut im Stil des «Stalin-Barocks» der fünfziger Jahre, zeichnet sich indessen am Horizont ab – als Beitrag der jüngsten Vergangenheit. Durch eine Gasse öffnet sich von der Flusspromenade her der Zugang zum mächtigen Dom, neben dessen Backsteinmauern, verdrängt gleichsam in einen Winkel, auf einem dreieckigen Plätzchen eine Büste Herders steht. Mit den an männliche Namen stets angefügten lettischen s lautet der eingemeisselte Name: Johans Gotfrids Herders.

Gewiss, das bescheidene Denkmal gilt hier dem Mann, der zu Beginn seiner Laufbahn vor 1770 in Riga einige Jahre als Lehrer und Prediger verbracht hat. Entsinnt man sich aber auch des Denkers, der Volksgeist und -dichtung gefeiert und geschrieben hat, jedes Volk sei «Gott unmittelbar»? Gedenkt man des Geschichtsphilosophen, dessen Wirken über die romantischen Nachfolger zur Selbstbesinnung gerade auch der slawischen Nationen führte? Und bedenkt man die Folgen? Da weitet sich der Blick, die nach Herder benannte enge Ecke im Schatten des wuchtigen Kirchturms mündet einige Schritte nebenan in den grosszügig angelegten Domplatz, und dieser von repräsentativen Bauten gesäumte Mittelpunkt der Altstadt trägt nun, wie man den lettisch und russisch beschrifteten Tafeln entnehmen kann, nicht mehr den Namen irgendeines hergelaufenen deutschen Theologen oder Literaten. Nein, da steht man auf dem «Platz des 17. Juni», und diese Bezeichnung meint den Tag im Jahr 1940, an dem die Rote Armee in Lettland einmarschiert ist; das Baltikum war zwischen Nazideutschland und der Sowjetunion zum Spielball geworden.

Behüte, ungerecht und falsch wäre es, dem armen Herder im Namen des Nationalismus begangene Verbrechen des 20. Jahrhunderts zum Vorwurf zu machen. Und Richard Wagner? Durchquert man die Altstadt und die breite Esplanade, schreitet man Gassen entlang, wo hoch auf Gerüsten polnische Restauratoren mit der Wiederherstellung kriegszerstörter Burgerhäuser beschäftigt sind, und hält man zwischen Baustellen vor dem Haus Kommunalstrasse Nummer 4, dann kann man, ebenfalls in Lettisch und Russisch, eine bronzene Tafel entziffern, die besagt, dass der junge Wagner von 1837 an zwei Jahre lang im hiesigen Theater als Kapellmeister gearbeitet hat. Übriggeblieben von seiner Wirkungsstätte ist nur der untere Teil der Fassade, der Bau hat aber heute noch zumindest so viel mit Musik zu tun, als er die Bibliothek der Rigaer Philharmonie beherbergt. Im Stadtmuseum ist ein Anschlag nachzulesen, mit dem «der Unterzeichnete» das verehrte Publikum am 19. März 1838 zu einem Konzert einlädt und bekanntgibt, «Billets à 1 Rbl. S. M.» seien an der Kasse zu haben. Der Unterzeichnete ist Richard Wagner, Seine Majestät hiess Zar Nikolaus I.

«Bei uns, da gab es schon alles», so vernimmt man oft die Aufzählung von Einheimischen, «Deutsche waren hier, dann kamen die Polen, dann wieder die Schweden, erneut die Deutschen» – damit bricht die Liste gewöhnlich ab, und man meint, die drei Punkte am Ende des unvollendeten Satzes mitzuhören. Tatsache ist, Wagners Plakat beweist es nicht allein, dass die Eroberung Lettlands durch Peter den Grossen am Anfang des 18. Jahrhunderts der Vormachtstellung des deutschen Bürgertums keinen Abbruch tat. Im Hofe des neugotischen Grossen Gildehauses, in dem einzelne Säle auf das 14. Jahrhundert zurückgehen, sind an der Aussenwand Steinplatten «anno 1753» und «anno 1828» erhalten. Der jüngere der mahnenden Sprüche lautet: «Verjagt den Eigennutz und seinen Sohn, den Neid, / Verbannet Üppigkeit und Pracht aus euren Mauern, / Hingegen hegt Fleiss, die Eintracht, Mässigkeit, / Was gilts der Bürger Wohl, wirds, wills Gott, ewig dauern.» Hundert Jahre später las man es bereits anders, Wagner aber mochte in Riga noch jenen Handwerkerbiedersinn deutscher Städte vorgefunden haben, den seine «Meistersinger» atmen – beinahe wörtlich gar, wenn man im Dom jetzt noch liest, «allhier» sei eine Tafel gesetzt worden von der «Kleinen Gildstvbn-Companey, das es ein ewig Gdechtnis sey».

Und die Letten in all dem? Lange blieben sie die Leibeigenen deutscher Barone auf dem Land, ein deutscher Pastor namens Gottlieb Merkel, an den in Riga eine Strasse erinnert, schrieb Ende des 18. Jahrhunderts die erste lettische Grammatik. Es dauerte aber noch etliche Jahrzehnte, bis auch die Letten ihren Herder gründlich gelesen hatten. Russifizierungsbestrebungen des morsch gewordenen späten Zarenreichs und Erstarkung des lettischen Nationalgefühls fielen um die letzte Jahrhundertwende zusammen, und zu endgültiger Ausschaltung der Deutschen kam es in der kurzlebigen Republik der Zwischenkriegszeit. Die dünne in Lettland verbliebene deutsche Schicht war nun zahlenmässig unbedeutend, wenngleich sie materiell immer noch bessergestellt blieb.

Bald aber brach das Unheil über das Baltikum von neuem herein. Die Lehre von der Berufung der Völker war zur Ideologie im Dienste barer Macht geworden. Auf der einen Seite nannte sie sich Panslawismus und später proletarischer Internationalismus, auf der anderen Seite aber hatte sich der Volksgeist zum Völkischen gewandelt, Bürgermässigkeit war der Vermessenheit und der Tobsucht des Kleinbürgers gewichen, und die Rigaer Altstadt um den Herder-Platz zerfiel 1944 (als der Krieg über Lettland zum zweitenmal hinwegging) in Ruinen, wovon sie sich selbst heute langsam nur zu erholen scheint. Und dann ist 18 Kilometer südöstlich von Riga in einer stillen Waldlichtung, mit einem eindrucksvollen Betondenkmal als Eingangstor, das Gelände des ehemaligen Konzentrationslagers Salaspils da. Hier wurden 1941 bis 1944 100 000 Menschen ermordet, unter ihnen 7000 Kinder, die als gnadenlos ausgebeutete Zwangsblutspender zugrunde gingen.

Entfaltung der Völker zur Humanität hatte Herder als Ziel der Geschichte bezeichnet; ein anderer, moroser Geist des 19. Jahrhunderts wandelte das Wort allerdings bald schon ab: «Von Humanität durch Nationalität zur Bestialität». In einer kleinen Gedenkstätte in Salaspils erinnern heute Bilder und Gegenstände an das Konzentrationslager, und ausgestellt sind einige Metall- und Kartonmarken, welche die Kinder als Erkennungszeichen auf sich trugen. Name und Geburtsdatum stehen drauf – sieben- und achtjährige Knaben und Mädchen waren es –, und in einem Fall hatte jemand die Worte «Kind ohne Obheit» gar nur an den Rand einer zerschnittenen Buchseite geschrieben. Das Fragment auf dem vergilbten Blatt entstammt einem kulturpessimistischen Text; man liest: «der Fortschritt hört auf, ein...» – dann bricht die Zeile ab.

Wie es mit dem Fortschritt auch immer steht: die Zeit, sie schreitet fort.

Die Bevölkerung Rigas, einer Stadt mit 300 000 Einwohnern in den ersten Nachkriegsjahren, zählt heute im Zeichen der neuen Macht 850 000 Seelen. Das bedeutet Industrialisierung, bedeutet aber auch massiven Zuzug, als dessen Folge die Hauptstadt Lettlands gemäss amtlichen Zahlen nur noch zu 43 Prozent lettische Bewohner hat. Der Anteil sinkt ständig; nur noch knapp, mit 53 Prozent, befinden sich die Letten im eigenen Land überhaupt in der Mehrheit. «Ist es etwa ein schlechtes Merkmal, dass in unserer Republik jedermann zweisprachig ist, kann man es nicht vielmehr als eine Bereicherung sehen?» ruft ein Mitglied der lettischen «Regierung» vor den ausländischen Journalisten aus, nachdem er auf das schwierige Kapitel «Zusammenleben und Assimilation» angesprochen wurde. Später korrigiert er sich: Zugegeben, die zugewanderten Russen sprächen nicht lettisch, doch die Jugendlichen, zumal jene, die schon hier auf die Welt gekommen seien, erlernten die Landessprache. Möglich. Allein, dem steht die Angabe entgegen, die wir beim Stadtrat bekommen: Es gibt in Riga 126 Schulen, davon 26 lettische, 26 gemischtsprachige, während man den Unterricht in den übrigen auf russisch erteilt; als einer Fremdsprache sind dem Lettischen immerhin auch in diesen Anstalten einige Stunden gewidmet. Es sei vorgesehen, lautet die Auskunft, Riga nicht über eine Million Einwohner anwachsen zu lassen. Übervorsichtige amtliche Gesprächspartner fügen dem hinzu: «Es liegt auf der Hand, dass die Einwanderung nicht im bisherigen Takt weitergehen kann – wegen Überforderung der städtischen Infrastruktur.»

Anders schon tönt es bei einer Zufallsbekanntschaft: «Wir müssen das Russische beherrschen. Sie aber halten es nicht für nötig, Lettisch zu lernen.» Und dann folgt ein selbstbewusster Zusatz über die eigene höhere Kultur und das höhere Lebensniveau, durch die sich die Russen angezogen fühlten. «Das Baltikum, das ist für sie schon der Westen.» In der Tat: ein Gässchen hinter dem Rigaer Dom diente für Aufnahmen in einer Spionageserie des sowjetischen Fernsehens, und der Schauplatz sollte eine Rosenstrasse in einer Stadt namens Bern abgeben. Spaziert man nun als Besucher der Hauptverkehrsader (der obligaten Leninstrasse) entlang, vorbei am Freiheitsdenkmal, wo auf hohem Sockel eine bronzene Frau drei Sterne emporhält (und die von den Rigaern deshalb «die Cognac-Dame» genannt wird), durchstreift man die Innenstadt, so kann es dem Moskauer Blick tatsächlich nicht entgehen, dass in Riga bedeutend mehr Urbanität und Eleganz und etwas mehr Wohlstand herrscht. Das Land hat eine reiche Fleisch- und Milchwirtschaft behalten, die weit über dem Eigenbedarf produziert, und die kleine lettische Republik (mit einem Prozent der sowjetischen Gesamtbevölkerung) ist in der UdSSR industriell führend in Elektronik, Radio- und Kommunikationstechnik. Wirtschaftspolitische Erläuterungen durch die Gastgeber ergeben das gleiche Bild wie im Falle der osteuropäischen Länder: bei Einfuhren aus der übrigen Sowjetunion ist man auf Rohstoffe angewiesen, während die Ausfuhren in umgekehrter Richtung vorab aus Industrieerzeugnissen bestehen. Das Verhältnis, wie es einst europäische Kolonialmächte zu ihren Besitzungen unterhalten hatten, liegt hier umgekehrt.

«Es wäre uns ohne die Sowjetunion als grosses Hinterland nicht möglich gewesen, in diesem lange agrarisch zurückgebliebenen Staat eine solche Industrie aufzubauen», lautet eine Versicherung. Die eigene Gegenfrage kann sich auf zwei Wörter beschränken: «Und Dänemark?» Der Westeuropäer glaubt nicht nur wahrzunehmen, was Lettland heute ist, sondern auch zu sehen, was es sein könnte. Insbesondere bei Fahrten auf dem Land, beim Anblick der ordentlichen Bauernhöfe und der aufgeräumten Anwesen, fühlt man sich eher an eines der skandinavischen Nachbarländer als an Russland erinnert, und selbst die Landstrassen und ihre Markierung erscheinen besser als das, was man sonst in der Sowjetunion gewohnt ist. Wenn in Dörfern an der Ostseeküste auf Hausdächern Fernsehantennen nach dem 200 Kilometer entfernten schwedischen Gotland ausgerichtet sind, dann wird es klar, dass manche Letten im wörtlichen Sinne nach Westen blicken.

Die propagandistische Behauptung westlicher Sender in lettischer Sprache, dass die einheimische Kultur vom Aussterben bedroht sei, treffe nicht zu, gibt man uns im Rigaer Regierungsgebäude energisch zu verstehen; die auf lettisch spielenden Theater seien Abend für Abend bis zum letzten Platz besetzt, schöne Literatur in der Landessprache erscheine in hohen Auflagen. Man zweifelt nicht, der Augenschein zeigt nichts anderes. Die Beschreibungen des hohen lettischen Kulturbewusstseins gemahnen dennoch verdächtig an jenes der Physik entlehnte gesellschaftliche Gesetz, welches besagt, dass der Zusammenhalt sich um so mehr verstärkt, je grösser der Druck ist, der auf einer Gruppe lastet. Ein anderer Hinweis, der naturgemäss nicht von weltlichen Behörden stammt, geht in die gleiche Richtung: die den Lutheranern verbliebenen Kirchen (die, anders als der Rigaer Dom oder die Petrikirche, nicht in Museen oder Konzertsäle umgewandelt wurden) sind bei Gottesdiensten immer voll, an grossen Feiertagen drängen sich die Leute vor dem Eingang. Die Letten sind zum überwiegenden Teil lutherisch, und die Annahme liegt nahe, dass der Kirche in diesem Land – wie dem Katholizismus in dem nicht sehr weit entfernten Polen – über den geistlichen Auftrag hinaus die Rolle zufällt, Erbe und Kontinuität der Nation zu wahren. «Im Baltikum wird nach wie vor ein Kampf geführt um die Seelen der Menschen», sagt ein Funktionär. Das tönt aus dem Munde eines Materialisten sonderbar, ist aber ein Sowjetklischee und meint nicht Religiöses allein.

Litauen, Mitteleuropäisches auf Sowjetterritorium

Die rechte Hand weiss recht oft nicht, was die linke tut. Zumal in der Sowjetunion. Ein von der Agentur Nowosti 1982 herausgegebener touristischer Führer für Litauen beginnt mit einer Streckenempfehlung auf folgende Weise: «Von Klaipeda bis Ignalina. Eine Reise durch Litauen ist weder mühselig noch langweilig. Die Strassen sind gepflegt und bilden ein dichtes, weitverzweigtes Netz... Selbstverständlich ist Sehen immer besser als Lesen.» In einem Verzeichnis des sowjetischen Aussenministeriums, einer Liste, welche die Namen der von Ausländern nicht besuchbaren Regionen und Ortschaften enthält, liest man dagegen unter dem Stichwort «Litauen» dies: «Gesperrt ist das gesamte Territorium; ausgenommen davon sind die Stadt Wilna und die Zufahrt dorthin per Eisenbahn und Flugzeug; die Stadt Druskininkai und die Zufahrt dorthin per Eisenbahn und Intourist-Fahrzeuge von Wilna aus... die Stadt Kaunas... mit Zufahrt per Intourist-Fahrzeuge von Wilna aus.» Das heisst: nicht nur sind die von Nowosti warm empfohlenen Städte Klaipeda (Memel) und Ignalina und die gesamte dazwischen liegende Route für den Fremden verbotenes Land; selbst der Gebrauch eines eigenen Autos ist untersagt, und so mag denn eine Reise durch Litauen «weder mühselig noch langweilig» sein, sie ist aber für den Fremden nicht möglich.

Damit ist gesagt, dass Eindrücke von einem Aufenthalt in Litauen schon vom Geographischen her nur fragmentarisch sein können. Dem sei aber gleich auch hinzugefügt, dass dem Moskauer Korrespondenten einige Tage in Wilna (litauisch Vilnius) das faszinierende Erlebnis einer Rückkehr in die mitteleuropäische Welt bieten, die Erfahrung, dass dieses Land am Nordwestrand der Sowjetunion in dem Staatsverband, zu dem es seit 1940 zu gehören hat, ein Fremdkörper bleibt. Als erster erinnert an die hier herrschenden Sonderverhältnisse der Taxifahrer, der uns vom Flughafen in die Stadt bringt. Er sei weder Litauer noch Russe, sondern Pole, sagt er. In der Tat: 18 Prozent der Einwohner Wilnas sind heute noch Polen, es gibt, wie man uns in den nächsten Tagen erklärt, in der Umgebung auch noch intakte polnische Dörfer. Ob er nach Polen reisen könne, fragen wir unseren Mann. Einmal im Jahr, gibt er zur Antwort. Wenn man drüben direkte Verwandte habe, seien Besuche auch öfters möglich. Wo es den Polen heute besser gehe – hier oder im Mutterland? Er zuckt mit den Schultern und murmelt undeutlich, jenseits der Grenze gebe es ja nur Streiks und Unruhe.

Das kann ehrlich gemeint oder eine vorsichtige Aussage gegenüber den unbekannten Fremden sein. Tatsache ist indessen, dass die sowjetischen Zentralbehörden zu Beginn der achtziger Jahre, als in Polen Lech Walesas Gewerkschaftsbewegung die Gebrechlichkeit der «Vereinigten Arbeiterpartei» enthüllte, mit beträchtlicher Sorge nach Litauen blickten; Reisen westlicher Ausländer in das baltische Land wurden damals noch engherziger bewilligt als gewöhnlich. Litauens Bindungen an Polen verlaufen nur zu einem kleineren Teil über die polnische Minderheit; zum grösseren Teil ist es der Katholizismus, der die beiden Länder eint, sowie das stark ausgeprägte Bewusstsein einer historischen Gemeinsamkeit, die bis ins späte Mittelalter zurückreicht. Nie etwas zu tun hatte dagegen die bewegte Geschichte der polnisch-litauischen Unionen mit sprachlicher Verwandtschaft. Das von den Litauern gesprochene Idiom, das für den Zugereisten aufregend fremdartig klingt und ausser einigen erkennbaren Lehnwörtern nicht eine einzige Assoziation mit anderen Sprachen zulässt, steht in ganz Europa dem Sanskrit noch am nächsten und soll deshalb für Linguisten bei der Erforschung des Indoeuropäischen von erstrangigem Interesse sein. Entfernte Verwandte sind einzig die Letten im nördlichen Nachbarland, mit denen sprachliche Verständigung freilich nicht möglich ist.

Russisch gilt in Wilna offenkundig als Lingua franca; die Hauptstadt (sie hat rund eine halbe Million Einwohner) beherbergt neben der polnischen eine russische Minderheit, die etwas mehr als 20 Prozent ausmacht. Lernen die hier ansässigen Russen ihrerseits Litauisch? Ja, lautet eine Antwort, sie müssten es; denn wohl komme man in Wilna mit Russisch durch, nicht aber auf dem Land, wo die Einheimischen es entweder nicht sprächen oder nicht sprechen wollten. Von den drei baltischen Ländern ist Litauen heute am wenigsten russifiziert; 80 Prozent der nicht ganz 3,4 Millionen Einwohner waren gemäss der Volkszählung 1979 Litauer, während der Anteil der Russen 8,9 Prozent beträgt (Vergleichszahlen: 27,9 Prozent Russen in Estland und 32,8 Prozent in Lettland). Ein bei einem Privatgespräch in Wilna vernommenes Urteil lautet vorsichtig zuversichtlich: der Unterricht auf litauisch erscheine auf allen Stufen gesichert; wenn es ums Überleben, um die Erhaltung der nationalen Substanz gehe, blickten die Intellektuellen heute mit etwas mehr Optimismus in die Zukunft als noch vor zwanzig Jahren. Allerdings gebe es auch beunruhigende Massnahmen der Moskauer Behörden, ein stilles Vordringen, die Einführung der Pflicht etwa, Hochschuldissertationen auf russisch zu publizieren, oder die ständige Senkung des Schulalters für den Beginn des Russischunterrichts, der heute teils schon im Kindergarten einsetzt.

Dass Wilna unter anderem eine Städtepartnerschaft mit Salzburg unterhält, leuchtet vom äusseren Bild her ein: die verwinkelten Altstadtgassen (wo manches renoviert worden ist, wo aber noch verzweifelt viel zu tun bleibt), Barockfassaden, die von Doppeltürmen der Kirchen und den Kuppeln bestimmte Silhouette; das alles gemahnt in der Tat an die Salzach-Stadt. Polen liegt freilich näher: in einer als Wallfahrtsort geltenden kleinen Kapelle im letzten erhalten gebliebenen einstigen Stadttor beten die Gläubigen vor einem Muttergottesbild, das der berühmten Schwarzen Madonna von Czestochowa gleicht; die Einfassung als Ikone zeigt hier wie dort an, dass man sich da am Ostrand des europäischen Katholizismus befindet. Ein dunkler Korridor und viele Treppenstufen führen zur Kapelle hinauf, und manche alte Frau legt diese Strecke auf den Knien zurück. Einen flüchtigen, aber starken Eindruck von Stellung und Gefolgschaft der katholischen Kirche trägt man davon beim Besuch in der Peter-und-Paul-Kathedrale in Kaunas an einem Sonntagvormittag: das Hauptschiff, aber auch die Seitenkapellen sind während der Messe von knienden, betenden und singenden Menschen jeden Alters dicht gefüllt. Die von Stalin einst höhnisch vermissten Divisionen des Papstes – da sind sie. Dass die heutigen Machthaber ihrer Stärke Rechnung tragen, erwies sich 1984, als Johannes Paul II. von Moskau die Erlaubnis verweigert wurde, zum 500. Todestag des heiligen Kasimir, des Schutzpatrons des Landes, eine Reise nach Litauen zu unternehmen. Die gleiche Absage erhielt der Papst im Sommer 1987, als Litauen das 600-Jahr-Jubiläum der Christianisierung beging.

Es gibt in der Sowjetunion, wie es offiziell heisst, 1120 katholische Kirchen, davon 650 in Litauen. Man darf immerhin vermuten, dass die profanierten Gotteshäuser nicht mitgerechnet wurden; in Wilna allein lassen sich die Kirchen, die – als Konzerthalle, Bildergalerie oder Architektursammlung – zweckentfremdet sind, kaum zählen. In Kaunas besteht ein Priesterseminar, in dem es gegenwärtig 120 Studenten gibt; die vom Staat festgesetzte Zahl der Studierenden durfte unlängst leicht erhöht werden. Dennoch sollen in Litauen gegen hundert Kirchen ohne Priester sein. Fürchtet der atheistische Staat die geistliche Macht? Eine recht glaubhafte landläufige Antwort lautet, unheimlich erscheine die Kirche der Sowjetführung nur dort, wo sie auch Trägerin des Nationalbewusstseins sei wie hier in Litauen. In der Person des Papstes Wojtyla findet diese Doppelfunktion in der Tat auch in litauischen Augen ihren Ausdruck; Litauens einstige historische Grösse, auf die heutige Selbstbewertung immer noch zurückgreift, setzt das Nebeneinander und das Zusammengehen mit Polen voraus. Der Blick geht bei der eigenen Standortbestimmung eben – trotz oder wegen der heutigen Lage – zuerst nach Westen. Daran scheint auch die Kontroverse in der Zwischenkriegszeit, in der Polen die Stadt Wilna und ihre Umgebung für sich behielt, wenig geändert zu haben.

Selbst die Intourist-Führerinnen, die im Umgang mit dem Ausländer in ihrem Sprachgebrauch von unüberbietbarer Neutralität sind, benutzen immer wieder die Wendung, wenn sie, was unumgänglich ist, litauische Vergangenheit erläutern: «Damals reichte Litauen bis zum Schwarzen Meer.» Damit ist das litauisch-polnische Reich gemeint, dessen östliche Hälfte ihre Grenzen zeitweise beinahe vor den Toren Moskaus hatte. Beleg einstiger Macht ist nicht nur die gewaltige Burg Trakai inmitten einer prächtigen Seelandschaft in der Nähe Wilnas; Zeugen sind auch einige immer noch hier lebende Nachkommen mohammedanischer Kriegsgefangener, Karaimki genannt, welche von den Siegern Ende des 14. Jahrhunderts von der Krim hierher gebracht worden sind. Andeutungen fallen, dass in den mit wechselhaftem Glück ausgetragenen Kämpfen gegen die Goldene Horde litauische Schwerter den Westen vor den Tataren bewahrt haben. Ein Anspruch mehr auf Errettung des Abendlands. Litauen war es, das mit den Jagellonen dem gemeinsamen Reich auf polnischem Thron das Herrschergeschlecht gab (der Grossfürst, der 1386 als erster nach Krakau zog und der – zur Besiegelung der Union – sein selbst zu dieser Zeit noch heidnisches Volk zum Christentum führte, nennt sich auf litauisch Jogaila). Durch Jagello-Könige selbst in Böhmen und in Ungarn blieb Litauen bis in die frühe Neuzeit mit mitteleuropäischem Schicksal verbunden.

Der vom polnisch-litauischen Heer 1410 gegen den Deutschen Orden erkämpfte Sieg bei Tannenberg war zwar nicht gerade gestern, aber die nationalistische Hochstilisierung dieser Schlacht im 19. Jahrhundert (durch alle Seiten) wirkt in Litauen augenscheinlich bis heute nach; selbst der populärste litauische Sportverein mit den Klubfarben Grün und Weiss heisst Zalgiris, was Grünwald bedeutet, unter welcher Ortsbezeichnung die Geschichtsschreibung hier das Gefecht verbucht. Litauischer Stolz nimmt aber unter Hinweis auf den Polenkönig Jan Sobieski auch einen eigenen Anteil an der Vertreibung der Wien belagernden Türken vor gut 300 Jahren in Anspruch, und er zögert nicht, den polnischen Freiheitshelden Kościuszko, den Nationaldichter Polens, Mickiewicz, oder den Nobelpreisträger Czeslaw Milosz im Hinblick auf deren Herkunft als «eigentliche Litauer» einzustufen. Mit nicht geringerem Selbstgefühl macht man geltend, dass die vom Polenkönig Stephan Bathory 1579 gegründete Wilnaer Universität – ein in der Altstadt gelegener Gebäudekomplex mit vielen Türmen und stimmungsvollen Arkadeninnenhöfen – die älteste auf Sowjetterritorium sei. Kurz: Im Gegensatz zu Estland und Lettland blickt Litauen nicht nur auf die kurze Zeit der Selbständigkeit zwischen den Weltkriegen zurück, sondern kennt eine vom Hochmittelalter hergeleitete Tradition der Eigenstaatlichkeit.

Sowjetischer Integrationswille hat es hier besonders schwer, was keineswegs bedeutet, dass er an Hemmungen leidet. Am bedrückendsten in diesem Land mit alten europäischen Bindungen sei heute das allsowjetische Gefühl, von der Welt abgeschnitten zu sein, so lautet ein Urteil; auch bestehe in Polen trotz schwierigen Verhältnissen ein ungleich grösserer intellektueller Spielraum als hier. Gewiss suchen kommunistische Machthaber Kulturerbe und -leben überall in ihrem Sinne zu gestalten. Wer aber vermöchte sich die Kathedrale des heiligen Jan in der Warschauer Altstadt oder die Matthias-Kirche auf der Budaer Fischerbastei als «Museum des Atheismus» vorzustellen? Das eben ist indessen der Fall in Wilna, wo ausgerechnet die Kasimir-Kirche als Ausstellungsraum dazu dienen muss, den Besuchern die «jahrhundertealten Bemühungen der Kirchen zur Unterdrückung der Revolutionsbewegung» vor

Augen zu führen. Und wo wäre ähnliche Selbstverstümmelung möglich wie im hiesigen historischen Museum? Da fehlt die Geschichte der unzähligen Kriege gegen das Fürstentum Moskau. Das Ringen um den Besitz Weissrusslands und der Ukraine hat nicht stattgefunden, das litauische Grossreich nicht existiert; da wird der Anschluss an Russland – Ergebnis der ersten polnischen Teilung – als Fortschritt interpretiert, und da fällt kein Wort über das 1831 von Nikolaus I. erlassene und erst 1904 aufgehobene Verbot, weltliche Bücher in litauischer Sprache zu drucken. Dass die Geschichte zuletzt in die Verklärung der Sowjetmacht mündet, versteht sich hier ebenso wie die Tatsache, dass das Museum nichts von dem Schacher weiss, den Stalin und Hitler 1939 mit kleinen osteuropäischen Ländern (mit Litauen gar mehrmals) getrieben haben.

Und heute? Uniformes Sowjetleben hat hier, den Eindruck gewinnt man selbst bei einem kurzen Abstecher, ein wenig mehr Farbtöne als in Russland. Geschäfte und Auslagen zeugen von Präsentierfreudigkeit. Auf den Strassen führt manche jüngere Frau vor, was durch Geschmack und Geschick auch aus einfachem Stoff werden kann. In der Stadtmitte sieht man manches niedrige, architektonisch gelungene neue Haus, das unter stilisierter Nachahmung der alten Umrisse gefällig die vom Krieg geschlagenen Lücken füllt. Die grossen neuen Wohnviertel auf den Hügeln um Wilna nehmen sich um einiges abwechslungsvoller und in ihrer Anpassung an die Umgebung freundlicher aus als die gewaltigen Betonvorstädte, die man von Moskau her kennt. Ordnung und Sauberkeit gemahnen, zumal auf dem Lande, auch hier eher an Skandinavien als an das sowjetische Kernland; kein Zweifel, dass da ein anderes Arbeitsethos herrscht. Die landwirtschaftliche Produktion Litauens liegt heute noch weit über dem Sowjetdurchschnitt; Selbstversorgung, ginge es nur darum, wäre gewährleistet.

Offizielle Darstellung macht geltend, dass Litauen, einst ein reines Agrarland, erst unter der Sowjetmacht industrialisiert worden sei. Dazu wäre erstens anzumerken, dass Vergleiche mit Zuständen, die vor einem halben Jahrhundert bestanden haben, allmählich überall unfair und nichtssagend werden. Und zweitens wäre die in Wilna vernommene Meinung wiederzugeben, dass jede Erhöhung des Produktionsniveaus für Litauen selber doch bedenklich wenig abwerfe. Moskauer Argumentation besagt, zentrale Planung auf Unionsebene erlaube den Ausgleich zwischen ungleich entwickelten Teilen der UdSSR. Das mag als Vorhaben vertretbar sein, solange man innerhalb Russlands bleibt; für das Urteil über die Einbeziehung der baltischen Länder in dieses System gelten dagegen grundsätzlich andere politische Kriterien. Der Einwand, dass Litauen für sich allein wirtschaftlich nicht lebensfähig wäre, hält den einfachsten Vergleichen nicht stand: die Grössenordnung der Bevölkerung bewegt sich in der Norwegens, und mit 65 000 Quadratkilometern ist dieses Land immerhin um ein Stück grösser als etwa die Schweiz.

Reiseaufbruch mit Schwierigkeiten

Wenn jemand eine Reise tut, so kann er was erzählen. In der Sowjetunion weiss der Ausländer vor dem Aufbruch schon einiges mitzuteilen. Dies für den Fall, dass er nicht einfach das Flugzeug nimmt, sondern die Absicht hegt, mit dem eigenen Auto wegzufahren. Zwang spielt dabei allerdings eine Rolle, ist es doch dringend nötig, dass der Westwagen, soll er den nächsten Moskauer Winter überleben, in einer Spezialgarage seiner Marke in der Schweiz endlich einen gründlichen Service bekommt: in Moskau ist dergleichen überhaupt nicht oder nur als mangelhafte Improvisation zu haben. Die – amtlich erforderlichen – Reisevorbereitungen nehmen sich wie folgt aus:

Verfasst wird ein Brief an das UPDK genannte Amt, die Verwaltungsbehörde für Diplomaten und sonstige Ausländer, man teilt die Absicht mit und bittet: um die Bestellung von Hotelzimmern in den einzelnen sowjetischen Städten, wo man als Etappenziel übernachten möchte, ferner um die Zuteilung eines Landeskennzeichen «SU» für das Auto (unter Angabe von Marke und Nummer). Hotelzimmer bestellt man in der Sowjetunion nicht im Reisebüro oder durchs Telefon, sondern über die Gewerkschaft, und für den Ausländer ist UPDK einzig zuständig. Das ovale Landeszeichen für ein Auto wiederum erwirbt man nicht als billigen Aufkleber in einer Servicestation, sondern hat es zu beantragen. Das Ausländeramt lässt sich nach einer Woche etwa vernehmen: man dürfe vorbeikommen und das SU-Zeichen bezahlen; der Preis beträgt umgerechnet rund 15 Franken. Gegen Bezahlung bekommt man aber einstweilen nur eine Quittung als Bestätigung, dass man aufs Schildchen Anrecht habe. Tatsächlich ausgeliefert wird es an anderer Stelle, bei der Polizei.

Eine Nachricht über die Hotelreservation lässt länger auf sich warten, gewöhnlich heisst es erst einige Tage vor der Abfahrt, die Bestellung sei erledigt, die Telexgebühren betrügen soundso viel. Eine schriftliche Bestätigung erhält man nicht, man kommt in den Hotels stets mit einigem Zweifel an; die Reservationen klappen aber in der Regel. Für die Übernachtungen bezahlt man an Ort und Stelle, Geld ist mitzuführen, es muss ausreichen, darf aber nicht zu viel sein, weil es nicht erlaubt ist, Rubel über die Grenze hinaus mit sich zu nehmen. Auf keinen Fall vergessen darf man, dass das Aussenministerium über die Reise schriftlich unterrichtet werden muss – unter Angabe der genauen Aufenthaltsdaten, der Route sowie von Namen und Vornamen der

Teilnehmer. Erfolgt vom Ministerium kein Einwand, so gilt die Reise als bewilligt, man hat aber eine Kopie der eigenen Anmeldung unterwegs bei sich zu tragen, da es jedem Polizisten einfallen kann, «dokumenty i marschrut» zu verlangen; man hat sich nicht nur über Identität und Redlichkeit der eigenen Absichten auszuweisen, sondern auch schwarz auf weiss zu belegen, dass man vom zugestandenen Pfad nicht abgewichen ist.

Ferner: Man muss sich um die Autoversicherung kümmern, die in der Sowjetunion freiwillig ist und die, sofern man sie hat, nur innerhalb der Grenzen der UdSSR gilt. Damit man aber ins nächste Nachbarland, das die obligatorische Haftpflicht kennt, überhaupt hineingelassen wird, braucht man in Moskau eine Zusatzversicherung für das Ausland. Zu bezahlen ist das in Schweizerfranken über die sowjetische Aussenhandelsbank (ein Formular ist auszufüllen, man hat hinzugehen), dann erst begibt man sich mit der Quittung der Bank in der Hand zur staatlichen Versicherungsgesellschaft für die entsprechenden Papiere: für einen Zusatzversicherungsausweis, für die internationale grüne Karte und für ein in den «sozialistischen Ländern» geltendes blaues Blatt.

In einem Brief ist sodann der Zollverwaltung mitzuteilen, dass man beabsichtigt, den eigenen Wagen provisorisch ins Ausland zu bringen. Man gibt Marke, Kennzeichen, Farbe des Autos, Chassis- und Motornummer, Datum und Ort des Grenzübertritts an. Noch sind wir aber nicht am Ende. Jetzt ist der Wagen der Moskauer Polizei vorzuführen, die ihn besichtigt und kontrolliert: Stimmt die im Fahrzeugausweis angegebene Motornummer mit der eingravierten Zahl tatsächlich überein? Wenn die Identität glücklich festgestellt und mit mehrfachen Unterschriften und Stempeln bestätigt ist, dann bekommt man gegen Vorweisung der UPDK-Quittung das SU-Zeichen (welches Westeuropäer auf der Durchreise in Polen weise gleich nach der Grenze wieder entfernen). Ferner erhält man einen neuen, für das Ausland bestimmten Fahrzeugausweis, mit dem man beim Zollamt vorbeizugehen hat, wo man einen weiteren Stempel draufgedrückt bekommt. Zur Besichtigung vorsprechen darf man bei der Polizei erst eine Woche vor der Abfahrt. Wer könnte sonst garantieren, dass die tückischen Ausländer, sofern man ihnen mehr Zeit lässt, ihren Renault- oder Mercedes-Motor nicht verkaufen und mit einem Trabant-Zweitaktmotor unter der Haube nach Hause rasen? Vorsicht und Wachsamkeit sind somit am Platz, und es versteht sich, dass man die gleiche Kontrolle an der Grenze noch einmal durchführen wird.

Nötig aber sind all die staatlichen Bewilligungen, obwohl es, wohlverstanden, lediglich darum geht, von der Bewegungsfreiheit und dem Recht auf Verfügung über persönliches Eigentum Gebrauch zu machen. Nimmt unsereiner diese Prozeduren auf sich und verliert er zuletzt ein klein bisschen die Geduld, dann können Einheimische (für die ähnliche Vorschriften gelten) mit aufrichtiger Verwunderung fragen: «Ist denn das bei Ihnen im Westen nicht so?» Hierauf vergegenwärtigt man sich das, was sich an einem Sommertag durch den Gotthardtunnel oder über die Brennerautobahn wälzt, stellt sich schaudernd den Beamtenapparat vor, der das im Sowjetstil bewältigen müsste, und man denkt bei sich, dass bei den hiesigen Leuten Erfahrung und Phantasie da nicht ausreichen und dass ihnen all dies sich ohnehin nicht erklären lässt. Sie wiederum sagen dem Ausländer gelegentlich laut, er verbringe vergebens einige Jahre in diesem Land; er werde ihre Sorgen aus Mangel an Betroffenheit und Einbildungskraft niemals begreifen. Auch das mag zutreffen. Wir gehören, da ist nichts zu machen, sehr verschiedenartigen Welten an.

Von Moskau nach Brest und weiter westwärts

Merkwürdige Wortschöpfung der in Moskau residierenden deutschsprachigen Ausländergemeinde: Reist jemand auf Urlaub nach Hause, dann heisst es, er fliege oder fahre «aus». In Moskau selber, in dem grossen Sowjetreich, da ist man «drinnen», hinter Grenzen, deren Dichte selbst jener ständig empfindet, der einen westlichen Pass und ein Mehrfachvisum in der Tasche bei sich trägt. Fährt der Ausländer also mit dem Wagen «aus», dann stehen ihm nur bestimmte Routen offen. Man kann die Strasse wählen nach Helsinki, kann über die sowjetische Grenzstation Brest durch Polen fahren, von der Stadt Uschgorod aus durch die Tschechoslowakei oder Ungarn, und es gibt auch zwei Grenzübergänge im Süden nach Rumänien. Auf Sowjetterritorium sind Abweichungen von der angemeldeten Route nicht gestattet, Improvisationen unmöglich, und mit Kurzwellensender ausgestattete Polizeiposten bei jeder wichtigen Abzweigung sorgen dafür, dass niemand auf krummen Wegen wandelt. Man kann diesen verdächtigen Fremden in der Tat nicht trauen, muss ein Auge auf sie haben, wer weiss, was sie im Schilde führen zum Schaden Russlands. Zur Offenheit und «Normalität» unter den europäischen Nationen, zu denen die Sowjetunion gemäss eigener Versicherung gehören will, zu all dem führt noch ein sehr langer Weg.

Sind auch die Reisemöglichkeiten beschränkt, so kommt man im Verlaufe einiger in Moskau zugebrachter Jahre doch dazu, verschiedene Strecken zu erproben. Jedermanns Sache ist das nicht. Für die meisten Westeuropäer geht es am ersten Ferientag geradewegs zum Flughafen Scheremetjewo; der Urlaub ist karg bemessen, man hat zu Hause Verwandtenbesuche zu absolvieren, zum Zahnarzt zu gehen, und vor der Rückkehr werden einige Tage ohnehin mit Einkaufen vergehen, da man die zusammengeschrumpften Lebensmittelvorräte in der Moskauer Wohnung aufzustocken hat – kurz, die Zeit reicht nicht dazu, durch die weite, eintönige russische und ukrainische Landschaft zu gondeln. Wer indessen Freude daran hat, den Raum zu erleben, und ausserdem noch neugierig genug ist, Städte und Länder im mitteleuropäischen Vorhof der Sowjetunion aus immer wieder neuem Blickwinkel kennenzulernen, der nutzt die Chance. Die Route, die wir – ein westdeutscher Kollege und der Verfasser dieser Zeilen – uns zurecht- und dann in fünf Tagen zurückgelegt haben, führte von Moskau über Minsk nach Brest, auf polnischem Gebiet nach Lublin, hernach über den Duklapass in die Ostslowakei, nach Ungarn und von Budapest aus zuletzt nach Wien und weiter westwärts.

Die drei- bis vierspurige Sowjetlandstrasse mit ihrem zumeist zweifelhaften Belag zieht sich Hunderte von Kilometern durch Felder und schüttere Wälder in der Einsamkeit dahin. Ein frischer Sommermorgen verklärt das Bild, selbst die windschiefen kleinen Holzhütten in den Dörfern und die bröckelnden Kolchosgebäude mit den stets ringsum stehenden rostigen landwirtschaftlichen Maschinen haben etwas Fröhliches an sich. In dieser Aufbruchstimmung denkt unsereiner nur flüchtig daran, wie sich das Leben hier an dunklen spätherbstlichen Abenden oder bei Schneeschmelze ausnehmen mag. Jetzt, vor dem Hintergrund sattgrün leuchtender Wiesen, erscheint Russland tatsächlich so, wie es seine Schriftsteller im 19. Jahrhundert gepriesen haben. Auch die hie und da auftauchenden niedrigen Fuhrwerke, die ein lustlos trottendes Pferdchen dem Strassenrand entlang zieht, graubärtige Bauerngestalten, lebendige Chagall-Bilder, sie passen in den Rahmen, sind vielleicht ein Klischee, jedoch Wirklichkeit, sie gehören hierher. Ruhe, Friede herrscht, das Einbildungsvermögen reicht nicht aus zum Nachvollzug des schrecklichen Ringens um jeden Quadratkilometer dieses Bodens, und die Leere der Landschaft gibt dem Reisenden – zum wievielten Male schon? – die Frage auf, was denn der aberwitzige Mann in der Berliner Reichskanzlei hier habe erobern wollen. Die Phantasie versagt ebenso, wenn wir Smolensk passieren und man sich vergegenwärtigt, dass sich in diesem jetzt in mildem Licht dastehenden Wald einige Kilometer weiter südlich an einem kalten Frühlingsabend 1940 das Drama von Katyn abgespielt hat.

Am Abend in Minsk. Der Wiederaufbau erfolgte hier, Moskauer Blick ist hiefür besonders geschärft, nach dem Vorbild der Sowjethauptstadt. Da galt es, neugewonnenes Machtbewusstsein auszudrücken, und man tat es durch die Errichtung breiter Avenuen, die auf beiden Seiten in symmetrischer Anordnung von wuchtigen Bauten eingeschlossen werden. Der Klassizismus kam spät über Russland, in den frühen fünfziger Jahren erstellte man noch öffentliche Ämter mit antiken Säulenportalen, und die Neigung der Stalin-Epoche zu üppig orientalischer Fassadenverzierung ist selbst hier in Weissrussland zu spüren. Dennoch: die neueren Minsker Vorstädte unterscheiden sich von dem in Moskau Gewohnten. Zum einen haben sich ihre Architekten bedeutend mehr einfallen lassen, und zum anderen findet man hier in ihrer Umgebung Grünanlagen und Blumenbeete. Dass man am Tag gut 700 Kilometer weiter gegen Westen vorgestossen ist, zeigen aber auch die wenigen übriggebliebenen Spuren der Minsker Altstadt: eine Kirche etwa, die heute das orthodoxe Kreuz trägt, deren frühbarocke Giebel aber in Zeit und Raum auf den polnischen Katholizismus verweisen; die Stadt fiel erst mit den polnischen Teilungen Ende des 18. Jahrhunderts an Russland.

Heute ist sie freilich fest in Sowjethand; das Bild, das die Gaststätte des Intourist-Hotels («die beste Adresse am Ort») bietet, entspricht dem Allunionsdurchschnitt: ein dröhnendes Tanzorchester, besetzte Tische (zwei Hochzeitsgesellschaften feiern und machen sich mit Trinksprüchen Konkurrenz), man hat einen Kampf um Platz und Bestellung zu bestehen; wir essen, was wir bekommen, und sind drum dankbar. Drei junge Kirgisen setzen sich an unseren Tisch und bemächtigen sich – Gorbatschow hin oder her – gleich einer Wodka-Flasche. Sie lächeln uns mit sehr weissen Zähnen an, und wir könnten uns auf russisch unterhalten, doch wäre dies in der Nachbarschaft von Saxophon und Elektrogitarre eine Vergeblichkeit.

Flüsse mit berühmten Namen, die wir passieren und die sich wie Rinnsale ausnehmen: der Dnjepr als Bächlein in Mittelrussland, die Beresina vor Minsk (unkrautbewachsene steile Ufer, trübes, träg dahinfliessendes Wasser zwischen Sandbänken), dann der Neman, der weiter nördlich auf litauisch Nemunas heisst und den man im deutschen Sprachgebiet als Memel kennt. Und schliesslich der Bug, seit dem letzten Weltkrieg Polens Ostgrenze. Wird man von den sowjetischen Beamten entlassen (Pass- und Zollkontrolle haben vierzig Minuten gedauert, eine recht annehmbare Zeit, stellen wir mit der Bescheidenheit erfahrener Leute fest), rollt man also über die Bug-Brücke, dann zeigt ein Blick zurück, dass die Sowjets auch hier, am Ostufer des Flusses, einen «internen» Eisernen Vorhang erbaut haben. Die zwanzigminütige Grenzkontrolle in Polen verläuft entspannter, den Wagen muss man nicht mehr über einen ausbetonierten Graben stellen, damit der Fahrgestellboden auch von unten kontrolliert werden kann; man hat wohl eine Devisendeklaration zu machen, aber den polnischen Staat interessiert es nicht, wenn unsereiner einen Ehering am Finger trägt; ein mit Stempel beglaubigter Vermerk ist deswegen nicht mehr nötig.

Zweierlei ändert sich augenfällig nach der Grenze: wir sind in einem kleinräumigen Land, dessen Einwohner nicht mehr die verschwenderischen Dimensionen der Weite kennen, sondern alle Winkel zu nutzen suchen; die Kleinparzellen der polnischen Privatbauern unterstreichen den Eindruck. Und dann verbessert sich die Landstrasse jäh (diese bessere Qualität verlässt uns in der Folge bis zur ungarischen Westgrenze und, versteht sich, darüber hinaus nicht mehr). Freilich bleibt die Strasse eng und manchmal unübersichtlich – doch siehe da: der Fahrer des Sattelschleppers vor uns zeigt mit dem Blinker an, dass wir ihn überholen können. Dass es diese kleine Geste gibt, wir hatten es in Russland ganz vergessen. Es gibt auch eine kleine Raststätte etwas abseits am Waldrand, wo man auf einer Terrasse sitzen kann, von einer netten Kellnerin bedient wird, unter Speisen wählen darf und sogar eine Papierserviette erhält. Das Verb «einkehren» war uns dabei längst schon verlorengegangen. Anderes allerdings hat sich in uns festgesetzt. Als wir später in der Stadt Lublin einen Spaziergang machen und beim Herannahen eines Autos vor dem Fussgängerstreifen stehenbleiben, erleben wir staunend, dass die Einheimischen ihrerseits die Strasse ruhig überqueren, der Wagen aber anhält und sie passieren lässt; zu unserem Amüsement stellen wir fest, dass wir beide die Reaktion des Sowjetbürgers gezeigt haben, der bei jedem unbedachten Schritt damit rechnen muss, überfahren zu werden.

Und nun sind wir beinahe ganz frei, so empfinden wir es: wir haben uns an keine angemeldete Route mehr zu halten, können es beschliessen, nicht nur die schönen alten Gassen und Stadttore Lublins zu besichtigen, sondern auch einen Abstecher nach Kazimierz Dolny zu machen, einer Kleinstadt an der Weichsel, wo uns auf dem Hauptplatz Renaissance-Fassaden empfangen, Zeugen einer Epoche, die Russland nicht gekannt hat. Polens Wirtschaftsnot ist zwar unübersehbar, nimmt sich aber, kommt man aus dem Osten, relativ aus. Flanieren aber Burschen mit ihren berühmt hübschen Polinnen am Arm, drängen sich am Abend Leute um den Blumenmarkt und fahren auf der Lubliner Hauptstrasse zwei Pferdewagen vorbei, auf denen in Volkstracht gekleidete, jauchzende, singende und winkende Leute sitzen, dann eben wird es vollends klar, dass Spontaneität des Einzelnen hier eine ganz andere Rolle spielt und spielen darf als im normierten Sowjetalltag. Obwohl die sprachliche Verständigung uns hier ungleich schwerer fällt als in Russland, beherrscht uns doch die Gewissheit, dass wir hier schon beinahe zu Hause und geborgen sind.

Das Gefühl begleitet uns auch in der Slowakei, selbst wenn auf der Landstrasse an den Südhängen der Karpaten wieder Sowjeterinnerungen erwachen; die Bergdörfer, Streusiedlungen, sind vom gleichen Typus wie in der Karpato-Ukraine – eine ukrainische Minderheit lebt in der Tat in dieser östlichen Ecke der Tschechoslowakei. Wachgerüttelt werden Erinnerungen vorab aber durch die Politkulisse. Während der Fahrt an einem regnerischen Sonntag durch Polen hatten wir uns schon daran gewöhnt, nicht den Sowjetstern, sondern das christliche Kreuz und die weissrote Fahne als dominierende Wahrzeichen zu sehen; unter Regenschirmen stehende Menschen, die während der Messe zumindest vor den Eingängen der überfüllten Dorfkirchen verharrten, dieses Bild kehrte auf polnischer Seite immer wieder.

In der CSSR tauchen nun plötzlich von neuem alle bekannten Spruchbänder auf, welche die Partei rühmen (in Ungarn verschwinden sie wieder), und in die Landschaft gestellte T-34-Panzer, Jagdflugzeuge und grossformatige Bilder lächelnder Rotarmisten (natürlich mit einem Kind auf dem Arm) sollen an die Schlacht am Duklapass und an die «Befreiung» gemahnen. Im Zentrum von Prešov und Košice grüsst eine andere westliche Welt, die ockergelbe Hinterlassenschaft der Monarchie; im Dom von Košice begegnet uns auf dieser Reise zum erstenmal die Gotik. Das Werktagsgesicht der Stadt am nächsten Vormittag verrät Geschäftigkeit und bei aller Bescheidenheit ein gutes Stück mehr Wohlstand als in den bisher berührten Ländern.

Die Abfertigung an der ungarischen Nordgrenze braucht auch ihre Zeit, aber nun gibt es weder Devisendeklaration noch Umtauschzwang mehr. Vor Budapest geraten wir in eine Autokolonne – es scheint ratsam, sich an dieses Fahrgefühl wieder zu gewöhnen. Budapest gehört an diesem hochsommerlichen Abend den Ausländern, vorab den westlichen Touristen, die die Stadt überschwemmen und die wir selber, Gäste aus einer anderen Welt, ein wenig ungläubig zur Kenntnis nehmen. Firmenzeichen, Marken an Waren und Wagen, die man aus dem Westen kennt, sind nun mit einemmal wieder massiv da, man tankt bei Shell und isst im Hotel – eine österreichische Investition – zum Frühstück Danone-Joghurt. In der Fussgängerzone der mit glitzernden Schaufenstern gefüllten Innenstadt produzieren sich Strassenmusikanten und Pantomimenkünstler nicht anders als vor dem Centre Pompidou. Gewiss, ein Paradies ist dies erst für den, der Westdevisen mitführt und nicht von einheimischen Löhnen lebt. Der in einem Strassencafé auf sächsisch ausgestossene Seufzer – «dies scheint ein Land der unbegrenzten Möglichkeiten» – besagt dennoch genug – über Ungarn wie über die DDR.

Mit Pfirsichen, Trauben und Melonen vollbeladene und von West- wie von Osttouristen belagerte Verkaufsstände an der Landstrasse jenseits der Stadt Győr vermitteln noch eine letzte Idee von Ungarns Agrarüberfluss, und dann ist man bei der Grenzstation. Die Kontrollen sind diesmal knapp, und das kann bei dem Ausmass des hauptsächlich von Deutschen und Österreichern bestrittenen Ferienverkehrs anders gar nicht sein. «Zu Hause» sind wir indessen erst, wenn der österreichische Beamte beim Anblick unserer Pässe mit dem Zeigefinger winkt – weiter! – und nicht einmal für die Sowjetschilder unseres Wagens Interesse aufbringt. Den ersten richtigen Kulturschock verursachen in einer Raststätte Lebensmittelabteilung und Zeitungskiosk, die beide gleichermassen bunt und dicht gefüllt sind. Nach Salzburg sind wir dann plötzlich inmitten der fröhlichen, farbigen Menge europäischer Ferienreisender, die mit Surfbrettern zum Chiemsee oder zur Adria unterwegs sind, T-Shirts und Sonnenbrille tragen und keinen Gedanken daran verschwenden, wie die Zustände in Europa 1000 Kilometer weiter östlich sein mögen.

Zu später Stunde halten wir in Süddeutschland kurz an einem Autobahnparkplatz an, um am Steuer abzuwechseln; und da nehmen wir wahr, dass wir uns auf dem Gelände einer Tankstelle für US-Streitkräfte befinden. Der Gedanke an das «SU»-Landeszeichen am Auto geht uns durch den Kopf, und wir stellen uns den umgekehrten Fall vor: ein Wagen mit US-Kennzeichen bliebe nachts neben einer sowjetischen Militärinstallation stehen. Das vorzeitige Ende der Reise und manches andere wäre gewiss. Hier indessen geht es gleich weiter, kein Mensch schert sich um uns; wir sind im Westen.

Sowjetische Selbstdarstellung

Das Weltbild eines Durchschnittsfunktionärs

Am irritierendsten wirkt es, dass er im Aussehen an Andrei Sacharow erinnert: er ist schmächtig, leicht gebeugt, mit Stirnglatze und schütteren grauen Haaren am Hinterkopf, und auch an Jahren mag er nur unwesentlich jünger sein als der Bürgerrechtskämpfer. Spräche man ihn auf Sacharow an, würde er ihn aber vermutlich als einen Verräter an Partei und Volk bezeichnen. Dabei ist unser Gegenüber – nach allem, was man in diesem Land über einheimische Bekannte mit Gewissheit sagen kann – kein hochgestellter Funktionär (er liesse sich in diesem Fall mit dem Ausländer auf ein Gespräch gar nicht ein), und seinen Lebensumständen nach zu urteilen, geniesst er auch keine besonderen materiellen Vorteile, gehört nicht zur Crème der Sowjetgesellschaft. Nein, der Gesprächspartner, Lehrer in einem Technikum, stellt guten Durchschnitt dar; am ehesten möchte man ihn einen Kleinbürger nennen, aber dagegen würde er sich entrüstet verwahren – nicht wegen des pejorativen Beiklangs, sondern weil für ihn Bürgerlichkeit überhaupt etwas Anrüchiges hat.

Dafür, dass das anfänglich über allgemeine Höflichkeiten nicht hinausgehende Gespräch eine politische Wendung nimmt, trägt er die Verantwortung, indem er dem westlichen Korrespondenten zu verstehen gibt, dass er in ihm einen Knecht des «Grosskapitals» sehe: jemanden, der seine Arbeitskraft verkaufe und sich dafür seine Überzeugungen diktieren lasse. Es geschieht bei Unterhaltungen in der Sowjetunion nicht sehr oft, dass unsereiner einen Fehdehandschuh so offen hingeworfen bekommt, und den kann man natürlich unmöglich liegen lassen. Zu Beginn stehen einige – wenig erfolgreiche – Erklärungsversuche: Was ist Meinungspluralismus, wie spiegelt er sich in der Presselandschaft einer Demokratie, wo liegen die Möglichkeiten und – zugegeben – auch die Grenzen der Unabhängigkeit eines Blattes, weshalb braucht ein Journalist, der unter verschiedenartigen Zeitungen wählen kann, den eigenen Ansichten keine Gewalt anzutun. Das alles stösst auf kein Verständnis. Der Gesprächspartner – nennen wir ihn als typischen Sowjetrussen der Einfachheit halber und leicht familiär Iwan Petrowitsch – gibt zu, dass es ihm schwerfällt, sich die Funktionsweise einer Gesellschaft vorzustellen, in welcher der Widerstreit abweichender Überzeugungen möglich und die Regel ist. Grosse Bedeutung kommt dem aber, wie er meint, ohnehin nicht zu.

Iwan Petrowitsch ist vielmehr mit Marx der Ansicht, dass es in der politischen Landschaft keine Abstufungen und Schattierungen, sondern nur zwei Standorte geben kann. Entweder steht man auf seiten des Proletariats oder der «Bourgeoisie»; entweder übt man die Macht im Namen der Arbeiterklasse aus, wie dies in der Sowjetunion geschieht, oder die Herrschaft gehört den Ausbeutern, in deren Dienst alle stehen, deren Sache alle unterstützen, sofern sie sich nicht als Revolutionäre widersetzen. Sozialdemokraten und Sozialisten? Für Iwan Petrowitsch gelten auch sie als Handlanger der «Bourgeoisie». Was also bietet sich als Kriterium an dafür, dass ein Staat oder auch nur eine einzelne politische Kraft die Interessen des Proletariats (nach hiesigem Sprachgebrauch: der grossen Bevölkerungsmassen, der Werktätigen) vertritt oder aber lediglich für eine ausbeuterische Minderheit einsteht? Die Definition bekommen wir unter Zitierung von Marx prompt geliefert: Wer das Privateigentum an Produktionsmitteln in irgendeiner Form bejaht, gehört ins Bourgeois-Lager; wo dieses Recht abgeschafft und der Produktionsapparat verstaatlicht ist, dort verwaltet das Proletariat die Macht.

Gut. Ein Einwand ist aber fällig, selbst wenn wir auf marxistischer Grundlage bleiben wollen. Der Begründer der Lehre sah in besagtem Privateigentum tatsächlich die Wurzel aller Übel, aber die Überführung der Produktionsmittel in kollektiven Besitz galt für ihn nicht als ein Ziel an sich, sondern als ein Mittel; es sollte die Ausbeutung verunmöglichen und die gerechte Verteilung des von Arbeitern hervorgebrachten Mehrwerts sichern. Wie nun steht es mit der sowjetischen Verteilungspolitik heute? Wer bestimmt sie, wer verfügt über das Sozialprodukt? Und wieviel Einfluss hat der sowjetische Proletarier auf die Entscheidung darüber, was ihm zusteht?

Iwan Petrowitsch gerät nicht in Verlegenheit: Die Verteilung nehme die Staatsführung vor, und das bedeute natürlich die Partei. Die Werktätigen bekämen die Früchte ihrer Arbeit neben ihrem Lohn in der Form von Wohlfahrtsleistungen, man weise ihnen Wohnungen zu, erbaue für sie Ferien- und Erholungsheime; Schulen und medizinische Versorgung seien kostenlos. Zwar sei das Lebensniveau – dies ist beim Gespräch seine einzige Konzession – noch nicht so hoch wie im Westen, man befinde sich aber auf dem richtigen Weg. Wo aber, so will es der Westeuropäer wissen, liege die Garantie dafür, dass die Partei bei der Verteilung tatsächlich gemäss den Interessen der Bevölkerung handle? An dieser Stelle greift der Diskussionspartner – zum ersten-, aber nicht zum letztenmal – auf eine Definition zurück, die für ihn anscheinend dogmatischen Wert hat. Die Garantie, sagt er, liegt darin, dass die KPdSU die Partei des Proletariats ist.

Nun geht es noch nicht einmal darum, dass der einfache Sowjetbürger zwar ein nominelles Recht besitzt, Deputierte zur ebenso nominellen Kontrolle des Staatsapparats zu wählen, dass ihm aber Mittel zur Beeinflussung der Beschlüsse der Partei selbst auf dem Papier nicht zustehen. Wir streifen die Wahlfrage nur kurz. (Seine Replik: «Und in den Vereinigten Staaten?

Dort wird eben der gewählt, der am meisten bezahlt.») Interessanter indessen ist es zu erfahren, was er von den Privilegien hält, die sich die Partei der Proletarier selber sichert. Ob eine Verteilung wirklich gerecht genannt werden dürfe, wenn die Parteifunktionäre, zumal in den höheren Rängen, inmitten allgemeiner Lebensmittelknappheit Zugang zu wohlbestückten und für sie allein reservierten Läden hätten, wenn sie ihre luxuriösen Wohnungen, Landhäuser und Ferienheime besässen, ihre mit Westmedikamenten und westlichen Apparaturen eingerichteten Krankenhäuser, wenn sie sich selber und ihre Familien mit Westware bekleideten, sich von ihren Chauffeuren in riesigen Autos herumfahren liessen, praktisch als einzige jederzeit ins Ausland reisen dürften und ihre Kinder in die besten Schulen schickten, ihnen durch ihre Stellung den Aufstieg von vornherein sicherten? Ob es nicht ein bisschen sonderbar erscheine, dass ausgerechnet die gleichen Leute um so viel besser lebten, welche die Verteilung der vom ganzen Volk erarbeiteten Güter vornähmen?

Wohl neun von zehn Sowjetkommunisten würden hierauf empört erwidern, was der Fremde aufzähle, sei eine Lüge, die zur Verleumdung der KPdSU und der Sowjetunion von Agenten des Imperialismus schamlos verbreitet werde, usw. Iwan Petrowitsch ist indessen der zehnte, und dies ist nun der Punkt, der die Unterhaltung mit ihm beschreibenswert macht. «Das alles», sagt er, «ist richtig, es stimmt. Wir wissen es, und wir sind damit voll einverstanden. Wir führen uns nämlich vor Augen, dass wir erst dabei sind, den Sozialismus zu erbauen, und im Sozialismus gibt es noch keine Gleichheit. Die wird es erst im Kommunismus geben.»

Und nach diesem Glaubenssatz der Ergebenheit folgt noch zur Parierung der Beispiele rasch der Rückgriff auf einige weitere Definitionen: der Parteisekretär einer Gebietsorganisation, der über ein üppiges Landhaus verfügt, verstösst mit diesem Vorrecht keineswegs gegen die ideologische Ordnung, denn es handelt sich nicht um seinen Privatbesitz, der Staat hat ihm das Haus vielmehr nur geliehen; was er benutzt, bleibt also Eigentum der Allgemeinheit. Und: eine neue Ausbeuterklasse, wie der fremde Gesprächspartner die KPdSU nennt, das kann die Kommunistische Partei gar nicht sein, «denn im Sozialismus gibt es keine Klassen». Er leugnet nicht, dass es auch in höheren Parteisphären schon Kurruptionsfälle gegeben hat, ebenso, dass von der Führung Fehler begangen wurden, aber die Partei, so fügt er hinzu, wusste sich stets zu korrigieren. Darum, so schliesst Iwan Petrowitsch, habe die KPdSU das Vertrauen der Sowjetleute, welche wüssten, dass das Los der Bevölkerung vor der Revolution schlimm gewesen sei.

Der letzte Satz erinnert an Orwell; nicht an «1984», sondern an die Satire «Animal Farm», an eine der letzten Szenen, als die von ihren einstigen Herren, den Menschen, zwar befreiten, nun aber von ihresgleichen unterdrückten und ausgenutzten Haustiere traurig meditieren: die Arbeit ist hart und das Leben schwer, aber früher einmal war es, so erzählt man, noch viel unerträglicher, und also wünscht niemand, dass der Bauer zurückkehre. Auf dieser Hinnahme und sogar Bejahung der von oben auferlegten Verhältnisse beruht aber die sowjetische Gegenwartsordnung, auf der vom Durchschnittsgenossen Iwan Petrowitsch bezeugten Gewissheit, dass für die Ausübung der Macht deren Besitz schon eine hinreichende Legitimation darstellt und dass Herrschaft als Selbstverständlichkeit mit materieller Vorzugsstellung einhergeht. Auf der Haltung sodann, die unser Diskussionspartner zuletzt noch demonstriert: er hat zwar keineswegs das Gefühl, am Ende dieser Auseinandersetzung als Verlierer dazustehen, hält es aber doch für nötig zu bemerken, dass er sich für Argumentationen solcher Art vielleicht nicht eigne; hingegen gebe es andere, geschulte Leute, die in ähnlicher Lage die dialektischen Griffe vollkommen beherrschen. Selbst die Verteidigung seiner Überzeugungen delegiert er somit nach oben; wenn das eine oder andere in seiner Darstellung nicht schlüssig gewirkt hat, so spricht das nicht gegen die Lehre, für deren Richtigkeit als Autorität eben die Obrigkeit bürgt.

Man verabschiedet sich, bleibt allein und macht sich als Nachtrag noch einige Gedanken. Darüber etwa, dass unser Mann, der sich einen Marxisten-Leninisten nennt, die in der Nachfolge westeuropäischer Aufklärung stehenden, auf Befreiung des Individuums zielenden Ideen von Marx als solche gar nicht wahrzunehmen scheint. Dass für ihn vielmehr der aus rein russischer Tradition erwachsene, voraufklärerische Standpunkt Lenins das Mass aller Dinge ist: der «berechtigte» Anspruch einer «revolutionären» Gruppe, das Bewusstsein der Massen zu formen, sie zu führen.

Und dann sagt man sich, dass es trotz allem vermessen wäre, klassische Formulierungen wie «selbstverschuldete Unmündigkeit» zu wälzen und sie herablassend als Werturteil gegen die hiesigen Leute zu schleudern. In diesen Köpfen funktioniert es offenkundig anders; vielleicht ist dieses in Jahrhunderten entstandene Selbstverständnis ihnen gemäss, vielleicht verwirklicht sich russisches Wesen tatsächlich in einer solchen Ordnung und Unterordnung am besten. Wozu aber gleich hinzuzufügen wäre, dass diese Eigenart ihnen zwar unbenommen sei, dass die Sowjetherrscher aber aus gleicher Erkenntnis endlich damit aufhören sollten, den in seinen Wertvorstellungen so anders gearteten Westen (und auch die Russland wesensfremden ost- und zentraleuropäischen Länder) mit ihrem System als Verheissung der Zukunft beglücken zu wollen.

Zuletzt denkt man dann noch dies: vielleicht war Iwan Petrowitsch gar nicht aufrichtig, sondern verstellte sich und sagte das, was ein Sowjetbürger in dieser Lage einem Ausländer sagen muss. So hat er zwar nicht gewirkt, aber wie schon gesagt: Gewissheit hat der Fremde in diesem Lande nie.

Zu Gast bei der Nachrichtenagentur Tass

«Die Sowjetpresse – eine mächtige Waffe der Leninschen Partei.» (Slogan als Leuchtreklame auf dem Smolensker Platz in Moskau)

Der Einladung, den Moskauer Hauptsitz der Nachrichtenagentur Tass zu besuchen, folgt man mit Vergnügen; Meldungen und Kommentare von Tass sind das (wenig schmackhafte) tägliche Brot des in Moskau akkreditierten Auslandkorrespondenten, und so versteht es sich, dass man gern auch Gesichter erblicken und Menschen kennenlernen will, die hinter dieser eigenartigen Produktion stehen – Leute, deren Formulierungen für die Nachrichten in der Sowjetunion den Ton angeben. Die eigene Bitte lautet dabei aber so: Wenn schon ein Besuch bei der Agentur, dann nicht allein zur Besichtigung von Büros und Bildschirmapparaten, sondern auch zum Zwecke der Diskussion über die Prinzipien, von denen sich Tass in ihrer Arbeit leiten lässt. Dem Wunsch wird stattgegeben, und so sitzt man eines Tages in einem Direktionszimmer zwei hochgestellten Vertretern der Sowjetagentur gegenüber. Der Empfang ist freundlich, Kaffee und Gebäck stehen auf dem Tisch, und die Umgangsformen bleiben höflich bis zuletzt, obwohl das anderthalbstündige Gespräch manche scharfe Wendung nimmt und keine Seite zu verheimlichen sucht, dass uns nicht nur politisch, sondern auch in der Berufsauffassung des Journalismus Welten trennen. Zur Erwähnung und gar zur Diskussion aller zweifelhaften Methoden von Tass reicht die Zeit natürlich nicht. Die eigene Absicht zielt darauf, über einige konkrete Beispiele zum Grundsätzlichen vorzustossen.

Wie massgebend ist Tass, so lautet die Eingangsfrage. Woher kommt es, dass nach Moskauer Pressekonferenzen, an denen Vertreter vieler sowjetischer Blätter teilnehmen, die einheimischen Zeitungen tags darauf doch alle nur den von Tass verbreiteten Text übernehmen? Gibt es eine Regel für diese Uniformität, zumal man weiss, dass die Redaktionen nicht das Recht haben, Tass-Texte auch nur um ein Wort zu ändern? Die Gastgeber verneinen und nennen Fälle, in denen Sowjetzeitungen über Ereignisse aus der Feder ihrer eigenen Mitarbeiter verschiedenartig berichtet haben. Dass die Tass-Mitteilungen das Gesicht der Sowjetpresse weitgehend bestimmen, führen sie allein auf Trägheit der Journalisten zurück, die zu bequem seien, sich selber hinter die Schreibmaschine zu setzen.

Schwieriger wird es, die offizielle Natur von Tass zu erläutern, wenn eine andere, am Anfang rein technische Frage aufs Tapet kommt: Warum arbeitet die Sowjetagentur gelegentlich so auffallend langsam? Als Beispiel dient etwa eine Pressekonferenz Präsident Reagans. Tass benötigte über einen halben Tag, um die ersten Zeilen über Reagans Aussagen zu veröffentlichen. Nun, so lautet die Antwort, Tass sei in der Mehrzahl der Fälle mit der Mitteilung der Nachrichten ebenso schnell wie westliche Agenturen. Es gebe aber Ereignisse – «etwa das von Ihnen erwähnte» –, da erwarte man von Tass als offiziellem Organ nicht bloss eine Information, sondern von Anfang eine Stellungnahme. Und dazu, so heisst es weiter, brauche es Zeit zum Abwägen, zu Konsultationen. «Konsultationen mit wem?» Die Antwort kommt prompt und eindeutig: «Zum Beispiel mit der Regierung.»

Die Erklärungen, die hernach über diesen Punkt folgen, sind unscharf und nicht frei von Widerspruch: Die Gesprächspartner stellen Tass als eine autonome Organisation dar. Die Selbstverwaltung erstrecke sich nicht nur auf die Administration, sondern schliesse auch die journalistische Arbeit, die Ermessensfreiheit des Korrespondenten ein. Dann wiederum insistieren sie darauf, dass Tass von der Regierung als «Stimme der Sowjetunion» benutzt werde. Auf die Frage aber, ob es sich bei den Mitteilungen der Agentur somit stets um den offiziellen Standpunkt handle, erhält man die Auskunft, hier liege eine häufige Übertreibung westlicher Korrespondenten vor, die Tass mit dem Kreml gleichsetzten: «Das wäre zu schmeichelhaft für uns.»

Warum hat Tass nie darüber berichtet, dass Rotarmisten, ehemalige Gefangene der Aufständischen in Afghanistan, in der Schweiz interniert wurden? Damit ist ein heikles Thema angeschnittten, und es hält in der Folge schwer, das Gespräch nicht in eine end- und fruchtlose politische Debatte abgleiten zu lassen, wohin es die Gastgeber offensichtlich gerne führen möchten. Man hat beharrlich mehrmals zu wiederholen, dass wir da nicht über die Hintergründe des Kriegs in Afghanistan diskutieren, sondern einzig über die Informationsgrundsätze von Tass. Hat der Sowjetbürger kein Recht, zu erfahren, dass (und unter welchen Umständen) Sowjetsoldaten in der Schweiz weilen?

Ihre Antwort: Es gehe nicht um Recht oder vorenthaltenes Recht. Es gehe um abweichende Kriterien bei der Information. Auch die Berichte westlicher Korrespondenten aus Moskau seien ja einseitig, malten ein ausschliesslich abschreckendes Bild des sowjetischen Alltags. Gewiss gebe es Probleme in der UdSSR, aber die Auslandpresse konzentriere sich auf Negatives allein, sie schildere die Sowjetunion als ein «Reich des Bösen». Der Besucher will auf diese Sätze hin wissen, ob es demnach auch als eine destruktive Nachricht solcher Art einzustufen sei, dass das IKRK und die Schweiz einer Anzahl von Sowjetsoldaten aller Wahrscheinlichkeit nach das Leben gerettet haben. Nein, gewiss nicht, so die Auskunft, aber es handle sich doch um eine Begebenheit, die für die kleine Schweiz vielleicht von Bedeutung sei, im Leben der 280 Millionen Sowjetbürger aber eine Nebensächlichkeit darstelle. Wörtlich: «Die Weltgeschichte dreht sich immerhin nicht um solche Fälle.» Nein, die Weltgeschichte drehe sich, fährt der Gesprächspartner fort, um eine so grosse Frage wie das Überleben der Menschheit, und solchen – unendlich bedeutenderen – Themen, dem Friedenskampf, widme sich Tass – im Gegensatz zur Presse des Westens.

Nun, gut. Bleiben wir indessen für einen Augenblick noch beim gleichen Gegenstand. Warum hat Tass aus Genf mit triumphalen Tönen wortreich gemeldet, dass die Uno-Menschenrechtskommission auf eine von den Vereinigten Staaten eingebrachte Resolution zur Lage in Polen nicht eingetreten war, und warum verschwieg sie zwei Tage später, dass die gleiche Kommission den Abzug der fremden Truppen aus Afghanistan als Bedingung für die Wiederherstellung der Menschenrechte in diesem Land bezeichnet hatte? Sie möchten die Diskussion «auf eine höhere Ebene verlegen», sagen die Gastgeber: Die wichtigsten sowjetischen Friedensinitiativen würden von westlichen Medien totgeschwiegen, während unwichtige Meldungen die ersten Seiten der Zeitungen füllten. Hauptsache müsse aber sein, was dem Frieden diene. Hierauf wird natürlich eine Gegenfrage fällig: Dient der Bericht über die Genfer Polen-Entscheidung demnach dem Frieden, und sind der Beschluss über Afghanistan und seine Wiedergabe als kriegsfördernd anzusehen? Und ob man gemäss der Konzeption von Tass die zweite, der sowjetischen Aussenpolitik nicht genehme Begebenheit so betrachten müsse, als hätte sie überhaupt nicht stattgefunden?

Die Erwiderungen und Erklärungen fallen sehr lang aus und enthalten eine Mischung aus politischen Anklagen und überraschenden Eingeständnissen über die eigene Informationspraxis: die Verantwortung des Journalisten bestehe beim gegenwärtigen weltpolitischen Klima auch im «Unterscheidungsvermögen». Bestünde eine Atmosphäre des gegenseitigen Verständnisses, dann gäbe es die vom Besucher aufgezählten Fälle gar nicht. Denn Afghanistan bilde einen Teil der amerikanischen Versuche zur Einkreisung der Sowjetunion und zur Schaffung der Stimmung einer «belagerten Festung». Und es sei – leider – zu befürchten, dass bei Fortdauer der gegenwärtigen Spannungen der Agentur Tass künftig noch mehr Beispiele solcher Art vorgerechnet werden könnten.

Ob dies so viel bedeute, dass der Sowjetbürger in dieser für die UdSSR schweren Weltlage von ungünstigen Nachrichten nichts erfahren dürfe? Die Vertreter von Tass verwahren sich dagegen: Nein, darum gehe es nicht, der Sowjetbürger habe «tausend Möglichkeiten, die westliche Version kennenzulernen». Tass und die Sowjetmedien, sagen sie, weigerten sich aber, die Funktion westlicher Radiosender zu übernehmen.

Was aber betreibt Tass unter diesen Umständen? Information, das heisst eine möglichst umfassende Berichterstattung darüber, was in der Welt täglich geschieht, unter Wiedergabe der Meinungen der einen und der anderen Seite, oder aber ist ihre Tätigkeit vorab politischer und propagandistischer Natur? Sie seien für die erste Lösung, sagen die Sowjetjournalisten, man könne und wolle aber den zweiten Aspekt nicht leugnen. Jawohl, Tass sei eine «engagierte Nachrichtenagentur». Denn es gelte, in einem psychologischen Krieg zu bestehen, der gegenwärtig gegen die Sowjetunion auf schlimmere Art geführt werde, als dies selbst Hitler und Goebbels getan hätten. Sogar in der Schweiz – «Sie kommen aus einem Land, das zu seinem Glück keinem der Blöcke angehört» –, selbst da suche man in der Presse bestimmt vergebens nach einem Artikel, der über die UdSSR wenn schon nicht freundlich, so doch wenigstens neutral berichte. Auswahl der Nachrichten, Kommentierung im eigenen propagandistischen Sinne, das betreibe die gegnerische Seite in ihren Medien ebenfalls. Mit dem Unterschied, wirft man da als angesprochener Vertreter der anderen Seite ein, dass im Westen im Gegensatz zur Sowjetunion niemand über ein Informationsmonopol verfüge. Worauf es heisst, das gebe es in der UdSSR auch nicht, Zeitungen könnten sehr wohl andere Ansichten vertreten als Tass.

Nachrichten, die der Sowjetunion unwillkommen sind, hat der Bürger somit, sofern er dazu imstande ist, fremden Quellen zu entnehmen. Wie reimt sich aber dieses aus lauter Zustimmung bestehende Weltbild, das Tass Tag für Tag vorlegt, wie reimt sich diese Optik internationaler Begeisterung für die Sowjetunion auf die Klagen über die «belagerte Festung»? Tass, erklären sie hierauf, kenne keine schriftlich fixierten Kriterien für die Informationsauswahl. Die Sowjetagentur gebe aber auch die der UdSSR feindlich gesinnten Standpunkte wieder, indem sie sich mit ihnen in Kommentaren auseinandersetze. Auch dürfe man Tass nicht allein sehen. Ein Kommentator wie Valentin Falin habe es sich in der «Iswestija» sogar zur Spezialität gemacht, auf gegnerische Ansichten einzugehen, sie zu widerlegen. Aus dieser Form könne der Sowjetleser immerhin als Kern die der Stellungnahme zugrunde liegende Nachricht oder Meinung auch des Gegners herauslesen. Warum aber, so versucht man einen Einwand, habe niemand den Mut, direkt an das sowjetische Volk gerichtete Worte des US-Präsidenten, Versicherungen über die Friedensliebe der Amerikaner, hier zu veröffentlichen? Ob die so wichtig seien, so lautet die Gegenfrage. Worauf man dann von neuem nur mit einer Frage erwidern kann: Wem es denn zukomme, in einem solchen Fall über Wichtigkeit oder Unwichtigkeit und folglich darüber zu entscheiden, ob etwas dem gesamten Land mitgeteilt werden soll oder nicht?

Und damit ist man beim letzten Punkt der Diskussion angelangt, bei der grundlegendsten Differenz. Wie kommen denn westliche Journalisten dazu, so gehen die Gastgeber wieder zum Gegenangriff über, die Sowjetunion anzuschwärzen, dem westlichen Leser und Fernsehzuschauer das Bild eines feindlichen Landes zu vermitteln, in dem es ausser Gefängnissen und Dissidenten gar nichts gebe und das einzig auf Eroberung des Westens sinne? Gewiss, so räumt man den Gesprächspartnern ein, die meisten Kommentare und Berichte westlicher Medien sind dem Sowjetsystem nicht wohlgesinnt. Allein, wir haben keine Angst davor, den Standpunkt auch der anderen Seite unserem Publikum vorzulegen, Reden sowjetischer Führer etwa ausführlich wiederzugeben. Was der Bürger zu wissen und zu denken hat, beschliesst niemand von «oben» an seiner Stelle, die Entscheidung liegt vielmehr beim Individuum selber. Die Tass-Redaktoren ihrerseits stellen hierauf in Abrede, dass sowjetische Stellungnahmen im Westen jeweils eine inhaltsgetreue Wiedergabe fänden, sie haben aber nichts gegen die Feststellung einzuwenden, dass ihre eigene Informationsarbeit pädagogischen Charakter hat. Offen bleibt dabei freilich die Frage, im Namen welchen Rechts eine Minderheit eine aus Erwachsenen bestehende Bevölkerung wie Kinder behandeln und politisch erziehen darf.

Ein Beispiel parteiamtlicher Geschichtsbetrachtung

Es war – man stand im Frühsommer 1983 – von «Sternstunde» und von «Wendepunkt in der Menschheitsgeschichte» die Rede, aber die Feier fiel nur mässig glanzvoll aus: Wohl füllte die «Prawda» tags darauf anderthalb grossformatige Seiten mit der Rede des ZK-Sekretärs Michail Simjanin, aber Parteichef Andropow hatte es nicht für nötig gehalten, sich einzufinden. Die Festveranstaltung im Kreml zur Erinnerung an die Geburtsstunde von Lenins Bolschewistischer Partei 80 Jahre zuvor ging ohne ihn über die Bühne. Immerhin hatten die sowjetischen Zeitungen dem bevorstehenden Jubiläum während Monaten beträchtliche Mengen von Druckerschwärze gewidmet, und am Tag selber fehlte es weder an Leitartikeln noch an ergebenen Grussbotschaften von «Bruderparteien». Was nun Lenins Erben über das historisch in der Tat überaus bedeutende und folgenschwere Ereignis – die Spaltung der russischen Sozialdemokratie in einen radikalen und einen gemässigten Flügel – heute zu sagen haben (und was sie vor allem verschweigen), das alles verdient eine nähere Prüfung als ein Beispiel sowjetischer Geschichtsbetrachtung.

Gefeiert hat man in Moskau den Jahrestag des 2. Kongresses der Sozialdemokratischen Arbeiterpartei Russlands, deren 43 Delegierte sich am 30. Juli 1903 in Brüssel, in der Emigration, trafen und die, von der Polizei zu sehr behelligt, den Parteitag später in London fortsetzten. Den Grund zur Spaltung lieferte der Entwurf des Parteistatuts: Während Lenin und seine Anhänger eine Elitenpartei wünschten, deren Mitglieder ausschliesslich aktive Mitstreiter sein dürften, wollten die Gegner auch passiven Sympathisanten Platz einräumen. Simjanin sagte dazu in seiner Festrede folgendes: «Aus der Logik des revolutionären Kampfes selbst geht hervor, dass nur eine zentralisierte, kämpferische Partei zum wahren politischen und ideologischen Führer der Arbeiterklasse werden konnte. Die Lösung dieser Aufgabe hing unmittelbar von der Qualität der Parteireihen ab. (...) Der Leninsche Standpunkt hat sich bald felsenfest in unserem Statut verankert.»

Das Wörtchen «bald» deutet das an, was einige Jubiläumsartikel zwar beiläufig, aber doch klarer zu erwähnen den Mut hatten, dass nämlich Lenin in diesem Punkt überstimmt wurde und er und die Seinen zumindest in diesem Augenblick noch keineswegs zu den «Bolschewiken», will heissen zur Mehrheit, gehörten. Dagegen setzte sich Lenins Linie tatsächlich durch, als es um die Entscheidung ging, der Partei keinen föderativen, sondern einen straff zentralistisch bestimmten Aufbau zu geben. Wenn es nun in einem der Festbeiträge gemäss marxistischem Jargon heisst, der Sieg der Anhänger Lenins bei der Wahl der leitenden Parteiorgane habe «ein gesetzmässiges Resultat des Kampfes gegen den opportunistischen Flügel» dargestellt, so ist hier eine Anmerkung darüber fällig, von welchen Zufällen der angeblich durch Notwendigkeit bestimmte und darum berechenbare Gang der Geschichte abhängen kann. Nach Lenins Erfolg in der Frage des Zentralismus verliessen nämlich sieben gegnerische Delegierte aus Protest die Sitzung. Die Mehrheit gehörte von da in der Tat Lenin, und dieses Kräfteverhältnis war dann bei der Wahl der Parteiorgane massgebend.

Erst zwei Jahre später, beim 3. Parteitag, konnte Lenin entsprechend die Statuten ändern und die Idee einer Elitenpartei verankern. Im Beschluss des Zentralkomitees der KP der Sowjetunion, der 80 Jahre später der Abhaltung der Feiern vorangegangen war, heisst es gleichwohl, die 1903 entstandene Bolschewistische Partei als «Vorhut der Arbeiterklasse» charakterisiere sich unter anderem durch ihre Tätigkeit auf der Grundlage des «demokratischen Zentralismus» sowie durch den Kampf gegen jede Art der Fraktions- und Gruppenbildung. In Wahrheit verhielt es sich so, dass Lenin die ideologische Einheit 1905 proklamierte, der «demokratische Zentralismus» aber, das Verbot, an Parteibeschlüssen öffentlich Kritik zu üben, erst 1917 und die Absage an die Fraktionsbildung 1921 angenommen wurden. Dennoch: die Grundlage hatte man zweifellos beim 2. Parteitag gelegt, und unbestreitbar ist, was alle sowjetischen Verlautbarungen hernach stets festhielten, dass 1903 mit den Bolschewiken eine «Partei neuen Typs» die Bühne betrat. Wenn es von ihr heisst, sie entwickle den Marxismus «schöpferisch» weiter, so ist das allerdings ein Euphemismus, hatten doch Marx und Engels niemals von einer Partei gesprochen, die bei der Organisierung einer Revolution die führende Rolle übernehmen und im Namen der Massen die (ebenfalls 1903 ins Programm aufgenommene) «Diktatur des Proletariats» ausüben sollte.

Sowjetische Geschichtsbetrachtung sieht als Axiom in Lenin den einsamen genialen Schöpfer, der «wissenschaftlich die Notwendigkeit einer wahrhaft revolutionären Partei bewies». Simjanin erwähnte 1983 in seinem Referat als Begründer der revolutionären Tradition Russlands in chronologischer Reihenfolge den antifeudalen Schriftsteller Radischtschew, die Dekabristen, die sozialkritischen Denker und Autoren Herzen und Tschernischewski, die terroristisch-revolutionäre Verschwörergruppe «Narodnaja Wolna» (Volkswille) und Plechanows «Bund zur Befreiung der Arbeit», den Vorläufer der russischen Sozialdemokratie. Zur Entscheidung aber, sagte Simjanin, bedurfte es einer «fortschrittlichen, wissenschaftlichen Theorie», und er fügte hinzu, dieser Schritt zur Vereinigung des «wissenschaftlichen Sozialismus mit der Arbeiterbewegung in Russland» sei untrennbar mit Lenin verbunden.

Nicht genannt wurden zwei revolutionäre Gestalten in der zweiten Hälfte des 19. Jahrhunderts, Sergei Netschaiew und Piotr Tkatschew. Ersteren lehnt die sowjetische Geschichtsschreibung als einen Kriminellen ab (der er in der Tat unter anderem war), letzteren anerkennt sie widerwillig als Randfigur. Dennoch war es Netschaiew, der als erster den seiner Sache jenseits aller menschlichen und moralischen Bindungen hingegebenen Berufsrevolutionär umschrieb und forderte. Vor allem aber legte Tkatschew (zum Entsetzen des gegen ihn polemisierenden Engels) lange vor Lenin schon die Theorie vor, dass die Revolution nicht vom Volk ausgehe, sondern das Werk einer Minderheit sein müsse, welche die unzufriedenen Massen führe. Der Ruf nach einer solchen Elitenpartei findet sich bereits bei ihm, und als Bedingungen für deren Erfolg nannte er in Vorwegnahme späterer Thesen: «Zentralisierung, Disziplin, Schnelligkeit, Entschiedenheit und Aktionseinheit.» Nicht anders als Lenin nach der siegreichen Oktoberrevolution sprach sich Tkatschew früh schon dafür aus, dass die Minderheit, die dank ihrer intellektuellen und moralischen Überlegenheit den Massen den Weg weise, die Macht auch nach deren Eroberung weiterhin behalten müsse.

Vereinigt wurde 1903 somit die marxistische Lehre mit ausgeprägt russischen konspirativen Überlieferungen, und es ist aufschlussreich, dass sowohl Tkatschew als auch Lenin sich für die Rechtfertigung ihrer organisatorischen Vorstellungen auf die politischen Gegebenheiten ihrer Heimat beriefen. Russland, hielt Tkatschew Engels entgegen, kennt kein Industrieproletariat, keine Pressefreiheit und keine repräsentativen Volksvertretungen. Wie sollte da eine Arbeiterpartei westlichen Zuschnitts für ihre Sache werben? Und Lenin verwahrte sich in «Was tun?» gegen den Vorwurf undemokratischer Methoden – «eine Beschuldigung mit spezifisch ausländischem Charakter» –, indem er auf den in Russland herrschenden Despotismus hinwies: «‹Umfassender Demokratismus› der Parteiorganisation in der Finsternis der Selbstherrschaft, wo es die Gendarmen sind, die eine Auslese vornehmen, ist nur eine leere und schädliche Spielerei.»

Eine andere Sache ist es nun allerdings, wenn Michail Simjanin als Festredner der KPdSU im Jahr 1983 den «demokratischen Zentralismus» als die nach wie vor bestehende «wichtigste organisatorische Grundlage der Partei» gegen die Kritik von «Opportunisten und Revisionisten» verteidigt und der Ansicht heftig widerspricht, das System stelle ein Hindernis dar bei der Entwicklung der innerparteilichen Demokratie und in den Beziehungen zu den Massen. Auf ein anderes Blatt gehört es ebenso, wenn das Moskauer Jubiläum als Selbstlegitimierung massiv auf die Beteuerung hinausläuft, die Partei behalte die gleichen, von Lenin geschaffenen Grundstrukturen bei und sei gerade deswegen berechtigt, Führer «aller Werktätigen» zu sein.

Bei diesem Punkt drängt sich ein Entweder-Oder auf: Entweder gilt es heute noch, was Lenin geschrieben hat, dass die Partei bei ihrem Aufbau und ihren Methoden inmitten ihr feindlicher Verhältnisse auf die Demokratie keine Rücksicht nehmen kann und deshalb ihrer organisatorischen Formen bedarf. Oder es gilt, was Simjanin im 65. Jahr der Herrschaft der gleichen Partei in der Festrede behauptete, dass nämlich in der Sowjetunion «eine wahre Demokratie» entstanden sei, welche «die Grundrechte nicht in Worten, sondern in Wirklichkeit gewährleistet», und dass das Land sich durch die «Teilnahme der breitesten Massen an der Leitung gesellschaftlicher und staatlicher Angelegenheiten» auszeichne. Im letztgenannten Fall bleibt es rätselhaft, weshalb die herrschende Partei immer noch den «demokratischen Zentralismus» und allgemein jene Organisationsformen benötigt, die aus der Zeit konspirativer Tätigkeit herstammen.

Weltkriegsjubiläum

Der Krieg verband uns... er weckte die besten Kräfte im Land. (Lew Kopelew)

Der inzwischen als Emigrant in der Bundesrepublik lebende Lew Kopelew schrieb diese Zeilen 1976 in Moskau. Als Gegner des Sowjetstaats gibt er einen besonders glaubwürdigen Zeugen ab bei der Beschwörung jener Stimmung, die der Angriff Hitlers auf die UdSSR 1941 unter den Einwohnern des überfallenen Landes geweckt hat. Es sind die gleichen Gefühle, die gleiche Solidarität der Bevölkerung mit dem Staat und seinen Lenkern, welche die Sowjetführer seither wachzuhalten suchen. Die ständige Erinnerung an die Kriegsereignisse, an die Tage der schweren – bestandenen – Prüfung, sie soll den Eindruck erwecken, als wäre der Krieg gestern erst zu Ende gegangen, als bestünde bei andauernder Bedrohung das gleiche Einverständnis zwischen Regierenden und Regierten weiterhin fort. Die Feiern gemahnen, ohne dass jemand dies einzugestehen wagte, an den einzigen bedeutenden Erfolg der UdSSR seit der Gründung der Sowjetmacht, sie nähren das hier gewaltig gesteigerte Nationalgefühl und rechtfertigen – nicht nur nebenbei – die Rüstungsanstrengungen der Sowjetunion, die, so wird betont, wie die Geschichte eben lehre, in einer ihr feindlich gesinnten Welt nur dank ihrer Macht bestehen könne.

Und so feierten sie wieder, feierten monatelang: der 40. Jahrestag des Sieges über Hitler beherrschte als Thema den sowjetischen Alltag mit aller Macht, deren die Massenmedien des Landes fähig sind. Selbst wer der Ansicht bereitwillig zustimmt, dass die Sowjets zur Begehung des Jubiläums Grund haben, dass es richtig und natürlich ist, der Millionen von Opfern zu gedenken; und selbst wer sich der Erkenntnis nicht entzieht, dass die Kriegsleistungen der UdSSR zur Errettung Europas vor dem Nationalsozialismus massgebend beigetragen und – freiwillig oder unfreiwillig – mit die Bedingungen heutiger westlicher Freiheit geschaffen haben, selbst der musste stutzig werden angesichts der Masslosigkeit, mit welcher in der Sowjetunion Geschichte für die Rechtfertigung der politischen Gegenwart beansprucht wird. Während Monaten verging kaum ein Tag, ohne dass Zeitungsartikel auf den Sieg vor 40 Jahren hinweisen, in allen Reden (deren hier viele gehalten werden) gedachte man, unabhängig vom eigentlichen Gegenstand, des bevorstehenden Jubiläums. An die Schriftsteller war bereits ein halbes Jahr zuvor die Aufforderung der Partei ergangen, neue Kriegsliteratur zu schaffen (als wäre die Gattung in der Sowjetunion nicht ohnehin schon inflationär verbreitet); und einige Wochen vor dem Stichtag setzte man in allen sowjetischen Städten den neuen Film «Sieg» aufs Programm, in dem Stalin wieder zu unerwartet hohen Ehren kam. In Abweichung von dem sonst geltenden Brauch beging man zuletzt am 9. Mai mit einer Militärparade auf dem Roten Platz die Krönung der Jubiläumskampagne.

Eigener Nationalismus vergleicht sich mit fremdem, und die sowjetischen Betrachtungen enthielten nicht nur Spitzen gegen die Geschichtsschreibung des einstigen Feindes (gegen angebliche revanchistische Schönfärberei in der Bundesrepublik), sondern polemisierten auch regelmässig gegen die ehemaligen Alliierten: die Rote Armee habe den Krieg praktisch allein gewonnen, der Beitrag der Angelsachsen sei zwar wertvoll, aber nicht entscheidend gewesen. Obwohl kein ernsthafter Historiker in Zweifel zieht, dass die Hauptlast nach dem Sommer 1941 von der Sowjetunion getragen wurde, gehören die erbitterten Angriffe gegen «westliche Geschichtsfälscher», welche die Rolle der UdSSR schmälerten, zum eisernen Bestand der sowjetischen Jubiläumsaufsätze.

Was nun freilich die Geschichtsklitterung angeht, so empfindet der westeuropäische Korrespondent in Moskau bei diesem Thema allmählich Müdigkeit; er hält es nicht mehr für lohnend, sich mit der Kriegsdarstellung der Sowjetpropaganda Punkt für Punkt auseinanderzusetzen. Gewisse störende Fakten sind hierzulande im offiziellen Geschichtsbild eben untergegangen. Man will nichts wissen von einer sowjetischen Kriegsschuld als Folge des Hitler-Stalin-Paktes, übergeht mit Schweigen die eigene unselige Rolle auf der falschen Seite in den ersten beiden Kriegsjahren, in denen die Sowjetunion auf (bis heute bestehende) Territorialgewinne bedacht war. Man vergisst gerne, dass die UdSSR dem im Westen kriegführenden Deutschen Reich bis zum Juni 1941 mit Rohstoff- und Lebensmittellieferungen beigestanden hat, und die Chronik verdrängt das lästige Faktum, dass die Sowjetunion, anders als die Westmächte, gegen Hitler nicht aus eigenem Antrieb zu den Waffen gegriffen hat, sondern den Kampf erst auf sich nahm, als sie sich ihrer Haut zu erwehren hatte.

Dies und noch manches, zumal aus der Schlussphase des Kriegs, liesse sich anführen und mit den heutigen triumphalen Darstellungen konfrontieren; all das ist aber hinlänglich bekannt, ebenso wie die fertigen Versionen, mit denen die Sowjets bestimmte bohrende Fragen zu parieren pflegen. Interessanter und lohnender erscheint die Prüfung eines anderen Motivs, das in den sowjetischen Gedenkbeiträgen mit Regelmässigkeit wiederkehrt. Gemeint ist die ständige Berufung auf die hohe Zahl der eigenen Opfer. Dabei weisen die Sowjets nicht allein summarisch auf die 20 Millionen Toten hin, die der Krieg gemäss Moskaus heutigen Rechnungen auf sowjetischer Seite gefordert hat; sie stellen auch immer wieder einen Vergleich ihrer eigenen Gefallenenzahlen mit den Verlusten der angelsächsischen Alliierten an. Das sowjetische Standardwerk, die «Geschichte des Grossen Vaterländischen Krieges der Sowjetunion 1941-1945» (der Krieg hatte eben nicht 1939 begonnen), beziffert beispielsweise die Toten, Verwundeten und Vermissten der Roten Armee vom Durchbruch an der Oder und der Neisse bis zum Fall Berlins mit 305 000 Mann, und sie stellt dem gegenüber, dass die britisch-amerikanischen Verluste sich während des Jahres 1945 auf 260 000 Mann beliefen. Diese Vergleiche erscheinen legitim, solange sie als Beleg dienen für den längeren sowjetischen Frontabschnitt, den härteren deutschen Widerstand, für die grösseren Geländegewinne. Sie werden aber – als Zeugnis einer politischen Haltung – höchst zweifelhaft in dem Augenblick, da aus ihnen Stolz und zugleich Geringschätzung der Angelsachsen spricht.

Die aus Moskauer Sicht verspätete Errichtung der Zweiten Front in Westeuropa bildet bis heute einen sowjetischen Vorwurf gegenüber den Briten und den Amerikanern. In Churchills Kriegsmemoiren findet sich die Beschreibung einer ersten persönlichen Auseinandersetzung mit Stalin über diese Frage bereits im August 1942, und sehr charakteristisch muten die Worte des Sowjetdiktators an, mit denen er die Verbündeten dazu ermunterte, in Frankreich doch schon früh zu landen: «Stalin erklärte, ... wer nicht bereit sei, Wagnisse auf sich zu nehmen, gewinne keinen Krieg. (...) Seine Erfahrung gehe dahin, dass die Truppen in der Schlacht bluten müssten. Wer seine Truppen nicht bluten lasse, könne sich keine Vorstellung von ihrem Wert machen.»

Die gleiche Mentalität spricht heute noch aus den Stellungnahmen sowjetischer Politiker und Historiker, wenn sie die eigenen Gefallenenzahlen als Beweis der Tüchtigkeit in den Vordergrund rücken und den Angelsachsen vorwerfen, sie hätten ihre Truppen eben nicht «bluten» lassen. Es fehlt auf sowjetischer Seite nach wie vor an Verständnis dafür, dass die Führer von Demokratien selbst im Krieg für das Leben der Staatsbürger haften und dass sie deshalb bestrebt sind, die ihnen aufgezwungene Prüfung unter möglichst grosser Schonung des einzelnen Soldaten zu bestehen. Daher das häufige Zögern der Westalliierten, daher ihre Verspätungen, ihre den Vorstössen stets vorangehende sorgfältige Sicherung der Überlegenheit – lauter Verhaltensformen, die nach sowjetischer Überzeugung masslos übertrieben, wenn nicht gar Zeichen der Degeneriertheit und der Feigheit waren.

Mit seltener Klarheit zeigt das Schicksal Osteuropas, wie sich sowjetische und westliche Mentalität schieden und scheiden. Grossbritannien und Frankreich waren 1939 zumindest formell wegen Polen in den Krieg gezogen; gerade Polen aber überliessen sie zuletzt seinem Schicksal, nahmen es hin, dass das Land, zusammen mit einer Reihe anderer Staaten, unter sowjetische Herrschaft geriet. Die Angelsachsen schraken eben vor den Opfern zurück, welche ein Feldzug in Ost- und Mitteleuropa gefordert hätte; sie verzichteten auf die erwogene Landung an der Adriaküste und auf einen Vorstoss nach

Norden über das Laibacher Becken, und unter Hinweis auf allfällige unnötige Verluste weigerten sich die Amerikaner in den letzten Kriegstagen sogar, Böhmen und Prag zu besetzen, obwohl ihnen dazu Tür und Tor offengestanden hätte.

Die Rote Armee erbrachte dagegen die von ihr geforderten schweren Opfer, und die Sowjets – die Regierenden ebenso wie die gewaltige Mehrheit der Bevölkerung – sehen darin bis heute den Preis, der ihre osteuropäischen Eroberungen legitimiert. Grundsätzlich besteht kein Unterschied zwischen den Beteuerungen der Sowjetführer, das «Bündnis mit den sozialistischen Ländern» sei unverletzlich, die Ergebnisse des Zweiten Weltkriegs dürften nicht in Frage gestellt werden, und der Überzeugung des «einfachen» Russen: die Sowjettruppen hätten für die Befreiung der Polen, Tschechen und der anderen Nachbarvölker Blut vergossen, «folglich» gehörten diese Länder heute der UdSSR. Nebenbei bemerkt: das sowjetische Drängen in den Kriegsjahren auf rasche Errichtung der Zweiten Front zielte natürlich auf Entlastung der Sowjetunion und auf Sicherstellung des Siegs. Die Frage, ob schnelleres Handeln der Alliierten tatsächlich Moskaus Interessen gedient hätte, ist zwar hypothetisch, vielleicht aber nicht ganz müssig: Wären die Angelsachsen 1943 schon in Frankreich gelandet, so gäbe es heute sehr wahrscheinlich keine «Bruderländer» in Osteuropa.

Und schliesslich die Gegenwart, die Auseinandersetzung mit dem Westen, seine ständige Herausforderung durch die Sowjets. Raymond Aron schrieb einmal, Frankreichs rascher Zusammenbruch im Sommer 1940 habe nicht so sehr militärische als eher geistige Ursachen gehabt: Das Land sei – wenig mehr als 20 Jahre nach dem Ersten Weltkrieg – innerlich nicht bereit gewesen, die gleichen schrecklichen Leiden auf sich zu nehmen wie 1914–1918. Es bedeutet vielleicht nicht Defaitismus, wenn man behauptet, dass in der westlichen Sphäre heute nach den zwei mutwillig und sinnlos herbeigeführten Kriegskatastrophen dieses Jahrhunderts ein ähnliches Phänomen existiert und dass nukleare Abschreckung gerade die hieraus resultierende Lücke zu füllen berufen ist.

Man spricht im Westen nicht selten mit Zähneknirschen über den Widersinn, der darin besteht, dass die freie Welt, die den Sowjets sowohl an Bevölkerungszahl als auch an Technik überlegen ist, sich vor der UdSSR fürchten muss. Hier nun wäre auf den erwähnten Mentalitätsunterschied hinzuweisen, wenn es darum geht, der eigenen Bevölkerung Opfer aufzuerlegen. Dies bedeutet keineswegs, dass die Sowjetführung (oder gar die Sowjetbevölkerung) einen Krieg will. Wohl aber heisst das so viel, dass eine anders geartete Tradition bei der Bewertung des Individuums sowie ein politisches System, das den Regierenden folgerichtig das Recht auf Verfügung über ihr Volk einräumt, den Sowjets im grossen politischen Spiel eine drohende Trumpfkarte in die Hand geben.

Begegnung mit einem Kriegsveteranen

«Ihr Land, seien Sie froh, hat den letzten Krieg nicht mitgemacht. Ja, die Schweiz, sie hatte Glück, und ihre Regierung handelt gescheit, dass sie neutral bleibt. Ist gewiss ein schönes Land, die Schweiz.» Der Mann, der dies sagt, muss mehr als 60 Jahre zählen; sein Alter lässt sich leicht berechnen. Er wurde, so erzählt er, gleich nach dem deutschen Angriff auf die Sowjetunion im Sommer 1941 zur Armee eingezogen, ist also damals ein noch nicht ganz zwanzigjähriger Bursche gewesen. Der junge Soldat von einst hat sich seither in einen schweren, korpulenten Mann mit bedächtigen Bewegungen verwandelt. Wintermantel und Pelzmütze, wie bei den Russen so oft, betonen noch die Leibesfülle. Unter dichten, ergrauten Brauen blickt er den Fremden, dem er nun vom Krieg erzählt, gutmütig an. Dass er Arbeiter ist und kurz vor der Pensionierung steht, erwähnt er nur flüchtig. Thema des Gesprächs bei dieser Zufallsbekanntschaft war zuerst das Hier und Jetzt, die heutige Weltlage. Der westliche Ausländer, zumal wenn er sich als Pressekorrespondent zu erkennen gibt, fordert die Einheimischen oft allein durch seine Präsenz in Moskau schon zur Beteuerung des sowjetischen Friedenswillens heraus. Dies etwa nach dem Muster: «Journalist also sind Sie? Gefällt es Ihnen bei uns? Schreiben Sie doch, damit Ihre Leute zu Hause es lesen können, dass wir hier alle, alle den Frieden wollen.»

Es sind durchschnittliche, einfache Leute, die diese auch in den offiziellen sowjetischen Verlautbarungen stets wiederkehrenden Sätze über die eigene Friedfertigkeit wiederholen und gewiss auch ehrlich nachempfinden. Dem westlichen Gast bleibt in solchen Fällen zumeist nur die zustimmende Feststellung übrig, dass wir alle, ohne Unterschied, für den Frieden seien. Hierauf pflegt man dann mit den russischen Gesprächspartnern übereinzukommen, dass die Völker eben überall den Frieden wünschten. Den Gegenstand tiefer zu erörtern ist bei Begegnungen solcher Art zumeist wenig sinnvoll – beispielsweise zu bedenken zu geben, dass man auf unserer Seite mitsamt dem Frieden auch gewisse Bedingungen erhalten will, dass man, kurz gesagt, Frieden in Freiheit bewahren möchte. Über solche und ähnliche Fragen kann es auf dieser Ebene einen Gedankenaustausch nur in Andeutungen geben.

Der «Mann auf der Strasse» in der Sowjetunion mag seiner Regierung in manchem misstrauen, er ist aber felsenfest überzeugt, dass die UdSSR ihrerseits einen Krieg niemals beginnen würde. Gleichzeitig lebt der Sowjetbürger in einem unvergleichlich stärkeren Mass als der Westeuropäer im bedrückenden Glauben, dass ein Krieg oder gar ein Atomkrieg mit all seinen verheerenden Folgen jederzeit auszubrechen droht. Das ist eine Folge der unkritisch hingenommenen staatlichen Propaganda, die diese Möglichkeit Tag für Tag als ernsthafte Gefahr ausmalt, von unmittelbaren Kriegsvorbereitungen des «imperialistischen» Feindes und seinem «nuklearen Wahnsinn» spricht und die damit sowohl die eigenen Rüstungsanstrengungen als auch die deshalb der Bevölkerung auferlegten Opfer rechtfertigt. «Der gewöhnliche Russe», sagte einmal ein Moskauer Künstler bei einem Privatgespräch auf die entsprechende Frage, «ist seit Jahrhunderten gewohnt, daran zu glauben, was die Obrigkeit verkündet. Und so meint er auch jetzt, vom Westen gehe gegen sein Land eine militärische Bedrohung aus, der es zu begegnen gelte. Freilich: grössere Angst als vor der Nato und Amerika (obwohl dies kein offizielles Thema ist) empfindet unsere Bevölkerung vor den Chinesen.»

«Wenn es nur keinen Krieg gibt» – dieser Wunsch steht denn auch am Anfang der Unterhaltung mit unserem Moskauer Zufallsbekannten. Dem Gedankengang des Westeuropäers, der ihm auseinanderzusetzen sucht, dass die Öffentlichkeit westlicher Länder angesichts aller Erfahrungen dieses Jahrhunderts Kriege nicht mehr zulassen würde, folgt er offensichtlich nicht. Das Beispiel des Vietnamkriegs, den die Vereinigten Staaten unter dem Druck ihrer eigenen öffentlichen Meinung haben beenden müssen, überzeugt ihn nicht. Die Vorstellung, dass die Gesamtheit der Bürger in solchen Fragen den Regierenden Entscheidungen auferlegen, ihnen ein Verhalten diktieren kann, sie hat in seinem Denken keinen Platz. Er beteuert, wie das dem Ton sowjetischer amtlicher Texte entspricht, die Wertschätzung der Sowjetmenschen für das amerikanische Volk, meint aber in demselben Stil, die Machthaber in den Vereinigten Staaten stifteten in der Welt ständig Unruhe und kreisten die Sowjetunion bedrohlich ein.

Was er vom Krieg in Afghanistan halte und wie er zum sowjetischen Friedenswillen passe? Seine Antwort ist diesmal nur halbamtlich. Er spricht nicht von «konterrevolutionären Banditen», gegen welche die Rote Armee «internationalistische Hilfe» leisten müsse. Er meint vielmehr, was dort vor sich gehe, sei zwar scheusslich, die sowjetischen Streitkräfte hätten sich aber einmischen müssen, da die USA auf afghanischem Boden sonst Raketen stationiert und sie auf die Sowjetunion gerichtet hätten. Das ist gewiss nicht die Wahrheit, da Washington (wie der Westen allgemein) mit der Wiederherstellung eines blockfreien Afghanistan zufrieden wäre. Immerhin enthält aber diese Aussage die Einsicht, dass die Sowjettruppen keineswegs aus selbstlosen, brüderlichen Motiven im Nachbarland kämpfen.

Als wollte er den Eindruck bekräftigen, fügt er mit einem kleinen Lächeln hinzu: «Na, die Unseren» (gemeint sind die Machthaber) «sind bestimmt auch keine Engel.» Und nun erzählt er etwas, das wiederum merkwürdig kritisch und selbständig tönt, spürbar auf eigenen existentiellen Erlebnissen fusst. «Wissen Sie», beginnt er, «die Jugend von heute weiss nicht mehr, was der Krieg ist, und man sagt es ihr auch nicht klar genug. Im Gegenteil. Uns jungen Leuten versprach man im Sommer 1941 auch, wir würden die Deutschen bis zum Herbst besiegen. Und was geschah? Sie waren nach vier Monaten vor Moskau, und wir brauchten vier Jahre, um sie aus dem Land zu werfen. Wenn ich mir aber heute die vielen Kriegsfilme ansehe, die in unseren Kinos gezeigt werden, dann bekomme ich immer das Gleiche vorgesetzt: Der Feind ist feige und dumm, die Unseren sind tapfer, überlegen, Siege werden im Spaziergang errungen. Aber so hat sich das nicht abgespielt, weder der Feind noch der Krieg selber war so, nein, es war grauenhaft. Die Regisseure, die dergleichen drehen, die waren damals natürlich nicht dabei.» Dass seine Anmerkungen berechtigt sind, unterliegt keinem Zweifel; sie treffen, so müsste man hinzufügen, nicht nur für einen grossen Teil der sowjetischen Kriegsfilme zu, sondern auch für so manches Machwerk gleicher Art aus westlichen Studios.

Die Geringschätzung der heutigen Generation, welche die schweren Zeiten nicht gekannt hat, erläutert er mit einer weiteren Bemerkung: Die Leute litten nun keine Not mehr, sie hätten ihre Wohnungen, kleideten sich anständig. Zugegeben, für manche Waren und vorab für Lebensmittel müsse man noch Schlange stehen, aber allgemein gehe es den Menschen gut, und sie seien frei. Dann, gleichsam als Dementi seiner letzten Worte, fügt er – wohl ohne dass ihm der Widerspruch bewusst wäre – folgendes hinzu: «Bloss reisen möchte ich einmal, erfahren, wie es etwa bei Ihnen in der Schweiz ist. Mit einem Schweizer Arbeiter reden und ihn fragen: Na, Bruder, sag, wie lebst du, was verdienst du? Was unsere Zeitungen über den Westen schreiben, ist Propaganda, was Ihre Zeitungen über uns schreiben – entschuldigen Sie, Sie sind Journalist –, ist es auch. Aber selbst wenn alles wahr wäre, so gibt es doch ein russisches Sprichwort: Lieber einmal sehen als hundertmal hören.» Er selber ist im Krieg bis nach Warschau gekommen, seine Auslanderfahrung beschränkt sich auf diese Kriegserlebnisse. Ob er glaube, dass die Polen heute glücklich seien? Er antwortet aus starrer Abwehrhaltung: Die habe man befreit, und es gehe ihnen jedenfalls viel besser als den Russen selber, sie sollten folglich das Maul nicht aufreissen. Verständnis dafür, dass den Polen ihrerseits der Vergleich mit Russland nicht naheliegend und kein Trost ist, geht ihm ganz ab.

Bei einer anderen, offiziellen Begegnung, als der Gesprächspartner, ein Funktionär des Planungsamtes, Schwierigkeiten im Konsumbereich abhandelt, tönt es nicht unähnlich. Auch dieser bejahrte Mann vergleicht mit den Kriegs- und unmittelbaren Nachkriegsjahren; seine Erklärung, gegeben im Ton aufrichtigen Bedauerns, macht für Engpässe die gestiegenen Ansprüche verantwortlich. Nach 1945, so erinnert er sich, seien die Leute eben bereit gewesen, mit dem bescheidensten Angebot vorliebzunehmen. Der Fehler liege heute darin, dass die Menschen immer mehr wollten, auf den Nachbar schauten und ihm, sofern er mehr besitze, unbedingt nachstrebten. Als Klage aus dem Munde eines Wirtschaftsverantwortlichen mutet dergleichen recht sonderbar an, soll doch die Aussage offenkundig dazu dienen, das Bild einer überforderten Wirtschaft zu entwerfen und so Mangelerscheinungen zu rechtfertigen. Was wiederum die Freiheit angeht, so bleibt noch die Bemerkung eines dritten, ebenfalls nicht mehr jungen Bekannten anzuführen: Der materielle Fortschritt des Landes sei nicht die Hauptsache, spiele keine Rolle; die wichtigste Errungenschaft bestehe vielmehr darin, dass der einfache Sowjetbürger heute – im Gegensatz zu den dreissiger und frühen fünfziger Jahren – um sein Leben nicht mehr ständig Angst zu haben brauche. Niedriger könnte staatsbürgerlicher Anspruch gegenüber der Obrigkeit allerdings nicht mehr angesetzt werden.

Afghanistan-Krieg ohne Heimatfront

> «*Die Dorfbewohner hatten nun die Wahl, entweder am Platz zu bleiben und unter furchtbaren Anstrengungen alles das, was sie sich mit so viel Mühe und Arbeit erbaut hatten, wieder aufzurichten, wobei sie gewärtig sein mussten, dass dasselbe Elend jeden Augenblick wieder über sie hereinbrechen konnte, oder ihrem religiösen Gesetz und dem Gefühl des Abscheus und der Verachtung zum Trotz sich den Russen zu unterwerfen.*»
> (L. Tolstoi: «Hadschi-Murad»)

Treffen mit einer Gruppe von Intellektuellen in einer sowjetischen Provinzstadt. Man hat zur Unterhaltung mit den westlichen Korrespondenten, deren Reise das Moskauer Aussenministerium veranstaltet, Schriftsteller, Maler, Musiker, Funktionäre von Künstlerverbänden aufgeboten. Gegen Ende des von beiden Seiten eher trocken geführten Gesprächs kommt es unerwartet zu einem regelrechten Auftritt: Ein etwa fünfzigjähriger, hagerer Mann erhebt sich, streicht über seine Stirnglatze und holt mit sonorer Stimme zu einer Ansprache aus. Er stellt sich als Schauspieler vor und will den Ausländern, wie er sagt, einen kleinen Erlebnisbericht vortragen. Er habe, erzählt er, an diesem Tag vor der Begegnung mit den Journalisten am frühen Morgen seinen in den Militärdienst ziehenden Sohn zum Bahnhof begleitet, sich von ihm verabschiedet. «Mir war es weh ums Herz», fährt der Schauspieler, nun schon deklamierend, fort, «ich küsste ihn und sagte: ‹Mein liebes Kind, wenn es nur keinen Krieg gibt.›» Der Sohn aber, der wohl die Kunst liebe und Gitarre spiele, dessen Gedankenwelt aber ihm, dem Vater (dies müsse er eingestehen), früher unbekannt geblieben sei, habe geantwortet: «Es wird keinen Krieg geben, Papa, denn in der Welt gibt es die Schönheit.»

Dies also, meint der Schauspieler, wolle er uns als Botschaft von der Kunst- und der Friedensliebe der Sowjetmenschen mit auf den Weg geben. Aus diesem Erlebnis wolle er selber die Kraft schöpfen, wenn er demnächst in einem Revolutionsstück auf der Bühne die Gestalt Lenins verkörpern werde. Die westlichen Journalisten hören zu. Wir alle hatten, wie es sich nach der Veranstaltung zeigt, während des Monologs den gleichen Gedanken: dass es einen Krieg gibt, dass die Sowjetarmee seit Ende 1979 in Afghanistan sehr wohl in eine blutige Auseinandersetzung verwickelt ist. Ausgeschlossen, dass all die anderen anwesenden Einheimischen nicht das gleiche denken sollten. Das mit Pathos vorgetragene Bekenntnis des Rekrutenvaters zum Frieden und zu den humanistischen Idealen der Sowjetmacht, die selbstentworfene, improvisierte Rolle, die er vor uns als Zuschauern gestaltet und in die er sich zuletzt sichtlich immer mehr einlebt, sie haben auch ein anderes Publikum zum Adressaten: die mit dabei sitzenden örtlichen Funktionäre. Unter ihnen mag der eine oder andere über genügend Einfluss verfügen, er könnte, wenn man ihn darum bäte, vielleicht bei den Militärbehörden ein Wort einlegen, damit der Sohn seinen Dienst in Europa leisten darf ...

Böswillige westliche Optik? Tatsache ist, dass der Gedanke an Afghanistan auf den Eltern dienstpflichtiger Söhne im ganzen Land wie ein Albdruck lastet. Der westliche Korrespondent wird in der Sowjetunion insbesondere vom Militär ferngehalten. Selbst flüchtige persönliche Kontakte mit Armeeangehörigen (noch so tiefer Stufe) gelten schon als ausgeschlossen. Diesen Aspekt aber, die Besorgnis der Eltern, Gespräche voller bekümmerter Vermutungen über den Aufenthaltsort der als Rekruten eingezogenen Kinder, diese Seite nimmt auch der Ausländer deutlich wahr. Zwar dient nur ein kleiner Teil der sowjetischen Rekruten im südlichen Nachbarland, aber Ungewissheit quält und stachelt die Phantasie von Vätern und Müttern an. Es gehört in der Sowjetunion nämlich zur Regel, dass in den ersten Monaten der Dienstzeit selbst die engsten Familienmitglieder nichts vom Aufenthaltsort der jungen Soldaten erfahren dürfen. Und so hört man denn immer wieder von verzweifelten Familien, die auf Nachricht warten. Man hört aber auch von Müttern, die glücklich verkünden, der Sohn habe heute aus einer Kleinstadt telefoniert und mitgeteilt, er sei in der Ukraine.

Besorgt sind die Sowjetfamilien darum, weil sie die Natur des in Afghanistan geführten Kriegs kennen. Das ist nicht selbstverständlich, denn sowjetische Darstellung hat während der ersten Interventionsjahre daran festgehalten, die Einheiten der Roten Armee erfüllten einzig polizeiliche Funktionen zum Schutz der Zivilbevölkerung und nähmen an den Kämpfen nicht teil. Die bewaffneten Auseinandersetzungen, so hiess es lange, trügen die Streitkräfte der afghanischen Zentralmacht aus. Dass dem nicht so ist, leugnete man dann Mitte der achtziger Jahre auch offiziell nicht mehr. Selbst der sowjetischen Bevölkerung gegenüber wurde es allmählich nicht mehr möglich, an dieser Unschuldsversion festzuhalten. «Wo fliegen Sie hin?» fragte der Taxifahrer auf dem Weg zum Flughafen einen westlichen Journalistenkollegen, der zu einer Gruppe nach Afghanistan eingeladener Moskauer Korrespondenten gehörte. Auf die Antwort – «nach Kabul» – tönte es so zurück: «Dann schauen Sie zu, dass Sie in einigen Tagen nicht zwischen vier Brettern zurückkommen wie einer meiner Nachbarn.» Auf ein weiteres Gespräch über das Thema liess sich der Fahrer nicht ein.

Hier und dort, so hiess es unter sowjetischen Bekannten, habe man von einem Todesfall gehört, sei jemand aus Afghanistan nicht zurückgekehrt. Selbst in einem Land von den Ausmassen der Sowjetunion und bei (gewollt) mangelhafter Orientierung der Bevölkerung lassen sich solche Tatsachen, zumal während mehrerer Jahre, nicht vollständig verheimlichen. Die Regierung weigert sich zwar hartnäckig, die Zahl ihrer Gefallenen und Verletzten im Afghanistan-Krieg bekanntzugeben. An Moskauer Pressekonferenzen, an denen westliche Korrespondenten dem sowjetischen Generalstabschef, Sergei Achromejew, die Frage oft schon gestellt haben, war die Reaktion des Marschalls stets die gleiche: Er lehnte es ausdrücklich ab, Auskunft zu geben.

Man kann darüber rätseln, was die Sowjetführung zu dieser Haltung veranlasst: militärische Gründe, das heisst der Wille, sich bei der Kriegführung möglichst wenig in die eigenen Karten schauen zu lassen, der Gedanke an das internationale Prestige oder aber Bedenken, der eigenen Bevölkerung reinen Wein einzuschenken. Auszuschliessen brauchen sich diese Überlegungen nicht. Bemerkenswert ist es bei diesem Punkt indessen, dass weder die Obrigkeit von Gewissensbissen noch die Bevölkerung vom Verlangen nach Information geplagt zu sein scheint. Die Auffassung, dass eine Regierung verpflichtet wäre, dem eigenen Volk Rechenschaft abzulegen über die Opfer, die ihre eigene Kriegspolitik fordert, diese Überlegung fehlt in sowjetrussischer politischer Kultur und Denkweise.

Dennoch: Die sowjetische Presse ist von 1984 an nach und nach – schubweise, klar im Zeichen verordneter, wechselhafter Konjunkturphasen – dazu übergegangen, auch über die Teilnahme von Rotarmisten an den Kämpfen zu berichten. Die Armeezeitung «Krasnaja Swesda» führt solche Artikel unter der Rubrik «Afghanistan – der Ort von Heldentaten». Sowjetsoldaten können eben nur Heldentaten vollbringen, so lautet die unterschwellige These, die offenkundig die Parallele zum Zweiten Weltkrieg herzustellen sucht. Das Armeeblatt berichtete etwa von einem 23 Jahre alten Leutnant, der zur Deckung seiner eigenen Leute verwundet zurückgeblieben und sich selber zusammen mit acht «Rebellen» mit seiner letzten Granate in die Luft gejagt habe. Wer die literarische Verarbeitung der sowjetischen Waffentaten und des Partisanenkampfs in der Zeit nach 1945 etwas kennt, entdeckt hier unschwer die gleichen Motive.

Auch das sowjetische Fernsehen führte wiederholt kurze Bildsequenzen von Kämpfen im afghanischen Gebirge vor. Westliche Militärattachés in Moskau meinten zwar regelmässig, es habe sich um gestellte Szenen gehandelt. Als wesentlich erschien dennoch, dass sowjetische Informationspolitik das Gesicht des Kriegs und die Rolle der eigenen Truppen nicht mehr allein in beschönigender Perspektive schilderte. Zufrieden lächelnde, selbst- und pflichtbewusst dreinblickende oder mit der afghanischen Bevölkerung fraternisierende Sowjetsoldaten blieben zwar als Abbildungen in der Presse immer noch die Regel. Angesichts der eigenen Verluste, angesichts der Verwundeten und all der Veteranen, die ihre eigenen Erfahrungen gemacht haben und über den Kriegsalltag in Afghanistan Bescheid wissen, ging es aber wohl nicht mehr an, die Rotarmisten in diesem Land als harmlose Helfer in der Etappe hinzustellen. Im Gegenteil: die Heroisierung musste einsetzen.

Bedeutet dies, dass der Krieg in Afghanistan unter der sowjetischen Bevölkerung selber unpopulär ist? Zweifellos fallen die Propagandabemühungen ins Leere, wenn das Heldentum aus dem Zweiten Weltkrieg beschworen wird. Die Sowjetsoldaten stehen diesmal auf fremdem Boden, verteidigen nicht das eigene Land gegen einen eingedrungenen Feind, selbst wenn Sowjetpublikationen gelegentlich bis zum Eingeständnis gehen, die Intervention sei zum Schutze der sowjetischen Grenzen selber notwendig gewesen. Dass die Kriegsgegner Afghanen sind, Angehörige des gleichen Volkes, dem man angeblich Hilfe leistet, dass der sowjetische Einmarsch über vier Millionen Flüchtlinge jenseits der Grenzen geschaffen hat, dies scheint jedoch nur der dünnen Schicht sowjetischer Intellektueller klar zu sein, jenen wenigen, die aussenpolitische Ereignisse auch anhand westlicher Informationen verfolgen. Persönliche Betroffenheit kann dabei Haltung und Ausdrucksweise schärfen: «Mein Sohn muss nächstes Jahr ins Militär, ich habe nicht die Möglichkeit wie unsere Minister, ihn zum Studium an eine ausländische Universität zu schikken! Wozu zum Teufel brauchen wir den Krieg in diesem armseligen Land? Warum können die dort oben nicht zugeben, dass sie einen Fehler begangen haben?»

Diese letzte Frage stellen auch linientreue Leute, beantworten sie freilich, indem sie erklären, ein Zurück könne es nicht mehr geben. Der Abzug der Sowjettruppen aus Afghanistan würde in Kabul sonst zu einem Massaker führen. Wer hiefür die Verantwortung trage, sei heute schon eine überholte Frage. So bleibe eben nichts anderes übrig, als den Krieg weiterzuführen. Vom Kaukasus bis nach Zentralasien hat russische Macht in zwei Jahrhunderten in der Tat genug Zähigkeit und Ausdauer bewiesen (und stets den längeren Atem gehabt), wenn es darum ging, muslimische Völker niederzuwerfen. Tolstois «Hadschi-Murad», auf dessen politische Aktualität gelegentlich gerade Russen verweisen, ist im Jahre 1987 eine frappierende Lektüre. Die Erzählung über den Feldzug gegen kaukasische Stämme vor rund 140 Jahren enthält so manche vertraute Elemente: die Beschimpfung des Gegners als Räuber, die strategisch vorbedachte Zerstörung von Bergdörfern und die Vernichtung der Lebensmittel im feindlichen Siedlungsgebiet sowie die Spaltung der anderen Seite, indem die Russen einzelne Gruppen und Führerpersönlichkeiten gegeneinander ausspielen.

Und die grosse Masse der Sowjetbürger? Jene, die nicht die Nachrichten der BBC hören und an Tolstois Gegenwartsbezug keinen Gedanken verschwenden? Der Krieg weckt auch unter dieser Mehrheit keine Begeisterung, man spricht nicht gern darüber; das Geschehen jenseits des Hindukusch verdrängt man am besten – diesen Eindruck zumindest gewinnt der Ausländer in Moskau. Dennoch ist es wohl so, dass sich die meisten Sowjetbürger eben die

Meinung ihrer Regierung zu eigen machen und gegebenenfalls den amtlichen Standpunkt vertreten: Die Rote Armee sei gegen die Imperialisten um Hilfe gebeten worden, sie erfülle ihre internationalistische Pflicht und so weiter. Man ist in diesem Land gewohnt, das zu glauben und zu wiederholen, was die Machthaber vorsagen; und selbst wenn dieser sich unheimlich hinziehende Krieg die Gemüter belasten sollte – man nimmt ihn ergeben hin, nicht anders als die Mühsal des Alltags oder den Hagelschlag, gegen die der Mensch nicht aufkommt.

Dies gilt offensichtlich selbst für jene, die als Soldaten den afghanischen Schauplatz kennengelernt haben. Hört man gelegentlich von solchen Gesprächen mit heimgekehrten Soldaten, dann ist die Rede von Befehl, Kampf und Gefahr, von tiefster Verachtung der regulären afghanischen Armee, die es praktisch gar nicht gebe, vom Misstrauen gegen alle Afghanen, die als Muslime vom «Sozialismus» nichts verstünden, anders seien, die man zwar selber bewaffne, die sich aber jederzeit als Feinde entpuppen könnten. Und dann vernimmt man zwar die Meinung, der Krieg sei auf diese Weise nicht zu gewinnen, es folgt aber kein Zusatz über seine Sinnlosigkeit, keine kritische Frage, weshalb er begonnen und bis heute nicht beendet wurde.

Das Gefühl, Unrecht erlitten zu haben, kommt, wie Einheimische versichern, nur in Familien auf, die selber einen Angehörigen im Krieg verloren haben. Das Leid bleibt aber privater Art, es wird geteilt von den Verwandten, doch fühlen sich schon die Nachbarn kaum bewegt, solange ihnen selber das gleiche Schicksal erspart bleibt. Es gibt in Russland kein soziales Gewebe, kein kollektives politisches Bewusstsein, dessen spontane Reaktion die Führung zu fürchten brauchte. Das Abstraktionsvermögen, vom Leid des Einzelnen auf allgemein gültige Ursachen zu schliessen, ist nicht entwickelt. Die bei der Bevölkerungsgrösse relativ bescheidene Zahl der Kriegsopfer, mangelnde und schwerfällige Kommunikation innerhalb des gewaltigen Landes und Manipulierung der Information tun ein übriges. Dass die bewaffnete Auseinandersetzung Moskau an Prestige vorab in der Dritten Welt viel kostet und dass der Kreml sie – freilich zu seinen eigenen Bedingungen – gern beenden würde, unterliegt keinem Zweifel. Sollte sich aber die UdSSR für die Fortführung des Kriegs entscheiden, so wird sie ihn, anders als die Vereinigten Staaten in Vietnam, gewiss nicht an der «Heimatfront» verlieren.

Nicht vom Brot allein...

Unruhige Geister

Jüdische Opposition

Der Tag bricht jetzt, im Herbst, nur noch zögernd an, morgens um sechs herrscht in der Hauptstadt noch Dunkelheit. Die Moskauer Strassen sind finster, die Scheinwerfer der Taxis leuchten den Weg nur ungenügend aus, das Ausweichmanöver, wenn der Belag aufgerissen ist oder ein Kanalisationsdeckel herausragt, gelingt nicht immer rechtzeitig. Der Chauffeur, ein etwa sechzigjähriger, hagerer Mann, der seinen Fahrgast im Ausländerghetto abgeholt hat und nach den ersten Worten des einsetzenden Gesprächs schon genau weiss, wer neben ihm sitzt, beginnt über die Behörden zu schnöden. Sie richteten sich immer noch nach der Sommerzeit, diese Idioten, hätten die Strassenbeleuchtung schon so früh ausgeschaltet. Natürlich, man solle Energie sparen, das sei jetzt ja ein Schlagwort. «Umgestaltung», lacht er spöttisch, «Beschleunigung» zitiert er im gleichen Tonfall, und zur Demonstration, was er von diesen Zielsetzungen hält, kurbelt er neben sich die Fensterscheibe herunter und spuckt aus dem Wagen hinaus. Und dann folgt noch ein Wortschwall, verächtlich lässt er sich darüber aus, was vom neuen Kurs Gorbatschows zu erwarten sei: nichts.

Für den Ausländer ist dies, gelinde gesagt, überraschend. Denn unsereiner hat in Moskau schon manche despektierliche Meinung über die Sowjetführung vernommen, solche Äusserungen stammen aber in der Regel von Intellektuellen: von verbitterten, zumeist resignierten Leuten, die sich über das sowjetische Herrschaftssystem keine Illusionen machen. Ihr Zynismus, mit dem sie politische Themen nicht selten behandeln, wurzelt in der Einsicht, dass sie selber mit ihren Überzeugungen innerhalb der Sowjetunion zu einer winzigen Minderheit gehören, dass ihre Ideen selbst in der Form milder Reformen kaum Aussicht haben, zu ihrer eigenen Lebenszeit Wirklichkeit zu werden. Schimpft der polnische oder tschechische Intellektuelle über das Regime, so tut er das mit der Gewissheit, dass – ungeachtet aller sozialen Unterschiede – fünfundneunzig Prozent der Bevölkerung hinter ihm stehen. Meldet sich ein russischer Intellektueller im gleichen Sinn zu Wort, so ist er sich darüber im klaren, dass er fünfundneunzig Prozent seiner Landsleute gegen sich hat.

Die russischen Massen bekennen sich nicht aus politischer Überzeugung zu den Regierenden, sondern aus jahrhundertealter Untertanentradition, welche die Respektierung der Obrigkeit vorschreibt. Eine naive, unkritische Treue, eine kindliche Bereitschaft zur Wiederholung und Akzeptierung der Parteiparolen, das ist die «politische Haltung» des Durchschnittsrussen, wie man sie als Ausländer bei Begegnungen kennenlernt. Die Dimension staatsbürgerlichen Bewusstseins fehlt in der Denkweise, Forderungen wie «nichts über uns ohne uns» stehen und standen hier nie an der Tagesordnung. Das Wort, der politische Begriff, ist denn auch ohne Gewicht; die KPdSU hat jahrzehntelang verkünden dürfen, dass die «sozialistische Demokratie», wie sie innerhalb der Sowjetgrenzen bestehe, die höchstentwickelte, perfekteste Form der Volksherrschaft in der ganzen Welt darstellt; und die gleiche Partei kann seit dem Machtantritt Gorbatschows ebenso laut erklären, «Demokratisierung» der Sowjetgesellschaft tue dringend not. Die Kremlführung braucht nicht zu befürchten, dass die «werktätigen Massen» sie beim Widerspruch behaftet werden. Um so erstaunlicher also ist es, aus dem Munde eines Arbeiters regimekritische Reden der beschriebenen Art zu hören. Zwar unterscheidet sich unser Mann in seinem Aussehen, in seiner Sprache nicht von den gewöhnlichen Moskauern, die Frage ist dennoch angebracht: «Sind Sie Russe?» Er dreht den Kopf für einen Augenblick dem Fahrgast zu, schaut dann wieder gerade hinaus und sagt so: «Ich? Ich bin Jude.»

Zeitungsleser im Westen, denen man nicht Antisemitismus zu unterstellen braucht, wenden sich gelegentlich ungehalten mit der Frage an Redaktionen und Korrespondenten, weshalb denn in den Nachrichten aus der Sowjetunion so oft von Juden die Rede sei, von Protesten auswanderungswilliger jüdischer Sowjetbürger, denen die Erlaubnis verweigert werde, von Petitionen, Hungerstreiks. Ob es wirklich keine anderen Dissidenten gebe? Keine anderen Fälle von Menschenrechtsverletzungen? Man hat bei der Antwort vorerst einmal auf die Tatsache hinzuweisen, dass die Motivation zur Auswanderung bei sowjetischen Juden anderer Art ist als bei sonstigen Bürgern der UdSSR – mit Ausnahme der deutschstämmigen Einwohner, unter denen der Wunsch, in die Bundesrepublik zu ziehen, aus naheliegenden Gründen verbreitet ist. Man muss immerhin in Rechnung stellen, dass «Jude» in der Sowjetunion als Nationalität gilt und als solche in den amtlichen Dokumenten und im Personalausweis des Einzelnen figuriert. Über den Antisemitismus hinaus, der in den ostslawischen Ländern seine uralte düstere Tradition hat und der in der Sowjetunion allen propagandistischen Beteuerungen zum Trotz lebendig geblieben ist, trägt die amtliche Regelung noch dazu bei, jüdischen Sowjetbürgern das Gefühl ethnischer und nationaler Eigenart zu vermitteln und so der Assimilation entgegenzuarbeiten. Die Gründung eines «Jüdischen Autonomen Gebiets» (Birobidschan) im Fernen Osten hat – eine ausgefallene, wenn überhaupt je ernstgemeinte Idee – jedenfalls auf die Juden der Union eine minimale Anziehungskraft nur ausgeübt und das Problem ungelöst gelassen.

Sodann aber wäre, gerade mit Blick auf unseren Bekannten, die im Vergleich mit Russen oder Ukrainern andersartige politische Denkweise der Sowjetjuden anzuführen. Natürlich sind Verallgemeinerungen mit aller Vorsicht zu geniessen, und doch spricht manches dafür, dass der in Russland sonst verbreitete Obrigkeitsglaube selbst unter einfachen, ungebildeten Juden, die aufs Haar ihren slawischen Mitbürgern gleichen, bei weitem nicht in ähnlichem Mass vorhanden ist. Woher die Zweifel, der Sinn für Kritik, die Auflehnung? Hier scheint die Jahrhunderte dauernde Existenz in der Diaspora ihre Spuren hinterlassen zu haben. Die autochthone Bevölkerung lebte überall während Jahrhunderten mit ihren Gewissheiten, die ihr die Kirche vermittelte; im Gegensatz zur westeuropäischen Entwicklung wurde diese Ruhe in Russland von keiner tiefgreifenden Wirkung der Aufklärung gestört, der orthodoxe Klerus, von jeher Verbündeter der autoritären weltlichen Macht, sorgte für den Fortbestand der als Selbstverständlichkeit geltenden Grundwahrheiten. Für den dagegen, der unter Fremden in einer isolierten Gemeinschaft sein Leben fristete und an seiner Andersartigkeit aus Überzeugungsgründen festhielt, galt es täglich, das Woher, Wohin und Weshalb zu erwägen. Die Hinterlassenschaft dieser Haltung wirkt sich, so scheint es, heute noch aus, und dies wäre eine weitere Antwort auf die Frage, weshalb politische Dissidenz in der Sowjetunion verhältnismässig oft von unruhigen jüdischen Geistern getragen wird.

Ein Theaterstück um die Auswanderung

Wenn im Zuschauerraum die Lichter ausgehen, ertönt von der Bühne her von Band eine Stimme, die darüber orientiert, dass die Geschichte, die man nun sehen wird, Ende der siebziger Jahre spielt, dass sie in beliebigen Städten der Sowjetunion vorstellbar ist und dass man auch eine Wiederholung in neuerer Zeit – wir schreiben Anfang 1986 – nicht ausschliessen darf, da doch niemand weiss, was alles geschehen kann. Die Zuschauer im kleinen Stanislawski-Theater verstehen, was gemeint ist. Der Ruf des von Arkadi Stawizki stammenden Stücks «Scholem-Alejchem-Strasse 40» hat sich in Moskau bereits verbreitet; man weiss, dass es um ein «heikles» Thema geht, um die Auswanderung jüdischer Bürger aus der Sowjetunion, und man braucht niemandem zu erklären, dass solche Ausreisebewilligungen von den Sowjetbehörden in den späten siebziger Jahren zu Zehntausenden erteilt wurden, während sich die Zahl der Auswanderer jetzt pro Jahr bestenfalls auf einige Hunderte beläuft. Die politische Macht pflegt, wird sie auf dieses Programm angesprochen, überaus gereizt zu reagieren, und es gilt daher als aufsehenerregend, dass dieses Stück nun Fragen solcher Art zur Diskussion stellt. Seine Uraufführung hatte Stawizkis Drama (die Gattungsbezeichnung ist problematisch) Ende 1985, und es galt in Moskau hernach als äusserst schwierig, für die monatlich drei oder vier Vorstellungen des Stücks Karten zu ergattern.

Will man in diesem Theaterabend den Ausdruck einer im Zeichen Gorbatschows stehenden Kulturpolitik erblicken, so werden da neuerschlossene Freiräume ebenso sichtbar wie die nach wie vor bestehenden starren Grenzen. Wer auswandern will, dies ist die mit pädagogischem Vorschlaghammer platt- und breitgeschlagene Schlussmoral, verursacht nicht nur menschliche Tragödien, fügt nicht nur den eigenen Angehörigen und sogar sich selber Leid zu, sondern wird ausserdem zum Verräter am sowjetischen Vaterland. «Etwas Besseres als die Sowjetmacht, glaube mir, findest du nirgends in dieser Welt», versucht ein Nachbar dem in seinem Entschluss schwankenden Physikprofessor die Emigrationsabsicht auszureden, und der Beruf des ausreisewilligen Mannes gibt dem flinken Verfasser gleich auch Gelegenheit, einige seit Gorbatschows Machtantritt in Schwung gekommene Losungsworte einzubauen: der Sowjetstaat tue doch alles für die Gelehrten, der technisch-wissenschaftliche Fortschritt sei in vollem Gange.

Erzählt wird die Geschichte eines alten jüdischen Ehepaars, dessen zwei Söhne, der eine Arzt, Chirurg, der andere eben Physiker, den Beschluss fassen, nach Israel auszuwandern. So zumindest heisst es lange, bis es sich dann herausstellt, dass es den Arzt keineswegs nach der unscheinbaren Berufsexistenz irgendwo in einem Jerusalemer Krankenhaus gelüstet, dass er als Reiseziel vielmehr an Amerika denkt. Dies wiederum erschüttert den Bruder, einen schon älteren Mann; er hatte sich zum Schritt durch Parolen des anderen bewegen lassen, die beiden wollten sich in Israel, ihrer eigentlichen Heimat, ihrem Volk anschliessen. Der Vater freilich, den Stawizki als leicht komischen Sonderling, aber als aufrechten Sowjetpatrioten schildert, empört sich ob solcher Worte, reisst in einem Wutanfall die Photographien seiner Kinder von der Wand und schleudert sie fort – er habe keine Söhne mehr, ruft er aus –, und vor lauter Zorn ob der vernommenen Pläne fallen ihm nur die staatlich vorgeprägten Formeln ein, dass es sich da nämlich um schändliche zionistische Propaganda handle.

Die Mutter indessen, die der Autor in der Rolle der durch viel Leid hindurchgegangenen und doch menschenfreundlich gebliebenen weisen Matrone zur Hauptfigur macht, erteilt ihren Kindern schlichte Mahnungen; ihr Text macht von der etymologischen Verwandtschaft der russischen Wörter für «Vaterland», «geboren werden» und «Eltern» verschwenderisch Gebrauch. Der Mensch habe zum Angestammten Treue zu wahren, dies ist ihre Lehre, und merkwürdig genug bezeichnet diese jüdische Grossmama wiederholt den Hof ihres Wohnhauses als Heimat im engeren Sinne. Der Titel des Stücks spielt auf dieses Bekenntnis an, und durch ein ansprechendes Bühnenbild sowie durch die Einbeziehung verschiedenster Nachbarn, die in Episodenrollen immer wieder auftauchen, stützt die Vorstellung Stawizkis These in der Tat nicht ohne Geschick. Der Hinterhof, in Wirklichkeit mit all seinen Gerüchen und Abfällen nicht das einladendste Zubehör russischen Lebens, erscheint hier als bergender Raum, als Rahmen des Kollektivs.

Dass die Tochter des Professors, die nach Israel mitziehen sollte, in letzter

Minute ihre grosse Liebe zu einem jungen Gelehrten entdeckt, der sie zurückzuhalten sucht und den auswanderungsbereiten Physiker selbstbewusst darüber belehrt, dass die Wissenschaft auch eine Frage der Ethik sei – das alles kompliziert die Dinge, scheint aber die Abreise nicht mehr verhindern zu können. Selbst die Grosseltern entschliessen sich schweren Herzens, sich von ihren Kindern nicht zu trennen und mitzugehen, doch da begeht der Grossvater, der sich von der heimatlichen Scholle nun einmal nicht loszureissen vermag, Selbstmord. Das Stück, das bisher mit dem Schwank kokettierte, entscheidet sich damit für düstere Töne, schafft aber diesen schweren Übergang nicht: es gleitet ins Melodramatische ab. Zwar bleibt der Schluss offen, der Opfertod des alten Mannes aber, so ahnen wir erschüttert, wird zumindest den Professor und seine Tochter umstimmen, womöglich sogar den Arzt auf andere Gedanken bringen, obwohl ihm, dem unsympathischen Kerl, die Ausreise selbst nach diesem Ereignis noch zuzutrauen ist.

Trotz dieser Konzeption, die so wirkt, als hätte sie ein staatliches Amt zur Verwahrung literarischer Versatzstücke geliefert, trotz dem Klischeehaften bleiben noch manche aufsehenerregende, weil ungewohnte Einzelheiten. Mag die Antwort auch auf «Landesverrat» hinauslaufen, die Möglichkeit doppelter Loyalität für jüdische Sowjetbürger wird zumindest eingeräumt. Bemerkenswert offene Anspielungen fallen darüber, dass der Arzt und der Professor gleich nach dem Einreichen des Ausreisegesuchs ihre Stellungen verloren haben. Die unverzügliche Entlassung vom Arbeitsplatz ist bei Emigrationskandidaten tatsächlich die Regel, selbst wenn über diese Repressionspraktik offiziell Schweigen herrscht.

Vor allem aber gibt den Kontext zur Fabel – unausgesprochen – die Undurchlässigkeit der sowjetischen Grenzen ab; der Konflikt, ob Familien zerrissen werden dürfen, da der Emigrationsentschluss Abschied für immer bedeutet, ist eben nur in einer Gesellschaft denkbar, deren Mitglieder – von Konfession und Nationalität völlig unabhängig – keine Freizügigkeit kennen. Womit denn auch die Ortsbedingtheit des Dramatischen erwiesen wäre. Gegenprobe: man denke sich in einem westeuropäischen Stück den herzbrechenden Aufschrei einer Mutter, ihre Söhne wollten in ein anderes Land ziehen, sie ertrage den Gedanken nicht, die Kinder nie mehr wiederzusehen...

Dissidenten und Menschenrechte

«Findet ihr es richtig, dass man im Westen das Problem der jüdischen Auswanderung dermassen hochspielt?» fragte einmal Wasja, ein russischer Freund. Nein, gaben wir ihm zur Antwort. Wir begrüssten es, wenn sich Befürworter und Verteidiger der Menschenrechte im Ausland für die Möglichkeit sowjetischer Juden einsetzten, das Land zu verlassen. Wir seien aber der Meinung, dass die Beschäftigung mit den Sowjetjuden im Westen allmählich einen allzu ausschliesslichen Charakter habe und dass man dabei unter Verlust der Proportionen die Lage der übrigen Einwohner der UdSSR vergesse. Bürgerrechte allgemein und darunter das Recht auf freie Wahl des Wohnorts, das die Sowjetregierung mit ihrer Unterschrift unter der Uno-Charta anerkannt hat, müsste für alle Bürger des Landes gefordert werden, nicht bloss für Juden allein. «Danke», sagte Wasja, «genau das habe ich von euch hören wollen.»

Wer in der ersten Hälfte der achtziger Jahre in der Sowjetunion lebte, begegnete dem Phänomen politischer Dissidenz nur noch in einigen wenigen Fällen. Die Bewegung der Bürgerrechtler hatte unter dem Eindruck der Helsinki-Konferenz Mitte der siebziger Jahre ihren Aufschwung erlebt, sie wurde in der Schlussphase von Breschnews Amtszeit radikal vernichtet: jene politischen Widersacher des Regimes, die sich für ihre Überzeugungen öffentlich eingesetzt hatten, verschwanden entweder in Gefängnissen und Lagern, oder sie wurden zur Emigration gezwungen. Zwar zeugt das Vorgehen davon, dass die Sowjetbehörden diese Art der Opposition für ernst genug gehalten und bei ihrer Ausschaltung Prestigeverlust in Kauf genommen haben. Dennoch kommt man um die Feststellung nicht herum, dass die sowjetische Dissidentenbewegung im Westen oft als ein Zeichen der allgemeinen politischen Stimmung innerhalb der Sowjetunion angesehen und als solches überbewertet worden ist. Es genügt, Jelena Bonners Buch «In Einsamkeit vereint» zu lesen über die mit Andrei Sacharow zusammen in Gorki in der Verbannung verbrachten Jahre: die Beschreibung, wie sie als die Frau Sacharows bei ihren Reisen nach Moskau von gewöhnlichen Leuten angepöbelt und als Verräterin beschimpft wurde, kann lehren, in welchem Mass der einfache Sowjetbürger obrigkeitshörig ist und die Dissidenz eine Randerscheinung darstellt. So besehen, nimmt denn auch Gorbatschow kein übermässiges Risiko auf sich, wenn er Sacharow nach Moskau zurückkehren lässt und einzelne politische Gefangene begnadigt.

Der Sowjetstaat macht sich gewiss keine Illusionen und ist sich darüber im klaren, dass er in jenem Segment der Bevölkerung, wo politisches Bewusstsein und historische Bildung vorhanden sind, unter Intellektuellen also, auf Ablehnung stösst. Die grössere Toleranz der nachstalinistischen Zeit kommt in einer Haltung der Behörden zum Ausdruck, die nicht jeden Flüsterwitz mit Lagerhaft ahndet, sondern lediglich darauf aus ist, öffentliches Wirken von Widersachern radikal zu verhindern. Wenn es gilt, diese Grenze zu markieren, sind die «Organe» bei der Anwendung ihrer Mittel nach wie vor wenig wählerisch. Wer in einem totalitären Staat wie der Sowjetunion heute die Machthaber offen herausfordert, muss allerdings auch wissen, welchen Verfolgungen er sich aussetzt; und selbst im Lande Dostojewskis, wo es an Kandidaten für ein Märtyrerschicksal nicht fehlt, werden es sich die meisten überlegen, ob sie ihr Leben, das sie nur einmal leben, ihren Überzeugungen mit solcher Absolutheit unterordnen wollen. Jene aber, die es tun, handeln mit einer fanatischen Wahrheitsliebe, die Bekennermut und Opferbereitschaft einschliesst und die unsereiner nur stumm bewundern kann. Und obwohl es über die abscheuliche und unwürdige Praxis, die Psychiatrie zu politischen Zwecken zu missbrauchen, nur ein einhelliges Urteil geben darf, so glaubt man die «Logik» der Machthaber doch zu verstehen: Leute, die um ihrer Ideale willen bewusst mit dem Kopf gegen die Wand anrennen, können ja nicht «normal» sein.

Eine bleibende Folge der Dissidentenbewegung und westlicher Politik besteht darin, dass die Sowjetbehörden sich gezwungen sahen, den Ausdruck «Menschenrechte» in ihren Wortschatz aufzunehmen. Man begeht in Moskau den 10. Dezember, den Tag der Menschenrechte, mit einem «Prawda»-Leitartikel und manchen anderen offiziellen Äusserungen, die alle stets die gleichen Argumente enthalten: während die Verfassung der Sowjetunion das Recht auf Arbeit, kostenlose Ausbildung und gesundheitliche Fürsorge garantiere, herrsche im Westen Arbeitslosigkeit, soziales Elend, gebe es Millionen von Analphabeten und Obdachlosen. Es ist mühselig und fruchtlos, sich da auf eine Diskussion einzulassen, Vergleiche etwa zu ziehen, wer nun materiell besser daran sei, ein von Arbeitslosenunterstützung lebender Holländer oder ein vollbezahlter sowjetischer Facharbeiter. Massenarbeitslosigkeit, soweit sie in entwickelten Ländern existiert, ist in der Tat ein wunder Punkt des liberalen Ordnungsgefüges, und dies gilt auch dann, wenn man den verschiedenartigen rechtlichen Hintergrund beachtet: Während in der UdSSR für jedermann gesetzliche Arbeitspflicht besteht und Menschen ohne feste Stelle wegen «Parasitentums» belangt werden können, gibt es im Westen kein juristisches Mittel, jemanden zur Annahme einer Arbeit zu zwingen.

Wichtiger allerdings erscheint eine andere Unterscheidung. Die sowjetische Darstellung, wie sie am 10. Dezember zum Ausdruck kommt, betrifft ausschliesslich kollektive, vom Staat gewährte Rechte. Für die westliche Denkweise stehen dagegen die individuellen Bürgerrechte im Vordergrund: politische Grundfreiheiten, die dem Einzelnen im öffentlichen Leben Spielraum gewähren. Sie charakterisieren sich dadurch, dass sie sich gegen den Staat richten, will heissen, dessen Möglichkeiten zur Beeinflussung bestimmter Tätigkeiten der Bürger einschränken. Diese Konzeption ist nun sowjetischer Machtausübung allerdings fremd; an der Vollkommenheit der Staatsgewalt Abstriche vorzunehmen, dafür hatten weder die gekrönten Herrscher Russlands noch ihre angeblich im Namen des Proletariats regierenden Nachfolger etwas übrig. Der Verfasser dieser Zeilen hat einmal an einer Pressekonferenz, bei der es um die Menschenrechte ging, einem Regierungssprecher die Frage gestellt, ob die im Westen geltende Definition, wonach die Bürgerrechte die Macht des Staats begrenzten, in der Sowjetunion als Prinzip anerkannt werde. Die Antwort hiess, es handle sich da um ein schwieriges, philosophisches Problem; die Sowjetbehörden billigten grundsätzlich die erwähnte Auffassung, seien allerdings der Meinung, dass sie nicht immer die beste sei und dass sie in der UdSSR zurzeit aus praktischen Gründen nicht ohne Vorbehalte angewandt werden könne.

Heiliges Russland?

So hat man es zuletzt in der Oper gesehen, im Bolschoi-Theater bei einer Vorstellung von Mussorgskys «Chowanschtschina»: Der mit schwarzem Talar angetane vollbärtige Priester wandelt vor der goldenen Ikonostase hin und her, einmal auf der rechten und dann auf der linken Seite trägt er, aus einem dikken Buch singend, einige Zeilen vor, und makellos reine Chöre schwarzer Baritone und Bässe antworten ihm, füllen mit ihrem Gesang den Kirchenraum aus. Dies ist nun freilich kein Spiel auf der Bühne, sondern Alltag in der Klosterkirche von Sagorsk, einer – früher Sergijewo genannten – Kleinstadt, von Moskau in östlicher Richtung eine Autostunde entfernt. Mönche mit ihren schwarzen Kutten und Käppchen entstammen hier keinem Theateratelier, kein Kostümentwerfer und kein Maskenbildner war am Werk, und auch das dicht gedrängt stehende Volk hat dem Hauptschiff entlang kein Regisseur aufgestellt.

Ein bejahrter Bauer, dessen gebeugter Rücken sich unter dem verwaschenen, von einem Gurt niedergehaltenen Russenhemd Wirbel für Wirbel abzeichnet, steht gleich nebenan mit gesenktem Haupt da und starrt auf die eigenen schweren Stiefel. Sein Bart ist zerzaust, die grauen Haare hat er sich in die Stirn gekämmt; die Pelzmütze hält er in beiden Händen vor sich. Dieser Alte ist weder ein eingekleideter Statist, noch ist er der Illustration eines Dostojewski-Romans entstiegen; und niemand hat ihm die Bühnenwirksamkeit der Bewegung beigebracht, mit der er nach der Hand eines vorbeieilenden jungen Mönchs greift, sie verkrampft festhält und küsst, um dann vor dem heiligen Mann niederzusinken, damit jener über ihm das Zeichen des Kreuzes mache.

Diskussion einige Tage zuvor in Moskau mit zwei russischen Bekannten. Nein, sagen sie übereinstimmend (der eine gibt sich in Glaubensfragen indifferent, während der andere das orthodoxe Kreuz um den Hals trägt), nein, das russische Volk habe heute keine religiösen Gefühle, keinen Glauben mehr. Der atheistischen Kampagne der Kommunistischen Partei sei es in zwei Generationen in der Tat gelungen, die Menschen Gott und der Kirche vollkommen zu entfremden. Es handle sich nicht um eine leere Behauptung der staatlichen Propaganda, wenn die Machthaber auf diesem Gebiet einen glänzenden Erfolg für sich beanspruchten: «Nein, sie haben es tatsächlich fertiggebracht.» Einwand der Fremden: Die Russen haben noch im ausgehenden

19. Jahrhundert im Ruf tief verwurzelter Religiosität gestanden; es wäre doch verwunderlich, wenn einige wenige Jahrzehnte dazu ausgereicht hätten, eine uralte Tradition und Geisteshaltung so spurlos zum Verschwinden zu bringen.

Irrtum, so lautet die Entgegnung. Man verwechsle nicht Glauben und Überzeugung mit Gehorsam, setze Frömmigkeit nicht gleich mit Furcht vor der Autorität. Für den ungebildeten, sogar des Schreibens unkundigen, bis vor 120 Jahren noch leibeigenen russischen Bauern war der Pope im Dorf eben nichts anderes als eine Amtsperson, ein Vertreter der Behörden. Ihr Instinkt trog die Landleute insofern nicht, als die Kirche stets auf seiten des Staates gestanden, die weltliche Macht unterstützt hatte. Die Bauern gehorchten ihren Gutsherren und nannten sie Ernährer, führten die von ihnen verlangte Arbeit aus, und sie gehorchten auch den zum Besitzerstand gehörenden Priestern und verrichteten ihre Gebete. Sie gingen zur Kirche, wie man es ihnen gebot. Was sich der Westeuropäer über russische Religiosität und Volksseele aus Tolstoi angelesen habe, so fahren unsere Freunde in ihrer Rede wider die Illusionen fort, das entspreche eben nicht der historischen Wahrheit; man wisse, wie wenig Tolstoi das Volk gekannt und wie sehr er selber darunter gelitten habe.

Und weiter: Wenn es dem auf Atheismus eingeschworenen Staat heute gelungen ist, in relativ kurzer Zeit das Christentum zu verdrängen und die Nachfolge der Kirche anzutreten, so eben darum, weil er nicht mit einem tiefen und unerschütterlichen Glauben hat fertig werden müssen. An die Stelle der alten Obrigkeit trat lediglich eine neue Macht, sie ersetzte die früher geltenden Dogmen durch ihre Lehre, verlangte, dass die Leute die hergebrachten Rituale gegen neue eintauschten, die fortan nun ihre Lebensform bestimmen sollten. Gleichgeblieben, so lautet das pessimistische Fazit, sei dabei bis heute nur eines: die Unterwürfigkeit des Muschiks, der mit Bereitwilligkeit und ohne viel Nachdenken oder gar Nachfrage jenes Glaubensbekenntnis ablegt, welches die Herrschenden von ihm fordern.

So weit die mit einiger Bitterkeit vorgetragenen Erläuterungen der zwei Einheimischen. Unseren Bericht über diese Ansichten quittiert aber wenig später jemand, ebenfalls ein russischer Intellektueller, mit Befremden und Ablehnung. «Ihre Freunde müssen entweder stramme Funktionäre sein oder aber eingekapselte Moskauer Stubengelehrte, die vom Volk wenig Ahnung haben.» Natürlich seien die Bauern in diesem Land lange Analphabeten geblieben, natürlich hätten sie der Reformation und der Aufklärung nicht bedurft, aber Heilssehnsucht habe damit wenig zu schaffen, sie lebe in den simpelsten Gemütern. Wohl treffe es zu, dass viele habgierige Popen sich zu Feinden der einfachen Leute gemacht hätten und dass die vorrevolutionäre Intelligenz die Kirche wegen deren Identifizierung mit dem Staat verachtet habe. Ein sicheres Urteil aber darüber, was sich im Innern des Russen in vergangenen Jahrhunderten abgespielt habe, stehe niemandem zu, und ebenso zweifelhaft seien pauschale Meinungen über den heutigen totalen Erfolg der atheistischen Propaganda. Was diesen «Erfolg» im übrigen angehe: Bei den Methoden, die hierzulande in den letzten Jahrzehnten angewendet worden seien, erscheine die immer noch bestehende Widerstandsfähigkeit der Kirche und der Bevölkerung bewundernswert.

Auch dieser Freund leugnet indessen nicht, dass die entwurzelten Arbeiterschichten, Städtebewohner in zweiter oder gar in erster Generation, sich vom Glauben der Väter gelöst haben. Er fügt jedoch hinzu: Russland, gerade in seinen dem Ausländer nicht zugänglichen weiten Teilen, ist trotzdem nach wie vor ein rückständiges Agrarland geblieben, in dem die Kirche ihre Rolle beibehält. Und wo es Gotteshäuser nicht mehr gibt oder sie nie gab, beispielsweise in Sibirien, dort blühen die Sekten. Im übrigen deute manches Zeichen darauf hin, und selbst die atheistische Propaganda trage dem Rechnung, dass Religiosität unter der Bevölkerung gegenwärtig von neuem an Boden gewinne.

Die Zahlenangaben, die uns im Sagorsker Priesterseminar ein Vertreter des Lehrkörpers vorlegt, bestätigen diese letzte Behauptung. Der Gastgeber, selber ein Geistlicher, empfängt die zwei fremden Journalisten im Konferenzzimmer. Tee und Gebäck stehen auf dem Tisch; der Hausherr, in Ornat und mit der breiten zylindrischen Kopfbedeckung, der Kamilawka, bietet an, nimmt aber selber keinen Bissen zu sich: es ist Fastenzeit. Es gibt in der Sowjetunion lediglich drei Seminare für den Nachwuchs der orthodoxen Kirche: in Leningrad, Odessa und hier in Sagorsk. Die Ausbildung dauert vier Jahre, ein Jahrgang umfasst in Sagorsk zurzeit 120 Studenten; etwa 30 von ihnen setzen nach dem Abschluss ihre Studien an der theologischen Akademie, ebenfalls in Sagorsk, fort. Die anderen übernehmen als Priester eine Gemeinde, viele von ihnen kehren dabei in ihr Herkunftsdorf zurück.

Wie viele Studenten das Seminar aufnehmen kann – das letzte Wort hierüber zu sprechen ist Sache des Staates. Die weltlichen Behörden haben indessen in den letzten Jahren einer wesentlichen Erhöhung der Studentenzahlen zugestimmt. Der Geistliche, der uns Rede und Antwort steht, mag 40 Jahre zählen, und er berichtet, die Jahrgänge hätten sich seit seiner eigenen Studienzeit verdreifacht. Die 120 Plätze, die man heute künftigen Priestern bietet, genügen dabei nicht einmal, man hat Aufnahmeprüfungen abzuhalten, zu denen sich jährlich gegen 200 Kandidaten anmelden. Neu ebenfalls ist das Phänomen, dass sich unter den Bewerbern, die früher ausnahmslos nach dem Mittelschulabschluss (und nach geleistetem Militärdienst) nach Sagorsk kamen, nun auch Leute mit Hochschulbildung befinden. Unser freundlicher Gastgeber, der sonst jede Auskunft bereitwillig gibt, weicht mit beredter Beharrlichkeit der Frage aus, auf welche Gründe die Kirche diese Entwicklung zurückführe. Vorsicht ist westlichen Presseleuten gegenüber allerdings geboten, ausserdem sitzen zwei amtliche Moskauer Begleiter auch noch am Tisch...

Die Aufnahmeprüfung besteht aus einem schriftlichen Teil, bei dem Allgemeinbildung und Ausdrucksfähigkeit in russischer Sprache im Vordergrund stehen. In einem mündlichen Teil werden Kenntnisse in Altkirchenslawisch und Liturgie geprüft. Dass zumindest eine gewisse Vertrautheit mit diesen Fächern bereits vor Beginn des Studiums vorausgesetzt und zur Bedingung gemacht wird, wirkt erstaunlich in einem Land, dessen Schulen keinen Religionsunterricht kennen, dafür aber sehr aktiv nach Beeinflussung der Jugend im Sinne der atheistischen Weltanschauung streben, so wie die Partei das versteht und verlangt. Es ist eine Selbstverständlichkeit, so heisst die Antwort in Sagorsk, dass jemand, der zum Seminar Zutritt sucht, in seinen Jugendjahren bereits am kirchlichen Leben seiner Gemeinde teilgenommen hat. Die Aufnahmeprüfung diene dazu, hierüber Gewissheit zu erlangen.

Die Ausbildung in Sagorsk ist auch durch ein Fernstudium möglich; insgesamt sind es jährlich um die 110 Absolventen, die hier abschliessen. Die Zahl hat man, da die Seminare in Odessa und Leningrad ähnliche Ausmasse aufweisen, mit drei zu multiplizieren, um den jährlichen Priesternachwuchs der orthodoxen Kirche grössenordnungsmässig zu sehen. Eine Minderheit, die sich an den Akademien auf die theologische Laufbahn vorbereitet, scheidet dabei noch aus. Die Möglichkeit der Kirchenfürsten, Laienpriester zu ernennen, ist aber wiederum in die Rechnung einzusetzen. Gegen 300 neue Priester im Jahr, das scheint zwar zu genügen für die rund 8000 Kirchen, in denen im Land heute noch Gottesdienste abgehalten werden und die nicht geschlossen und verfallen dastehen, zu «Baudenkmälern» degradiert oder gar in «Museen der Religion und des Atheismus» umgewandelt wurden. Die Zahl der Kirchen ist freilich vor dem Hintergrund der Bevölkerungszahlen zu sehen, mit den 190 Millionen Einwohnern zu vergleichen, die Russland und die Ukraine allein aufweisen.

Recht charakteristisch für die Beziehungen zwischen Kirche und Staat ist die Existenz eines als Regierungsorgan wirkenden Rates für kirchliche Angelegenheiten. Die Behörde hat darüber zu wachen, dass weder die Rechte des Staates noch die der Kirche und der Gläubigen verletzt werden und dass den entsprechenden Gesetzen der UdSSR nachgelebt wird. Nun würde man erwarten, dass eine Instanz, die zweiseitige Interessen schützt, paritätisch besetzt ist. In Wirklichkeit verhält es sich so, dass dem Rat kein Kirchenvertreter angehört. Der Staat tritt somit bei umstrittenen Fällen als Partei und Richter zugleich auf. Da weder Taufe noch Zugehörigkeit zu einer Kirchgemeinde als offizielles Kriterium gelten, gibt es über den Anteil der Bevölkerung, der als religiös bezeichnet werden könnte, keinerlei statistische Angaben. Der Geistliche, der uns in Sagorsk empfängt, hütet sich darum, sich auch nur auf Schätzungen einzulassen. In aller Vorsicht meint er jedoch, die Kirche «spüre», dass die Zahl der Taufen im Zunehmen begriffen sei, ebenso die der kirchlichen Trauungen und Beerdigungen. Über die Gründe der von ihm beschriebenen Tendenz ist ihm aber – wiederum – keine Auskunft zu entlocken.

Die «seelischen Bedürfnisse» des Sowjetmenschen

«Wo warst du schon im Ausland?» erkundigen sich die zwei Moskauer Studenten, und sie hören – billiger Triumph für den Westeuropäer – der Aufzählung von Reisen gebannt zu. Gegenfrage: «Wo wolltet ihr denn am liebsten hin, wenn es möglich wäre?» Einem der beiden fällt die Wahl schwer, er würde am liebsten die ganze Welt besichtigen. Der andere dagegen zögert nicht mit der Auskunft: nach Indien. Die Begründung, die er dazu liefert, tönt seltsam vertraut. Eine Modewelle unter westlichen Jugendlichen (die aber einen Pass besitzen) hat in den sechziger und siebziger Jahren ähnliche Sehnsüchte genährt und tut es vielleicht heute noch. Er möchte Joga treiben, sagt der Sowjetstudent, den Hinduismus kennenlernen, an östlicher Weisheit teilhaben. Nun fällt es schwer, angesichts einer solchen Auskunft auf ein bisschen «Provokation» zu verzichten, und so holt man die alte Frage, den Ortsverhältnissen etwas angepasst, hervor: Wie hast du's mit dem Marxismus-Leninismus? Die Antwort kommt prompt: Damit ist es vorbei; das war der Glaube der Grossväter, der Väter noch vielleicht. Heute wisse dagegen jedermann, dass es sich dabei um eine Utopie handle, deren Verwirklichung niemand je erleben werde. Und der Student fügt hinzu, um seine Indienträume nochmals zu rechtfertigen: «Aber an etwas muss der Mensch doch glauben.»

Typisch, untypisch? Er ist nicht der einzige sowjetische Jugendliche, der solche Ansichten vertritt. Aber sind junge Moskauer Intellektuelle, zumal jene wenigen, mit denen der Ausländer zusammentrifft, repräsentativ? Oder bedeutet es doch ein verlässliches Zeichen, dass in der offiziellen Presse gelegentlich mit Empörung auf Vorfälle hingewiesen wird, die mit Würde und Bewusstsein eines Sowjetmenschen unvereinbar seien: Sowjetische Jugendliche haben Krishna-Mönchen die Füsse gewaschen, entsetzte sich etwa die Zeitung «Nedelja», die dann gleich auch feststellte, beim «Guru» habe es sich um einen CIA-Agenten gehandelt, dessen Wirken Gesundheit und Psyche des Sowjetbürgers schädigen sollte. Meldungen solcher Art relativieren stark sowjetische Publikationen, die sich mit «neuen Religionen» und dem Mystizismus auseinandersetzen, diese Erscheinungen aber nur im Westen lokalisieren wollen und als Beweise für die geistige Krise des Kapitalismus deuten.

Noch näher zum einheimischen Schauplatz rückt man mit mahnenden Artikeln über «Hooligans», von denen es heisst, sie trügen an ihrer abgerissenen Tracht allerlei Abzeichen und vorab das Kreuz. «Eine Modewelle ohne jede tiefere Bedeutung», erklären einheimische Bekannte, als wir sie darauf ansprechen, dass bei den Gottesdiensten in orthodoxen Kirchen in der stehend ausharrenden Menge der Gläubigen neben den vielen alten Frauen mit Regelmässigkeit auch etliche jüngere Männer vorhanden sind. Gegenteilige Auskunft an anderem Ort: «Um die alten Mütterchen, um diese Babuschki, schert sich kein Mensch. Was hingegen Jugendliche tun, muss den Staat schon bekümmern.»

Urteile über Motive und Ausmasse einer neuen Religiosität fallen aus zwei Gründen sehr schwer. Erstens handelt es sich bei Wahrung aller Proportionen um ein marginales Phänomen. Zweitens aber gehen die Ansichten der Einheimischen selber stark auseinander. Dies hat damit zu tun, dass Religion und Kirche in der Sowjetunion als öffentliche Themen kaum existieren, Entwicklungen auf diesem Gebiet nicht diskutiert werden, jedermann auf seine eigenen Beobachtungen und Vermutungen angewiesen ist, so dass die Sowjetgesellschaft (soweit es das gibt) über sich selber auch nicht Bescheid weiss. Was nun die orthodoxe Kirche angeht, so lässt sich, wie erwähnt, mit statistischen Angaben nachweisen, dass der Andrang zu den Priesterseminarien in den letzten fünfzehn Jahren beträchtlich zugenommen hat. Nach Auskunft der Kirche selber stammt indessen ein beträchtlicher Teil der Studenten aus Priesterfamilien; es sind Söhne, die religiös erzogen wurden und den Beruf der Väter – oft in der gleichen Gemeinde – fortsetzen werden. Die Deutung drängt sich in ihrem Falle somit auf, dass der stärkere Zustrom zu den Seminarien weniger mit religiöser Neuerweckung und mehr damit zu tun hat, dass der Druck des Sowjetstaates auf der Kirche zurzeit etwas weniger schwer lastet und dass Angehörige der jungen Generation, sofern sie ohnehin schon gläubig sind, sich heute zu ihren Überzeugungen auch durch die Wahl der Laufbahn offener zu bekennen wagen.

Besagter Druck des Staates ist nach offizieller Lesart eine bösartige Erfindung; es herrsche vielmehr uneingeschränkte Glaubensfreiheit. Der ideologische Kampf freilich findet statt und wird unter ungleichen Bedingungen geführt, indem die Partei, der im Staat definitionsgemäss die führende Rolle zufällt, sich bei ihrer eigenen atheistischen Propaganda der Massenmedien und des Erziehungswesens bedient; der Kirche dagegen ist auferlegt, sich nur um ihre eigenen religiösen Anliegen zu kümmern, das heisst, nicht öffentlich aufzutreten. Kommt es zu Prozessen gegen Priester, wie das in den letzten Jahren beispielsweise im Baltikum der Fall war, so versichern die Sowjetbehörden stets, dass die Urteile nicht wegen religiöser Überzeugung, sondern wegen Verletzung der Gesetze ausgesprochen wurden. Bei der grundsätzlichen Gegnerschaft ist die Grenze zwischen Verkündung der christlichen Botschaft und Agitation gegen die staatliche Ordnung natürlich hauchdünn und kann je nach Bedarf Auslegungssache sein. Bezeichnend ist es denn auch, dass die Predigten für die Kirchenbesucher eine grosse Rolle spielen, dass ein beredter Priester durch Flüsterkampagne bald bekannt wird und die Menschen anzieht.

Er habe eine feine Predigt gehört, erzählte neulich ein Moskauer Bekannter: «Da fiel kein provozierendes Wort. Der Geistliche prangerte lediglich die Selbstbereicherung und den Amtsmissbrauch an. Alle haben verstanden.»

Wie eng bemessen staatliche Toleranz nach wie vor ist, dafür hier zwei Beispiele: Ein Gymnasiast erzählte von zwei Schulkameraden, die sich hatten taufen lassen und hierauf umgehend aus der Schule ausgeschlossen wurden. Die Begründung lautete, nur Mitglieder der kommunistischen Jugendorganisation hätten das Recht, die Anstalt zu besuchen, christliches Bekenntnis vertrage sich aber nicht mit der Zugehörigkeit zum Komsomol. Ein Schweizer Geschäftsmann seinerseits berichtete von seinen Erlebnissen beim Versuch, einem Moskauer Freund auf dessen Wunsch einen Bildband über orthodoxe Kirchen mitzubringen, den ein Zürcher Verlag herausgegeben hatte. Das Buch wurde bei der Ankunft am Moskauer Flughafen prompt konfisziert. Der Einwand, dass es sich um ein Werk handle, das der Verlag in amtlich genehmigter Zusammenarbeit mit der russisch-orthodoxen Kirche herausgebracht habe, machte die Zollbeamten unsicher, und sie versprachen, der Sache auf den Grund zu gehen. Die Auskunft einen Tag später lautete abschlägig: Wohl handle es sich in der Tat um eine offizielle Ausgabe, die indessen nur für kirchliche Bibliotheken bestimmt sei und nicht für die Öffentlichkeit und die somit auch nicht eingeführt werden dürfe. Das Buch blieb beschlagnahmt.

Eine nicht unbeträchtliche Rolle zugunsten der Kirche, vorab aber der an Hierarchie und Liturgie weniger gebundenen Freikirchen und Sekten, scheint das Gemeinschaftserlebnis zu spielen: Das Gefühl, zu einem Kreis von Gleichgesinnten zu gehören, aufgehoben und geborgen zu sein, vermag manchen Leuten offenbar keine weltliche Einrichtung auf ähnliche Art zu vermitteln. Das ästhetische Moment kann hinzukommen, man hört von sogenannten einfachen Leuten in der Tat nicht selten die Meinung, sie seien zwar nicht religiös, hörten aber Kirchenchören bei Gottesdiensten mit Entzücken zu. Vermutet werden kann, dass die orthodoxe Kirche als Trägerin russischer Traditionen und eines historischen Bewusstseins dem Staat, der in seiner Politik offen auf den russischen Nationalismus setzt, bis zu einem gewissen Grade nicht unwillkommen ist.

Dass die Kirche sich mit ihren aussenpolitischen Stellungnahmen, die sich mit dem sowjetischen Standpunkt stets decken, einen gewissen Freiraum zu erkaufen sucht, ist bekannt. Zu vermerken ist aber gerade in diesem Zusammenhang, mit welchem Misstrauen Intellektuelle auf die Kirche gerade wegen deren Verbundenheit mit dem Sowjetstaat blicken. Da vermuten die einen, die weltliche Macht habe die Kirche ganz durchdrungen und wende nichts gegen die vermehrte Ausbildung von Theologen ein, weil sie erkannt habe, dass im Ausland vor Abgesandten in geistlichem Gewand manche Türe aufgehe, die vor Sowjetdiplomaten sonst verschlossen bleibe. Andere wiederum verdächtigen gar hohe Würdenträger der Kirche, mit dem KGB gemeinsame Sache zu machen.

Dass die Kommunistische Partei mit ihren Institutionen und ihrer Ideologie die Kirche und deren Lehre unter Übernahme vieler äusserer Formen zu ersetzen sucht, wird dem Ausländer in der Sowjetunion insbesondere durch den allgegenwärtigen Lenin-Kult bewusst. Das kann gelegentlich Ausmasse annehmen, bei denen man sich fragt, ob da Ironie am Werk war, welche die parteiamtlichen Auftraggeber gar nicht wahrgenommen haben. Was etwa dachte sich der Maler eines Bildes, dem wir im Lehrerzimmer einer Schule begegneten und das eine mediterrane Landschaft zeigte, kahle, verkarstete Berge im Hintergrund, einen See und Fischerboote, auf denen archaisch gekleidete bärtige Männer offenbar atemlos dem unter ihnen sitzenden Lenin lauschten? Der Heiligenschein fehlte zwar, aber die Kopie biblischer Vorlagen erschien im übrigen perfekt. Nun verhält es sich aber so, dass die Partei heute – nach all den 70 Jahre lang verkündeten und immer noch uneingelösten Verheissungen – es viel schwerer hat, die ursprüngliche revolutionäre Begeisterung und damit die Gefolgschaft der Massen zu erhalten. Eine ins Weltliche übersetzte Erlösungs- und Heilslehre hat für ihre Verkünder – im Gegensatz zur Kirche – den Nachteil der Nachprüfbarkeit im Diesseits.

Verlautbarungen und Rituale der Partei, die nach bester byzantinischer Tradition sowohl die weltliche als auch die geistliche Macht in ihrer Hand vereinigt, werden für jene, die den Glauben verloren haben, zu leeren Phrasen von gestern; ihnen ist keine idealistische Einsatz- und Opferbereitschaft mehr eigen. Dieses ideologische Vakuum ist es, in dem dann die zaghafte Meinung laut wird, der Mensch müsse dennoch an etwas glauben. An irgend etwas. Aufschlussreich war in dieser Hinsicht ein «Prawda»-Artikel, der unter dem Titel «Der Atheismus und die Seelenkultur des Sozialismus» veröffentlicht wurde. Der Autor des langen Beitrages plädierte dafür, dass man auf dem Land den religiösen Bräuchen die Feste und Bräuche der Sowjetepoche entgegenstellen müsse. Als solche nannte er: Kolchosenfeier, Fest der ersten Furche, Veteranenehrung, Saat- und Erntefeste. Atheistische Propaganda, so lautete das Fazit, dürfe sich nicht in Verneinung erschöpfen, sondern müsse den Menschen moralische Grundsätze anerziehen.

Mit Deutlichkeit spielt der Verfasser damit auf Probleme an, mit denen der Sowjetmensch, die Sowjetgesellschaft vergebens fertig zu werden suchen. Dass von ihrer Kindheit an atheistisch erzogene Menschen metaphysische Bedürfnisse haben, ist ein seltsames Eingeständnis. Das grosse Ungenügen der atheistischen, auf das irdische Wohl gerichteten neuen Religion liegt freilich gerade darin, dass die Jenseitsverneinung in sowjetischer Auslegung und Anwendung keine aufklärerischen Züge trägt, keine rebellische Selbstbehauptung des sich selber genügenden Menschen zum Kern hat und auch jener philosophischen Skepsis fernsteht, die im Westen die Tradition des Agnostizismus geprägt hat.

Sowjetischer Atheismus zielt nicht auf die Befreiung des Individuums, er will den Einzelnen vielmehr in einen anderen Kollektivismus einspannen, in den Dienst einer anderen Kirche stellen, deren Beherrscher nach geradezu alttestamentlichem Muster gebieten: Du sollst keine anderen Götter haben neben mir. Auf der Strecke geblieben inmitten chronischer Misswirtschaft ist in der Sowjetunion aber nicht nur der Glaube an die kommunistische Verheissung, sondern durch die Verdrängung des Christentums auch jene auf Mitmenschlichkeit gerichtete Haltung, welche die Kirche lehrt. Die tief pessimistischen Urteile von Einheimischen über eine orientierungslose Gesellschaft, der die ethischen Werte abhanden gekommen sind, stimmen überein mit den wenig zuversichtlich klingenden offiziellen Rufen nach dem selbstlosen, sittlich hochstehenden Sowjetmenschen.

Sowjetschüler beim Deutschunterricht

Das Gesuch, eine «Spezialschule» besuchen zu dürfen, muss der Korrespondent an den Moskauer Stadtrat richten. Etwa zwei Wochen später ruft dann ein Beamter an, teilt die Adresse der Schule mit, die den Fremden zu empfangen bereit sei und mit deren Direktorin die Einzelheiten telefonisch geregelt werden sollen. Am vereinbarten Tag unternimmt man die Fahrt, die weit in eine Moskauer Aussenstadt hinausführt, in eine Vorortssiedlung oder «Mikrorayon», wie das gängige Fremdwort im Russischen heisst.

Breite, von Bäumen gesäumte Strassen schneiden einander rechtwinklig; die Wohnstätten, längliche Betonblöcke und Hochhäuser, stehen etwas zurückversetzt. Es ist ein Viertel am Rande Moskaus, wo die Achtmillionenstadt allmählich in die offene, endlose russische Landschaft übergeht. Die Schule, die wir suchen, ist, wie uns erzählt wird, vor 20 Jahren erstellt worden. Modern wirkt das Gebäude nicht, diskrete Lehrerklagen über Abnützung und Mangel an Raum sind nur allzu begreiflich, doch gilt für diesen Bau das gleiche wie für zivile Einrichtungen in der Sowjetunion allgemein: Eine möglichst billige Lösung wurde rasch ausgeführt, sie entbehrt der Eleganz, taugt aber für den Zweck, sie funktioniert.

Unsere «Spezschkola» ist eine der 94 ähnlichen Moskauer Institutionen, in denen neben dem normalen Schulbetrieb Sonderunterricht in einer Fremdsprache erteilt wird. Anstalten dieser Art gibt es für Englisch (der Zutritt zu diesen soll am begehrtesten sein), für Französisch, Spanisch und Deutsch. Es handelt sich gemäss dem sowjetischen System um Einheitsschulen mit zehn Klassen. Der Fremdsprachenunterricht beginnt hier indessen mit drei Wochenstunden bereits im zweiten Schuljahr und setzt sich mit maximal sechs Stunden bis zur Abschlussklasse fort. Alle anderen Fächer erteilt man auf russisch, aber man widmet beispielsweise in Geographie, Geschichte und auch Literatur den Ländern, auf deren Sprache die Schule spezialisiert ist, besondere Aufmerksamkeit.

Deutsch ist im vorliegenden Fall zwar die einzige Fremdsprache, die gelehrt wird; der Unterricht dauert aber neun Jahre und wird intensiv betrieben: Gleich von Anfang an arbeitet man in Gruppen. Die mit über 30 Schülern für unsere Begriffe sehr grossen Klassen werden dreigeteilt. Das Ergebnis, um den Eindruck vorwegzunehmen, ist respektabel, ohne ganz so hervorragend zu sein, wie das der Aufwand vielleicht erwarten liesse: Die 16jährigen Schüler der zehnten Klasse sprechen, wie sich zeigt, die Fremdsprache wohl fliessend, ihre Ausdrucksfähigkeit bleibt aber begrenzt. Alles in allem entsprechen die Kenntnisse denen, die etwa Maturanden an der Zürcher Kantonsschule in Fremdsprachen aufweisen.

Der Empfang ist freundlich, die Direktorin, die allerdings kein Deutsch spricht, teilt uns das Programm mit: Wir dürfen drei Lektionen auf verschiedenem Niveau beiwohnen; vorgesehen ist sodann ein Treffen mit Schülern der zehnten Klasse, zuletzt werde es noch eine Darbietung des Theaterkreises geben. Den Lehrkörper, wie zumeist in den Sowjetschulen, bilden beinahe ausschliesslich Frauen; die stellvertretende Direktorin, eine lebhafte und liebenswürdige Dame, die sehr gut Deutsch spricht, wird für den Tag unsere Begleiterin. Rund 600 Kinder besuchen die Schule, die meisten von ihnen wohnen, wie die Auskunft lautet, im «Mikrorayon» in der Umgebung. Es gibt 19 Klassen, zwei pro Jahrgang; erst im letzten Jahr führt man eine einzige Abschlussklasse. Der Platz ist offenbar begrenzt; offizielle Information besagt aber, dass jeder, der Aufnahme suche, berücksichtigt werde. Lasst uns der Frage nicht weiter nachgehen.

Beschäftigt sind in der Schule 42 Lehrer, ihr Wochenpensum ist mit 22 bis 28 Stunden stark befrachtet. Der Weg, der zu einer solchen Lehrstelle führt, kann verschiedenartig sein. Die meisten kommen von der Pädagogischen Hochschule her, manche haben aber ihre Ausbildung an dem im Prestige höher stehenden Moskauer Maurice-Thorez-Institut für Fremdsprachen erhalten. Die grösste Berufssorge bereitet diesen Lehrerinnen ihr Bedürfnis, den Kontakt mit der lebendigen Sprache auch nach den Universitätsjahren zu wahren. Sprachlehrer in allen Ländern kennen diese Schwierigkeit, sie wiegt hier aber besonders schwer angesichts der restriktiven sowjetischen Reisepraxis und bei der Begrenztheit, der selbst Druckerzeugnisse aus dem Ausland unterliegen.

Die drei Deutschstunden, welche die Gäste auf der letzten Bank still mitverfolgen dürfen, verlaufen je nach Altersklasse, Stimmung und vorab nach Lehrerpersönlichkeit auf ungleiche Weise. Gemeinsamkeiten ergeben dennoch einige Hinweise auf den Unterrichtsstil. Man arbeitet in allen Klassen mit einem Lehrbuch und hält sich ziemlich streng an den darin vorgegebenen Leitfaden, an die Übungsbeispiele. Repetition und Variation der im Buch vorkommenden Sätze bilden den Hauptteil des Unterrichts. Die Lehrmittel stammen aus der Sowjetunion, ihr Papierdeutsch empfindet man in der Schule selber als antiquiert, hat aber offenbar keine Wahl. Die Lehrer sprechen mit den Schülern bereits in den unteren Klassen nach Möglichkeit nur Deutsch, ins Russische übersetzt wird nur das Nötigste. Auffallend in den drei Lektionen war, dass man mündliche Fehler zwar korrigierte, sie aber den Schülern in den wenigsten Fällen begründete, grammatikalisch bewusstmachte. Bei einer Tasse Kaffee hiess es zuletzt bei einer Unterhaltung, Grammatik spiele sehr wohl eine Rolle, doch habe man an diesem Tag aus Rücksicht auf die Besucher den Redefluss der Kinder nicht hemmen wollen.

Ein überbetont «aufbauender» Zug sodann, der den Lehrbüchern innewohnt, sticht ins Auge. In einer achten Klasse lange abgehandelte Übungssätze hiessen etwa: «Warum lesen wir Bücher? Wir lesen sie, weil Bücher den Menschen verändern, erziehen, gute Eigenschaften fördern und vor dem Schlechten warnen.» Das Lesestück in der zehnten Klasse befasste sich mit der Industrialisierung Sibiriens, dem «Land der Jugend», und eine Musterfrage lautete: «Warum möchtest du nach Sibirien gehen?» Was eine hervorragende Lehrerin selbst bei Lehrbüchern solcher Art aus einer Klasse herausholen kann, das zeigt sich dann in einer Stunde der erwähnten Vizedirektorin. Sie arbeitet mit neunjährigen Buben und Mädchen, die gerade ihr zweites Deutschjahr begonnen haben. Auch sie benutzt das offizielle Buch, verwendet aber grosse, lustige Bilder, die sie vorzeigt und mit denen sie Situationen darstellen und so Antworten rasch abrufen kann, gibt den Kindern Kasperfiguren in die Hand, mit denen die Kleinen vor der Tafel – auf deutsch – selbstvergessen Gespräche führen, und sie hält mit ihrem Unterricht ein Tempo durch, das die Schüler mitreisst und zum Mittun animiert. Die Hände der strubelköpfigen Buben und langzöpfigen Mädchen schnellen immer wieder hoch – «Ich, ich weiss es» –, es ist ein dankbares Alter, und unsereiner denkt aus der Ferne mit etwas Verwunderung an die Gegner des vorverlegten Französischunterrichts in den Zürcher Primarschulen.

Diese Stunde wirkt spontan, während in den oberen Klassen manches nach Vorbereitung tönt. Mit einigem Schrecken wird man sich bewusst, was da der Besuch selbst eines simplen ausländischen Journalisten bedeutet, wenn Zehntklässlerinnen für die Gäste vor der Wandtafel frei nach Schiller die Apfelschussszene vorführen, wobei Tell, Gessler und die anderen gar in einfachen Kostümen auftreten. Es ist schon merkwürdig genug, ein Moskauer Schulmädchen sagen zu hören: «Herr, ich wusste nicht, dass man den Hut grüssen muss, ich bin von Altdorf.» Natürlich wirkt Aufmerksamkeit solcher Art rührend, und gleichzeitig lässt sie erkennen, wie stark man in der Sowjetunion selbst auf dieser Ebene noch in zwischenstaatlichen Kategorien denkt. Empfangen werden die Besucher in erster Linie als Vertreter eines Landes, dem man die Ehre erweist. Manches wirkt denn auch ungeschickt improvisiert, so wenn in einem Klassenraum demonstrativ eine grosse politische Karte der Schweiz ausgestellt ist, die offensichtlich nur für den einen Tag diesen Platz einnimmt, während die Plakate dahinter, die ständige Klassendekoration, Karl-Marx-Stadt und die DDR rühmen.

Die Schule selber ist nach dem deutschen Kommunisten Hermann Matern benannt. Korridore, Treppenhaus, die Wände der Klassenzimmer sind, wie in jedem sowjetischen Schulhaus, mit Wandzeitungen, «Politecken», mit den Bildern lebender und verstorbener kommunistischer Grössen und mit Spruchbändern geschmückt. Der Politik geht man als Journalist in der Sowjetunion nirgends aus dem Wege, selbst wenn man es für einmal tun möchte, denn die Politik selber spart nichts und am allerwenigsten die Schule aus. Neben den

Politkulissen, die Sowjetaugen heute vermutlich kaum mehr bewusst wahrnehmen, tragen hierfür die Lehrmittel die Hauptverantwortung. Das Deutschbuch der Drittklässler enthält bereits Lesestücke über Lenin und Ernst Thälmann, und in der Lektion der Zehntklässler über Sibirien heisst der Tenor der Übungssätze: «Erst die Kommunisten waren imstande, diese Region zum Blühen zu bringen.»

Allgegenwärtig vorab ist die DDR. Hier in der Schule hat sie, will man dem sowjetischen Buch glauben, so etwas wie einen Monopolanspruch auf deutsche Kultur und Geschichte durchgesetzt. Von der Bundesrepublik vernimmt man kaum etwas, über Österreich findet sich in einem Lehrbuch immerhin ein Lesestück. Die Rote Armee habe, so erfährt man, Österreich befreit und sich bei den Kämpfen um Wien die grösste Mühe gegeben, die Stadt zu schonen. Dennoch hätten solche Gebäude wie Burgtheater und Oper unter amerikanischen Bomben gelitten... Die Schweiz als weiteres deutschsprachiges Land kommt mit einer erheiternden Note kürzer und neutral weg. Das Buch der zehnten Klasse erwähnt sie in Zusammenhang mit den deutschen Mundarten und gibt als einziges Beispiel an, man sage in der Schweiz «Tochter» für «junges Mädchen» und so gebe es auch die Wörter «Ladentochter» und «Serviertochter».

Und dann die Begegnung, die Aussprache mit den Zehntklässlern. Man hat die etwa 30 Schüler und Schülerinnen in der Aula versammelt, sie nehmen die ersten Zuschauerreihen ein, während die Besucher gebeten werden, vorne hinter einem Tisch neben den Schulleitern Platz zu nehmen. Dass sich Halbwüchsige in diesem Rahmen, zumal in der fremden Sprache, nicht sehr gesprächsfreudig zeigen, liegt auf der Hand. Das Ganze riecht zu sehr nach offizieller Veranstaltung, deren Ende man als Schüler billigerweise einzig mit Ungeduld erwarten kann. Warum sie in einer Spezialschule seien und was sie nach Schulabschluss mit ihren Deutschkenntnissen zu tun beabsichtigten? Die Wahl der Schule, kein Wunder, haben die Eltern getroffen. In manchem Haus sprechen Vater oder Mutter selber die Fremdsprache, haben ein Verhältnis zu deutscher Kultur, deshalb der Wunsch, das Kind Deutsch lernen zu lassen. Ein Mädchen berichtet, seine Familie habe drei Jahre lang in der Bundesrepublik gelebt, es sei dort zur Schule gegangen und setze die Ausbildung deshalb jetzt hier fort. Die Berufsneigungen und -vorstellungen sind mannigfach, deutsche Sprache und Literatur möchten einige wenige nur studieren. Den meisten, ob sie nun Ingenieure oder Ärzte werden wollen, soll die Sprachkenntnis lediglich zusätzliche Hilfe und Bereicherung bringen.

Nein, es kann in dieser Atmosphäre nicht gelingen, ein grosses und schwieriges Thema anzuschneiden, etwas über das innere Verhältnis zu erfahren, das diese jungen Leute zu deutscher Kultur und Deutschland selber unterhalten, dem Land, das sowjetische Politik immer noch Tag für Tag als den grausamen Kriegsgegner von gestern beschreibt und beschwört. Die Antwort, die ein musterschülerhaft wirkender Knabe gibt, erschöpft sich in der wohlgemeint tönenden amtlichen Formel, die Sowjetmenschen befürworteten ohne Unterschied die Freundschaft mit allen Völkern. In der Bundesrepublik, fügt er hinzu, gebe es nur noch eine unbedeutende Minderheit, die von Revanche und Wiedervereinigung träume, die Mehrheit aber habe begriffen, dass die Deutschen in der DDR in ihrem eigenen sozialistischen Staat leben wollten. Mit dieser Aussage hat es sein Bewenden, und wir selber sind nicht zu politischen Diskussionen hergekommen. Ein Mädchen ergänzt noch, deutsche Klassiker wie Goethe und Schiller gehörten zur Weltkultur, die jüngste Geschichte ändere daran nichts. Ob sie in der Schule oder zu Hause deutsche Nachkriegsautoren gelesen hätten? Namen der literarischen DDR-Prominenz von Apitz bis Strittmatter fallen, ein einziges Mädchen kennt ein Buch von Heinrich Böll. Die DDR ist auch persönlicher Bezugspunkt, man unterhält Briefwechsel mit ostdeutschen Schülern, manche berichten von Gruppenreisen, die sie nach Ostberlin und Dresden geführt haben.

Im Zimmer der Direktorin bedanken wir uns zuletzt für alle Freundlichkeit und Mühe der Gastgeber und werden zum Abschied um eine Eintragung ins Gästebuch gebeten. Die Schule sei Besuch gewohnt, sagt man, und das Buch bestätigt dies in der Tat. Die meisten Fremden, die ihre guten Wünsche in ein paar Zeilen festhielten, kamen aus der DDR. Es finden sich aber auch Vermerke österreichischer Kulturdelegationen und sogar Unterschriften, die bekannten Politikern in der Bundesrepublik gehören. Dass der Moskauer Stadtrat uns in diese Anstalt gelenkt hat, entsprach, so scheint es, der Routine.

Unter Kindern im Pionierlager Artek

Bei all der knapp bemessenen Zeit haben die Gastgeber für den Besuch des Pionierlagers Artek beinahe einen ganzen Tag eingeplant. Die Sowjets sind auf diese Errungenschaften ihrer Jugend- und Sozialpolitik stolz, und im Programm der Journalistengruppe, der die Südküste der Krim vorgeführt wird, bildet der Aufenthalt in Artek einen Hauptpunkt. Vorgesehen sind Besichtigung und Gespräche sowohl mit Erwachsenen als auch mit Kindern, den Leitern des Lagers und den Pionieren selber. Ein Ferienlager im Oktober? Artek, dies lernt man als erstes, beherbergt nicht einzig im Sommer die Teilnehmer eines internationalen Pionierlagers, es bleibt vielmehr während des ganzen Jahres bewohnt. Monat für Monat treffen sich hier jeweils 1800 Kinder aus allen Teilen der Sowjetunion, sie verbringen an der Schwarzmeerküste vier Wochen in einem Betrieb, dessen Stil zwischen Internatsschule und Ferienkolonie zu schwanken scheint.

Bereits für die Zufahrt ist die schönste Möglichkeit gewählt worden: Der Küste entlang geht es von Jalta etwa dreiviertel Stunden lang mit dem Schiff nach Artek, das in einer der felsigen, windgeschützten Meeresbuchten liegt. Der weitgeschwungene Berggrat im Osten, dies erklären uns schon die Kinder in Artek, heisst wegen seiner Form Bärenrücken. Den Bergflanken nach, zum Meer herabsteigend, ist das Lagergelände angelegt: Unterkünfte, längliche Pavillons mit grossen Fenstern und Terrassen, Schulhäuser, Kantine, Sportplätze sowie Freilichttheater, deren Zuschauertribünen unter Ausnützung der natürlichen Gegebenheiten in den abschüssigen Hängen errichtet sind. Auch die Fusswege zwischen Blumenbeeten sind betoniert, ein hoher Fahnenmast an zentraler Stelle überragt das Lager, und neben ihm steht der unerlässliche bronzene Lenin. Zwar soll es in den Sommerferien, wenn über 4000 Kinder hier weilen, auch einen «klassischen» Lagerteil mit Zelten geben; was wir jetzt zu sehen bekommen, hat indessen mit Jugendromantik, die selbst nach offizieller Darstellung (und nach dem uneingestandenen Pfadfindervorbild) ein Element der Pionierbewegung zu sein hat, nicht viel zu tun.

Gewiss, die Kinder, welche die Journalisten erwarten, sind auf uns vorbereitet, es sind etwa dreissig hinbeorderte Knaben und Mädchen. Gewiss, es geht um die Selbstdarstellung, sie haben «ihr» Artek nicht nur Besuchern, sondern erst noch Ausländern und darüber hinaus westlichen Gästen vorzuführen. Und gewiss ist die Herzlichkeit, mit der sie uns gleich am Arm ergreifen – «willkommen in Artek, folgen Sie uns bitte, wir zeigen Ihnen unser Haus und unsere Schule» –, rührend. Auch sind es nette, kluge Kinder, die man uns da zu Führern bestellt hat, eine Auswahl offenbar selbst unter der hier ohnehin schon vorhandenen Elite. Woran also liegt es, dass es einem bei diesem Empfang doch nicht recht warm wird, wenn innere Vorbehalte, Unbehagen sich melden und eine Zwanglosigkeit des Tons und der Atmosphäre sich nicht einstellen will? Daran vermutlich, dass im Auftreten unserer jungen Gastgeber alles, aber alles fehlt, was man (zumindest im Westen) kindliche Spontaneität zu nennen pflegt.

Nein, kein Erwachsener ist dabei, kein Gendarm, der da Kontrolle führen würde. Dennoch wirken die Pioniere selber wie kleine Erwachsene, die eine Aufgabe erfüllen; sie führen hier offensichtlich einen Auftrag aus, vermitteln mit ihrer wohl echten, doch zugleich hochoffiziell anmutenden Begeisterung peinlich genau jenes Idealbild, das sowjetische Erziehung anzupreisen pflegt und das nicht nur von antiautoritären Vorstellungen meilenweit entfernt ist. Feministen mögen verzeihen. Es sind in erster Linie die Mädchen, die sich als lärmende kleine Propagandistinnen des Kollektivs benehmen, während die Knaben stiller, schamhafter und folglich natürlicher auftreten.

Wir besuchen eines der Wohnhäuser. Auf der gedeckten Terrasse ist eine Gruppe gerade dabei, einem Kameraden einen Kopfverband anzulegen: Übung in Erster Hilfe. Die Vormittage sind in Artek der freien Beschäftigung gewidmet, der Unterricht findet am Nachmittag statt. Wie die Aufstellung des jeweiligen Programms zustande kommt, wird nicht ganz klar, denn während die Kinder von ihrer Selbständigkeit und von Beschlüssen ihrer gewählten Räte sprechen, sind doch auch Komsomolzen da, Pionierführer im Alter von etwa 20 Jahren, und ihnen ist offensichtlich der Freizeitbetrieb anvertraut. Man lädt uns ein, einen Schlafsaal zu besichtigen; 14 Feldbetten ziehen sich den zwei Längswänden entlang, die Ordnung ist militärisch, selbst die Handtücher in der Mitte auf den Decken sind alle nach dem gleichen kunstvollen Faltenmuster angeordnet. Die Reihe ist jetzt – von neuem auf der Terrasse – an der Vorführung von Kindern verfertigter Arbeiten, von Zeichnungen, Schnitzereien, Tonfiguren. In einer Ecke befindet sich wiederum eine Wandzeitung mit Dokumenten eines «Friedenstreffens», und damit meldet sich die Politik zum Wort.

Die Politik. Ihre Einbeziehung in die «gesellschaftliche» Erziehung ist erklärtes Ziel, und die in Artek versammelten zehn- bis fünfzehnjährigen Kinder beginnen hier die Schule nach eigener Aussage am ersten Tag mit einer Stunde, bei der «die Weltlage in globalem Massstab analysiert» wird. Auf die Frage eines der Korrespondenten, was ihm persönlich Lenin bedeute, antwortet einer der Knaben allerdings nicht mit einem Propagandaklischee, sondern er zieht es vor, das Gesprächsthema zu wechseln. Die Tendenz der Wandzeitung ist freilich eindeutig, und eine heitere Abwechslung bringt allenfalls eine handgemalte Europakarte («Kinder der Welt»), auf der die DDR die Grösse

Westdeutschlands hat, die Schweiz sowie ganz Jugoslawien von Italien annektiert wurden und auf der – zum Vergnügen unseres Kollegen aus Helsinki – Finnland den 1944 sowjetisch gewordenen Zugang zum Nordmeer wieder zugeteilt bekommt. Im übrigen fehlt aber selbst die übliche Karikatur von dem atomwaffenbesessenen Uncle Sam nicht, wenngleich sie als Absage an das Amerikanische schlecht in diese Umgebung passt: Die Kinder tragen als Uniform ausser dem roten Halstuch Blue Jeans und die dazugehörende Jacke, und als sie zuletzt zum Abschied singend einen Reigen vorführen, da endet ihr Chor mit dem Ruf «Boogie-Woogie – o. k.!»

Sie stammen aus allen Teilen der UdSSR, unsere Gastgeber, nordisch blonde europäische Kinder stehen da neben Mädchen aus dem Fernen Osten, die unter pechschwarzen glatten Haaren aus Schlitzaugen lustig dreinblicken. Und manches Kind gibt auf die Frage nach seiner Herkunft eine Region an, die unsere geographischen Kenntnisse entschieden überfordert. Sie alle sprechen aber Russisch, die Beherrschung dieser Sprache scheint eine der Bedingungen überhaupt zu sein, wenn man für einen Artek-Aufenthalt in Frage kommen will. Ob es nicht schwer sei, in so kurzfristig zusammengewürfelten Klassen und Gemeinschaften zu leben? Ach nein, erwidern die Pioniere, man finde gleich vom ersten Tag an schon gute Freunde. Diese natürliche Vermischung ist, wie die Leiter sagen, eines der Ziele, die mit dem Lager verfolgt werden. Halbwüchsige lernen da während vier Wochen aus eigener Anschauung und Erfahrung die Vielvölkerwirklichkeit der Sowjetunion kennen, und Artek als Einrichtung eignet sich hiezu in der Tat vorzüglich. Problematischer wird die Sache, wenn man sich erkundigt, nach welchen Kriterien die nach Artek reisenden Kinder ausgewählt werden.

Die Lagerleitung hält hierauf folgendes fest: Artek untersteht dem Zentralkomitee des Komsomol, der Jugendorganisation der Partei. Den regionalen Komsomolverbänden werden von oben Quoten zugeteilt: Soundso viele Kinder könnten sie nach Artek entsenden. Die Entscheidung auf unterster Ebene werde beeinflusst durch die allgemeinen Leistungen des Kindes; natürlich, so heisst es wörtlich, müsse es «auch» in der Schule ein guter Schüler sein. Ein dreizehnjähriger Knabe aus einer Kleinstadt in Sibirien sagt dazu, er habe bei der Kartoffelernte fleissig mitgeholfen und sei darum belohnt worden. Sind die Pioniere hier Kinder von Privilegierten? Der junge Sibirier gibt an, sein Vater sei Bergmann, seine Mutter arbeite bei der Polizei. Der Vater eines andern Knaben, der aus Kirgisien kommt, jedoch aus russischer Familie stammt, ist Fabrikdirektor. Beide erzählen sie, dass die Mitschüler zu Hause sie vor allen Dingen einmal um den Artek-Aufenthalt beneiden; ihre Eltern aber seien stolz, dass man ihre Söhne ausgewählt habe. Die Annahme liegt nahe, dass zur Berücksichtigung ein in jeder Hinsicht «richtiger» familiärer Hintergrund gehört und dass in den Personalakten der Kinder, die hier vier Wochen verbracht haben, Artek als gewichtiger positiver Vermerk aus frühen Jahren schon stehenbleibt und den späteren Aufstieg erleichtert.

Etwas abseits des Lagergeländes in einer marmorschweren, einst herrschaftlichen Villa inmitten eines Zypressenhains ist ein Museum eingerichtet, das die Geschichte Arteks von den zwanziger Jahren bis zu einem Besuch des betagten Breschnew vorführt. Interessant sind die Zeugnisse, die den Begründer, den Armeeoffizier S. P. Solowjew, zeigen sowie das erste, 1925 durchgeführte Zeltlager: Der Stil unterschied sich offenbar wenig von der damals auch noch ihre Urzeiten erlebenden Pfadfinderbewegung des Briten Baden-Powell. Deutlich ist sodann, dass der Arzt Solowjew, einer der Organisatoren des sowjetischen Gesundheitswesens und des Sanitätsdienstes der Armee, in seiner Eigenschaft als Präsident des russischen Roten Kreuzes Artek vor allem einmal im Sinne der Hilfe und der Erholung für notleidende Kinder gemeint hatte. Die Verwandlung in eine komfortable Ferienkolonie ist, wie die Ausstellung zeigt, das Werk späterer Zeiten. Sonderbar und erschreckend im übrigen, wie sehr pädagogische Auffassungen auseinandergehen können. Beispiel: die in einer Vitrine gezeigte grossformatige Photo eines kleinen Knaben, der vor der Reihe seiner stramm stehenden Kameraden kniet und andächtig eine ihm dargereichte rote Fahne küsst. Dieses Bild hält für die Einheimischen wohl einen feierlichen Augenblick patriotischen Treuegelöbnisses fest, während unsereiner darin nur die Verführung des Jugendlichen durch eine süssliche Operettenregie wahrzunehmen vermag.

Zuletzt entgehen dann auch die ausländischen Journalisten nicht einer Führung, die der Weltraumfahrt gilt und die uns als Attraktion ebenso gezeigt wird wie den Pionieren selber. In drei etwas komisch zweckentfremdeten Zimmern der Villa sind Modelle von Erdsatelliten, Figuren mit Astronautenanzügen, Instrumente und Trainingsgeräte der Kosmonauten ausgestellt, und in einem Raum, der verdunkelt werden kann, demonstriert sogar eine auf Knopfdruck an Drähten gehorsam schwebende Figur vor bestirntem Hintergrund einen «Weltraumspaziergang». Um eine Darstellung des allgemeinen Stands der Raumfahrt handelt es sich indessen keineswegs; vielmehr geht es – ausschliesslich – um die sowjetischen Leistungen auf diesem Gebiet. Da ist die «Prawda» vom 5. Oktober 1957, die den ersten Sputnik als «grossen Sieg über den Kapitalismus» preist, und da sind Modelle der Anfang der siebziger Jahre auf dem Mond gelandeten unbemannten sowjetischen Fahrzeuge, ohne dass über die mehrmalige Mondlandung amerikanischer Astronauten auch nur ein Wort fiele. Dass die Vereinigten Staaten in der Raumfahrt ebenfalls präsent sind und ihre Programme verfolgen, kann der Besucher allenfalls einigen Bildern und Emblemen entnehmen, die an den gemeinsamen Sojus-Apollo-Flug erinnern.

Wo Puschkin in der Verbannung lebte

Solche auf Säulen ruhenden Giebelportale vor dem Eingang eines aus Holz erbauten Herrenhauses, die gibt es also wirklich; sie kommen nicht nur als Kulisse in russischen Dramen vor, als Hintergrund für schwermütige Adelige, die sich an Sommerabenden im Garten in geflochtenen Stühlen zurücklehnen, vertieft in selbstquälerische Gespräche über die Ausweglosigkeit ihrer Lebensumstände und die Unergründlichkeit des Daseins. Kulisse – auch das Haus hier in Michajlowskoje ist neu erstellt, eine Nachbildung des Familiensitzes, wo Alexander Puschkin auf allerhöchsten Befehl vom Herbst 1824 an zwei Jahre in der Verbannung verbracht hat. Das ursprüngliche Gebäude ging im 19. Jahrhundert in Flammen auf, das letzte an seiner Stelle stehende Haus wiederum wurde im Zweiten Weltkrieg vernichtet. «Niedergebrannt von den Faschisten, damit den Sowjetmenschen von ihrem Dichter nichts mehr bleibt», so erzählt es die Fremdenführerin. Die Lage des Sitzes auf einer sanften Hügelwelle, die das jetzt tief verschneite Flachland beherrscht, macht die Ergänzung verständlich, dass Michajlowskoje damals ein militärisches Objekt war, und man kann sich das Schicksal des Gebäudes beim Gedanken an Angriffe, Abwehrschlachten und Artillerievorbereitung unschwer vorstellen. Man hat die Wohnstätte des Dichters im Frieden wieder aufgebaut, einem zeitgenössischen Stich nachgebildet – wie die Altstadt von Warschau oder das Frankfurter Goethe-Haus.

Michajlowskoje liegt südlich der Stadt Pskow, unweit der Nord-Süd-Achse, die vom einstigen Petersburg über Kiew nach Odessa führt. Es ist der nordwestliche Zipfel von Russland vor der estnischen und lettischen Grenze, «vierhundert Werst von Riga», wie Puschkin an Anna Kern, eine der vielen Frauen in seinem Leben, schrieb, «aus welcher Distanz Sie immer noch die Möglichkeit finden, mich eifersüchtig zu machen». Verbannt worden war aber Puschkin vom Zaren Alexander I. wegen eines von der Polizei abgefangenen Privatbriefs, in dem es über einen atheistischen Gelehrten aus England hiess, sein System sei «nicht so trostreich, wie man sich das allgemein vorstellt, aber leider wahrscheinlicher als alle anderen». Die kleine Bemerkung – heute spräche man von «ideologischer Abweichung» – genügte, damit der Herrscher dem ohnehin schon in Ungnade gefallenen Dichter «auf Lebenszeit» Michajlowskoje als Ort eines Zwangsaufenthalts zuwies. Bereits 1826 jedoch, nach dem Tod des Zaren, erlangte Puschkin seine Bewegungsfreiheit wieder. Zuvor schon war ihm das Recht eingeräumt worden, in das damals eine Tagereise entfernte Pskow zu ziehen, doch er verzichtete: «Pskow ist für mich schlimmer als das Dorf, denn hier bin ich wenigstens nicht unter Polizeiaufsicht.»

Das nächstgelegene Dorf heisst heute Puschkinskije Gory (Puschkinberge); neue Betonbauten stehen in seiner Mitte, Michajlowskoje selber aber, das Herrenhaus und die Nebengebäude für das Gesinde, liegt jenseits des Waldes, nach wie vor in der Einsamkeit. Schneebedeckte Bänke um ein Podium, an denen man auf einer weiten Ebene vorbeifährt, sind unmittelbar vor dem Gut die einzigen Beiträge der Moderne: am ersten Juni-Sonntag wird hier auf der Festwiese Puschkins Geburtstag (26. Mai) mit Rezitationen gefeiert, zu denen sich jeweils Tausende von Zuhörern einstellen. Lyrik, klassische und auch zeitgenössische Dichtung, das lebendig, oft auch mit unbeschwertem Pathos vorgetragene Gedicht üben in Russland heute noch eine Faszination aus, welcher man sich im Westen mit seiner skeptischen Sachlichkeit längst nicht mehr hinzugeben vermag.

Michajlowskoje ist ein literarischer Wallfahrtsort, und man zitiert gern die Verse, die Puschkin dieser Landschaft gewidmet, die Zeilen, mit denen er im «Onegin» die Lage des Gutshauses über dem Fluss Ssorotj beschrieben hat. Die in Briefen immer wiederkehrenden Seufzer über das «versteckte Dorf» sprechen allerdings eine andere Sprache, und auch das uralte Problem des russischen Verhältnisses zum Westen kommt unter den besonderen Umständen überscharf zum Ausdruck: «Wenn ich mir London vorstelle, die Eisenbahnen, und die Dampfschiffe und die Pariser Theater, dann erzürnt und erbittert mich mein gottverlassenes Michajlowskoje.» Und sonderbar ist es, wenn Puschkin von hier an den Zaren Alexander I. schreibt, in seinem – französisch abgefassten – Brief um Begnadigung bittet und um die Erlaubnis, sich zur Pflege seiner angegriffenen Gesundheit «nach Europa» begeben zu dürfen. Gemeint ist das westliche Ausland, ebenso wie später Dostojewskis Iwan Karamasow «nach Europa, diesem Friedhof», reisen will. Und so sprechen die Russen, die sich politisch sehr bewusst als Europäer geben, umgangssprachlich heute noch von «Europa», wenn sie an den Westen denken.

Vielleicht ist der Winter mit seinen hier schon nordisch früh hereinbrechenden Abenden, wenn man sich in den Fichten- und Lindenalleen im Schnee stapfend dem Gut nähert, eine glücklich gewählte, weil von Touristen ungestörte Zeit: die Einsamkeit des hierher verbannten Dichters lässt sich nachempfinden, das Eremitendasein des unbändigen, zuvor vom gesellschaftlichen Glanz verwöhnten, erst fünfundzwanzigjährigen Genies. Als Zuhörerin blieb Puschkin hier nur seine alte Amme, deren Person sowjetische Darstellung heute als Beleg für die Volksverbundenheit des Dichters mit einiger Mühe hervorzuheben sucht. Die Einrichtung des Gutshauses, dessen Proportionen bescheiden anmuten und gar nichts Schlossartiges an sich haben, zeugt vom bürgerlichen Geschmack des frühen 19. Jahrhunderts. Auch hier ist alles nachgebildet, unter Verwendung von Originalstücken allerdings, die teils tatsächlich Puschkin gehört hatten: das Schlaf- und das (spartanische) Arbeitszimmer versuchte man zu rekonstruieren, wie überhaupt das ganze Haus eine gelungene Mischung zwischen Museum und einstiger Wohnstätte abgibt. Manuskripte unter Glas sind hier zwar nur als Photokopien ausgestellt, die Schriftzüge sind aber auch so fesselnd genug. Peinlich sauberen Reinschriften stehen Entwürfe gegenüber, von durchgestrichenen Zeilen kreuz und quer gefüllte Blätter, die von keinem leichten Schaffen, vom Ringen mit der Materie zeugen. Amüsant sind die Zeichnungen, welche die Manuskriptseiten säumen und Puschkins Methode verraten, sich die eigenen Figuren auch bildlich zu vergegenwärtigen.

Ein Besuch im benachbarten Swjatogorski-Kloster, wo Puschkin im Gespräch Material zum Drama «Boris Godunow» gesammelt hat und wo er ausserhalb der Mauer der kleinen Kirche auf eigenen Wunsch begraben liegt, gehört noch zu diesem Tagesausflug und ebenso ein Abstecher zum Gut Trigorskoje, bei dessen Besitzern der Dichter als Nachbar ein gern gesehener Gast war. Auch dieses Gutshaus ist eine Rekonstruktion, der Holzbau war 1918 im Bürgerkrieg abgebrannt. Die Gemächer, auch sie mit zeitgenössischer Einrichtung ausgestattet, lassen ahnen, was das Leben gebildeter, aber in ländlicher Einsamkeit isolierter Adeliger gewesen sein mochte. Französische und deutsche Bücher in vergoldetem Einband dominieren in der schönen Bibliothek, auf dem Hammerspinett liegen die Noten von «Don Giovanni» und «Freischütz» aufgeschlagen.

Nach zweistündiger Fahrt auf holpriger Strasse durch eine flache, schneebedeckte Landschaft herrscht bei der Rückkehr nach Pskow bereits tiefe Nacht. Die Vororte – die niedrigen Holzhütten und Vorgärten werden gegen das Zentrum zu in weiten Abständen von Wohnblöcken und Industriebauten abgelöst – wirken wenig städtisch, lassen kaum erkennen, dass die Siedlung 180 000 Einwohner zählt. Kern der beim Zusammentreffen der Flüsse Welikaja und Pskowa erbauten Stadt ist nach wie vor der Kreml, die aus dem Spätmittelalter stammende Festung, in deren Mitte die hohe und doch gedrungene Dreifaltigkeitskathedrale mit ihren grau glänzenden Zwiebelkuppeln die Umgebung weit überragt. Am darauffolgenden Tag, es ist Freitag morgen, findet man in dieser Kirche eine der Kapellen, wo täglich zwei Gottesdienste abgehalten werden, von Menschen dichtgefüllt vor. Viele ältere Frauen und einige bärtige Männer stehen in dampfenden Pelzmänteln da, ein Wald von Kerzen beleuchtet den weissgetünchten Raum; rechter Hand ist, ebenso von Kerzen umgeben, ein offener Sarg aufgestellt; vorne, vor der Ikonostase, hämmert ein langhaariger, dicker Pope schwitzend mit eckigen Bewegungen der Versammlung den Zweivierteltakt des Gesangs vor. Kälte schlägt entgegen, wenn beim Hinausgehen die schwere Holztüre hinter einem zufällt, Tauben flattern auf dem leeren, von renovierten Wehrgängen umfassten Hof in die Höhe, den Türmen zu. Ewiges Russland?

Früh, zu Beginn des 13. Jahrhunderts, entstand in Pskow schon ein aus

Stein ausgeführtes Befestigungswerk, da es für die Grenzstadt galt, gegen die baltischen Nachbarn und gegen den Deutschritterorden zu bestehen. Eine Bojarenrepublik wie Nowgorod, wurde Pskow erst zu Beginn der Neuzeit in das zäh expandierende Moskauer Reich eingegliedert. Eine schöne, gut überblickbare Ausstellung im alten Kaufmannshaus Poganky Palaty, dem heutigen Stadtmuseum, zeigt die Ausbreitung der Siedlung in den Jahrhunderten und die ständige Erweiterung der Wehrmauern, dank denen Pskow 1581 eine mehrmonatige Belagerung durch die Truppen des Polenkönigs Stephan Bathory heil überstand. Die Episode gehörte zu dem für Iwan den Schrecklichen wenig glücklich ausgehenden Livländischen Krieg, in dem Russland im Baltikum den Zugang zur Ostsee zu erzwingen suchte. Erst Peter der Grosse schaffte es 150 Jahre später endgültig, und die von ihm begründete und nach ihm benannte neue Hauptstadt an der Newa nahm Pskow die Handelsbedeutung, die auf guten Wasserwegen zum Meer beruht hatte. Und als schliesslich Ende des 18. Jahrhunderts infolge der polnischen Teilungen das heutige Weissrussland an Moskau fiel, ging auch die Funktion einer Grenzfestung verloren.

Liegt es an diesem Niedergang, dass in Pskow vom 19. Jahrhundert kaum etwas sichtbar ist, dass sich im heutigen Stadtbild Sowjetgegenwart gleich an Alt-Russland anschliesst? Ein Grossbetrieb für die Herstellung von Radiobestandteilen ist am Welikaja-Ufer neben einem mittelalterlichen Kloster erbaut; am Nachmittag um vier, wenn die Leute von einer Schicht nach Arbeitsschluss herausströmen, schlagen sie hier zu Fuss an der Kirche vorbei den Heimweg ein, viele überqueren den zugefrorenen Fluss – willkommene Abkürzung im Winter. Ein Fabrikschornstein am Stadtrand zeichnet schwarze Zeichen an den Himmel; fehlende Perspektive in der Tiefe erweckt den falschen Eindruck, als rauchten die am Horizont emporragenden Kuppeln der vielen Kirchen. Was selbst in Moskau unübersehbar ist, der ländliche Einschlag, ist hier, in der russischen Provinz, mit den Händen zu greifen. Das Stadtzentrum beschränkt sich auf einige breite, von neuen Blöcken unregelmässig gesäumte Strassen um das klassizistische Gebäude der Pädagogischen Hochschule; gleich dahinter in den ausgestorbenen Nebengassen beginnen aber schon die niedrigen Häuschen und die weiten leeren Grundstücke, die das Dorf beschwören. Vereinzelte architektonische Zeugnisse aus der Zeit der letzten Jahrhundertwende erinnern an Versuche, Quartiere, Plätze zu bilden, der Siedlung urbanen Anstrich zu verleihen. Es ist bei den Ansätzen geblieben. Überdeutlich gemahnt das Bild der Provinzstadt daran, dass ein Bürgertum als tragfähige Schicht sich in diesem Land nie herausgebildet hat.

In Tolstois Wohnhaus in Jasnaja Poljana

Westliche Ausländer, deren Herkunftsländer die Sowjetpresse täglich beschimpft, geniessen in der Sowjetunion auf Reisen Privilegien, die – mit Blick auf die Einheimischen – in Anspruch zu nehmen sie sich gelegentlich geradezu schämen. So geschehen in Jasnaja Poljana: Mit gleichgültiger Miene teilte die Kassiererin beim Eingang des einstigen Gutes des Grafen Leo Tolstoi mit, dass auf dem Gelände wohl das kleine Literaturmuseum offenstehe, Tolstois Wohnhaus zurzeit aber nicht besucht werden könne. Hinweise auf die Länge von Reisestrecken, die der eine oder andere zu diesem Ausflug zurückgelegt hatte, liessen die Dame kalt. Die Mitteilung dagegen, dass da ein schweizerischer Pressekorrespondent für sich und die Seinen Zutritt begehre, zeitigte wundersam rasche Wirkung. Tolstois Wohnhaus ging auf, gleich wurden Karten ausgegeben, und flugs war auch eine freundliche Führerin zur Stelle, die uns geleitete und auf französisch mit Erläuterungen versah.

In dem Abschiedsbrief an seine Frau Sofia, den der greise Tolstoi 1910 bei seiner berühmten, in den Tod mündenden Flucht hinterliess, steht unter anderem zu lesen, er habe es nicht mehr ausgehalten, «unter solchen luxuriösen Bedingungen zu leben». Bei allem Respekt vor der Konsequenz, mit welcher der alte Schriftsteller zuletzt dem Gebot seines sozialen Gewissens folgte, sticht bei einem Rundgang in Tolstois Wohnstätte heute gerade das Gegenteil ins Auge: wie einfach nämlich, wie spartanisch sich alles ausnimmt. Zu tun hat das mit den allgemeinen Lebensumständen des russischen Landadels und auch mit den persönlichen Gewohnheiten Tolstois selber. Der Sitz, wo Tolstoi die letzten Jahrzehnte seines Lebens verbrachte, verdient in mitteleuropäischer Sicht keineswegs den Namen «Schloss», kann und will sich nicht im entferntesten daran messen, was Feudalherrlichkeit an barockem Zauber in Böhmen oder Österreich etwa hinterlassen hat. Der weissgetünchte, einstöckige Bau hier in Jasnaja Poljana ist kaum mehr als ein grosses Landhaus; einzig in seiner Mitte befindet sich – als bescheidene Andeutung von Herrschaftlichkeit – ein breites Bogenfenster unter einem Giebelvorsprung, der so die monotone Fassade in zwei Flügel teilt. Eine angebaute, offene Terrasse, deren Dach auf Holzsäulen ruht und die ein beliebter Aufenthaltsort des Dichters gewesen sein soll, rundet das Bild ab.

Was man im Innern vorfindet, ist die gleiche Schlichtheit, bestenfalls Bürgerlichkeit, und man muss dazu wissen, dass sich im Haus, wie den Besuchern versichert wird, alles im gleichen Zustand befindet wie am Tage, an dem Tolstoi Jasnaja Poljana für immer verliess. Pietät (am Anfang der Nachkommen und später der Nachwelt) liess alles unberührt: die Medizinschachteln und die im Halter steckende Kerze auf Tolstois Nachttisch im Schlafgemach ebenso wie Dostojewskis «Die Brüder Karamasow», das letzte Buch, in dem Tolstoi las und das im Arbeitszimmer an der gleichen Stelle aufgeschlagen liegt, wo der Hausherr einst die Lektüre abbrach. Während des Zweiten Weltkriegs war die Einrichtung von Jasnaja Poljana ausgelagert, man hatte alles rechtzeitig in die sibirische Stadt Tomsk gebracht, doch war man – nach genauer Rekonstruktion – bereits im Frühjahr 1942 imstande, das Haus Besuchern wieder zu öffnen. Was an den Behauptungen ist, die Deutschen hätten die Gedenkstätte verwüstet und vor ihrem Rückzug anzuzünden versucht, darüber fällt das Urteil schwer. Sowjetische Geschichtsschreibung wiederholt diesen Vorwurf klischeehaft bei allen russischen Kulturdenkmälern, und man müsste wohl auch Darstellung und Erinnerungen der anderen Seite kennen.

Wie auch immer: Heute ist man als Besucher dankbar, die Lebensumstände des grossen Mannes so genau im einzelnen zu sehen, sie so getreu nachempfinden zu können. Erleichtert wird dies auch dadurch, dass in jedem Raum eine stark vergrösserte Photographie eingesehen werden kann, die den Dichter in der gleichen Umgebung, am gleichen Ort zeigt, wo der Gast nun selber steht. Beim Anblick dieser Aufnahmen, aber auch bei dem eines Grammophons mit gewaltigem Trichter, einer Remington-Schreibmaschine und eines Phonographen (ein Geschenk Edisons an den Schriftsteller) wird man sich bewusst, wie offenkundig Tolstois gewöhnlich dem 19. Jahrhundert zugeordnetes Leben zuletzt schon in die Moderne hineinragt. Eigenartig ist denn auch die Mischung, die im Haus dieses demonstrativ dem Bäuerlichen zuneigenden Grafen herrscht. Von Ilja Repin gemalte Bilder der Kinder und Porträts anderer hochadeliger Vorfahren (manche Modelle zu Figuren in «Krieg und Frieden») hängen in vergoldeten Rahmen an den Wänden; gleich zwei Konzertflügel stehen im grossen Esszimmer, wo zehn einfache Stühle mit gebogener Rückenlehne den langen Tisch mit dem Samowar umgeben. Man sass hier, so glaubt man es zu spüren, recht unbequem und verzehrte (Tolstoi war in den letzten Jahren Vegetarier) ein karges Mahl. Behaglich und zum Verweilen einladend nimmt sich dagegen gleich nebenan eine Gruppe niedriger Polstersessel aus – hierher zog sich der Schriftsteller nach Aufhebung der Tafel mit seinen Gästen zurück; er nannte den Winkel «Ecke der ernsthaften Gespräche».

Tüll- und Samtvorhänge vor den Fenstern, kunstvoll eingefasste schwere Spiegel, eine reich verzierte Ikone in Sofia Tolstois Zimmer, aber man bewegt sich in allen Gemächern auf einem grob gehobelten Bretterboden, und die winzige Schlafkammer Tolstois selber könnte es mit einer Mönchszelle aufnehmen: eine schmale, metallene Liegestätte, ein weisses Porzellanbecken und ein Krug auf einem Waschtisch, daneben ein Eimer, und an Haken an der Wand hangen ein langer heller Mantel, eine Stoffmütze und ein breitrandiger

Hut. Es sollen tatsächlich Tolstois persönliche Sachen sein, und da ist auch das weisse Russenhemd, das er auf Bauernart zu tragen liebte, wie das manches erhaltene Bild bezeugt. Im Gastzimmer, wo einst auch Turgenjew, Tschechow und Korolenko übernachtet haben, sieht man heute die Sense, mit der sich selbst der alte Tolstoi noch gern in die Reihe der Mäher stellte – den dabei empfundenen Genuss der physischen Arbeit beschrieb er in «Anna Karenina». Betrachten kann man aber – wiederum in der Schlafkammer – auch den spitzen, eisenbeschlagenen Spazierstock mit dem seltsamen, quer mehrfach unterteilten Griff; er war Tolstois Begleiter, als er – im Alter von 58 Jahren – zu Fuss die Reise von Moskau nach Jasnaja Poljana machte.

Diese Strecke misst gut und gern 200 Kilometer; auf der Strasse, die nach Orel und Kiew führt, braucht man mit dem Wagen jetzt gegen drei Stunden, um zur Gedenkstätte zu gelangen. Das Gut – Parkanlagen, dichte Birken- und Tannenwälder in einer sanften Hügellandschaft – liegt heute noch in der Einsamkeit, obwohl es von der grossen Verkehrsachse nur einige Schritte entfernt ist; Tolstoi soll diesen Spaziergang hinaus zur Landstrasse oft gemacht haben. Ein Stein im Park markiert die Stelle, wo einst Tolstois Geburtshaus gestanden hat, und nicht einmal ein Stein, sondern gemäss dem Willen des Dichters nur eine grasbewachsene niedrige Erdaufschüttung bezeichnet das Grab Tolstois am Ende eines langen Waldwegs. Und bei aller Abgeschiedenheit, die den Haupteindruck des heutigen Besuchers von Jasnaja Poljana bestimmt, wird gleichzeitig auch klar, in welchem Mass dieser Flecken mit dem bescheidenen Landhaus zu Lebzeiten des Künstlers keineswegs ein verlassener Ort hinter geschlossenen Grenzen am Ende der Welt war, sondern ein Mittelpunkt europäischen Geisteslebens.

Klar wird dies zum einen beim Anblick der vielen Bücherschränke, die im Wohnhaus des Schriftstellers – offensichtlich aus Platzmangel – so ziemlich wahllos in allen Räumen stehen, im Vorzimmer ebenso wie in Korridoren. Tolstois persönliche Bibliothek umfasste 22 000 Bände in 35 Sprachen. Der Hausherr beherrschte viele Sprachen und hörte bis ins hohe Alter nicht auf, neue zu lernen; einen grossen Teil der Buchbestände machen indessen ihm zugestellte Werke fremder Autoren aus und vorab Übersetzungen seiner eigenen Romane aus aller Herren Ländern. Beträchtlichen Umfang muss auch die Sekundärliteratur über Tolstoi bereits um die Jahrhundertwende erreicht haben; zahlreiche Bände stehen da, die sich mit Tolstois Gedankenwelt beschäftigen. Der alte Mann hat, so scheint es, die Übersicht zuletzt verloren oder sich um sie gar nie gekümmert: die Einordnung ist zufällig, man findet auf den Regalen theologische und geschichtsphilosophische Werke in guter Nachbarschaft von Büchern, welche die Vorzüge vegetarischer Rezepte preisen.

Dass Jasnaja Poljana ein Wallfahrtsort vieler Künstler war und das Haus des alten Tolstoi allen offenstand, haben viele der damaligen Gäste beschrieben, und aufschlussreich ebenso ist die Angabe, dass im Nachlass rund 50 000 an Tolstoi adressierte Briefe erhalten sind. Im Literaturmuseum, das im Haus untergebracht ist, wo Tolstoi eine Zeitlang eine Schule für Dorfkinder führte, sieht man neben Manuskripten und Erstausgaben auch Bücher mit handschriftlichen Widmungen. Romain Rolland huldigte wortreich dem grossen Russen, «qui nous a appris à dire la vérité – coûte que coûte», während Bernard Shaw mit dem Empfänger seines Buches schlicht von gleich zu gleich verkehrte und auf die Titelseite lediglich soviel schrieb: «To L. Tolstoi from G. B. Shaw».

In einem 1982 in Moskau herausgegebenen Büchlein über Jasnaja Poljana heisst es, der Besuch der Gedenkstätte durch Generalsekretär Breschnew 1977 erscheine als ein Ereignis von besonderer Tragweite. Man wird den Satz in der nächsten Auflage streichen. Stehenbleiben dürfen dagegen – als einzige stets sichere Referenzmöglichkeit – die Bemerkungen Lenins, die für die sowjetische Art des Umgangs mit Klassikern überaus charakteristisch sind. «Tolstoi wusste in seinen Schriften eine so grosse Anzahl gewaltiger Probleme zur Diskussion zu stellen und einen solchen Grad künstlerischer Kraft zu erreichen, dass seine Werke zu den besten der Weltliteratur zählen.» So lautet die erste Aussage Lenins, und sie ist ein Gemeinplatz. Dann aber liest man: «Die Periode der Vorbereitung der Revolution in einem der Länder, die durch die Bewahrer der Leibeigenschaft unterdrückt waren, erscheint dank Tolstois genialer Schilderung als ein Schritt vorwärts in der historischen Entwicklung der ganzen Menschheit.» Da wird der Dichter schon in Anspruch genommen, als Zeuge zitiert und ausgelegt für die Richtigkeit des eigenen revolutionären Wegs und dessen geschichtliche Notwendigkeit; seine Bedeutung besteht in der Bestätigung von Ansichten des Politikers.

Freilich eignet sich Tolstoi in der Tat ungleich besser für sowjetische Interpretationen als etwa Dostojewski. Sozialkritik, Preisung des einfachen Muschiks und der russischen Erde, das sind Grundzüge, welche Sowjetästhetik gern betont, und der von Tolstoi geschilderte Abwehrkampf gegen Napoleon wird zum Sieg über das Dritte Reich allein durch den Namen schon – «Vaterländischer Krieg» – in Parallele gesetzt. Tolstois Religiosität dagegen und seine späte Lehre der Gewaltlosigkeit, die schlecht ins erwünschte Bild passen, spart man eben aus. Dass die «Proletariermacht» wiederum keinerlei Mühe hat, sich zur glanzvollen aristokratischen Vergangenheit zu bekennen (und ihre Vertreter sich, wie man vermuten darf, sogar ganz gern in deren Kontinuität sähen), hat eine erstaunte Welt bei Sergei Bondartschuks Verfilmung von «Krieg und Frieden» erlebt, einem Filmepos, das eine Huldigung an Russlands Volk und Adel enthielt.

Und schliesslich kommt man um den sonderbaren und bedenkenswerten Befund nicht herum, dass der Autor des späten Essays «Was ist Kunst?» Anschauungen vertrat, die ihn in manchem in die Nähe der heutigen Herren Russlands rücken. Der bejahrte und verbitterte Moralist in Jasnaja Poljana warf in dieser Schrift beinahe die gesamte Literatur, Kunst und Musik des Abendlandes von Shakespeare und Goethe bis Baudelaire und Zola, von

Beethoven bis Richard Strauss und bis zu den Impressionisten in den Mistkübel, und er liess nur jene Werke gelten, die entweder religiöse Gefühle ausdrücken oder aber selbst den einfachsten Leuten verständlich sind und auf solche Weise zur menschlichen Verbrüderung beitragen. Mochte er sich unter Verbrüderung auch anderes vorstellen als den Endzustand nach einem siegreich ausgetragenen Klassenkampf, so ist es doch unverkennbar, dass der Anblick russischen Elends auch ihn dazu veranlasste, die Kunst in den Dienst sozialer und somit ausserkünstlerischer Ideen zu zwingen. Und unbelastet von Übung in Toleranz, bekannte er sich zur Überzeugung, jede Kunst, die diesen Forderungen nicht genüge, werde in der Zukunft verachtet, gebannt und unerlaubt sein. Dass er seine frühen grossen Romane mit einbezog und diesem Urteil unterstellte, mutet gerecht an; dass dem spröden theoretischen Programm auch das Alterswerk nicht recht gehorchen will, erscheint tröstlich.

Rock-Oper in der Moskauer Vorstadt

Die Karten sind auf Umwegen erworben worden, die keine öffentliche Beschreibung vertragen. Die Rock-Oper «Junona und Awos», offiziell schonend «moderne Oper» genannt, war in den Jahren 1983/84 Moskaus begehrtestes Spektakel, dessen Musik auf Platten bald schon erworben werden konnte, das «man» aber gesehen haben musste. Das Komsomol-Theater hat mit dieser Schöpfung des Dichters Andrei Wosnessenski und des Komponisten Alexei Rybnikow selbst in Paris schon gastiert (und mässige Kritiken bekommen); hier in Moskau sind wir aber nicht in dem von Moden rasch gesättigten, stets nach dem Neuesten haschenden Westen; in der hiesigen Kulturlandschaft, über deren aufrechten Konservatismus mächtige und misstrauische Männer wachen, gilt und wirkt diese Rock-Oper als Sensation.

Die Aufführung findet an diesem Samstag abend nicht, wie gewöhnlich, im Theater im Zentrum statt, sondern im Kulturhaus einer Autofabrik weit draussen in der Vorstadt. Die Fahrt hinaus auf holperigen, vom Frost der Wintermonate mitgenommenen Strassen, deren Schlaglöcher jetzt beim Tauwetter im Vorfrühling von hochspritzenden Pfützen gefüllt sind, dauert lange; sie führt durch Industriequartiere, die weiss dampfenden Kühltürme eines Kraftwerks bleiben linker Hand zurück, dann folgen wieder eng an der Ausfallstrasse erstellte gleichförmige Wohnblöcke, die einsam auf weiten, jetzt lehmig nass glänzenden Feldern stehen. Ein grau hereinbrechender Abend nimmt dem Bild die wenigen letzten Farben, und man hat als Ausländer schon einige Bemerkungen über die Trostlosigkeit dieser Gegend auf der Zunge, entsinnt sich dann aber rechtzeitig, dass Vorstädte von Mailand oder Stockholm, zumal in dieser Jahreszeit, auch nicht die fröhlichsten Orte sind.

Inmitten dieser Gedanken über gerechte Vergleiche ist man aber auch schon angekommen, passiert die langgezogene eintönige Fassade der (nach Lenin benannten) Autofabrik und hält dann auf einem Platz vor dem (mit Lenins Bild geschmückten) Kulturhaus, einem ansehnlichen viereckigen Sichtbetonbau. Hier soll das Gastspiel des (Leninschen) Komsomol-Theaters in Szene gehen. Bis zum Vorstellungsbeginn bleibt noch reichlich Zeit, aber Menschen streben bereits in Scharen dem Eingang zu; sie kommen zu Fuss, die meisten von der gegenüberliegenden Station der (Lenins Namen tragenden) Metro. Nur einige wenige Wagen sind auf dem schmalen Betonstreifen vor dem Haus parkiert, und mehr werden es auch zu später Stunde nach dem

Ende der Oper nicht sein. Bert Brecht hat die Erstellung der Moskauer Untergrundbahn einst mit den in Verse gesetzten Worten gefeiert, jene, die die Bahn erbaut, benützten sie auch als Besitzer; über die Aussichten der Arbeiter in sowjetischen Autofabriken hat Brecht nichts gesagt.

Sonderbar, dass sich das Publikum hier in der Aussenstadt bei aller Begrenztheit, die ihm Sowjetkonfektion auferlegt, eleganter ausnimmt als etwa im Bolschoi, unter dessen Zuschauern – wohl als Nachahmung des westlichen Brauchs – die Spannweite heute von dunklem Anzug und Krawatte bis zu Jeans und Pullover reicht. Im Kulturhaus überwiegt dagegen ein zaghafter Wille zur Feierlichkeit. Beim Eingang vertreten sich selbst da einige zuversichtliche Leute die Beine und fragen, ob die Ankommenden keine Karten zu verkaufen hätten; und beim Einlass zum Saal gibt es zwischen den als Kontrolleure amtierenden beleibten Frauen und manchem jungen Besucher gereizte Wortwechsel: «Ich arbeite hier, will nur an der Seite einen Stehplatz. – Nein, da geht mir ohne Karte keine Menschenseele hinein.»

Der mit roten (und sogar bequemen) Sesseln bestuhlte Zuschauerraum fällt gegen die kleine Guckkastenbühne steil hinab, die Inneneinrichtung ist einfach, funktionell. An linientreuer Dekoration ist nur ein Mindestmass vorhanden (im Bolschoi, dem prunkvollen Logentheater aus dem letzten Jahrhundert, ist selbst der rote Bühnenvorhang mit Hammer und Sichel durchwebt, und in die Goldzierate des Proszeniums sind Sowjetwappen eingearbeitet); hier gibt es nur an der Brüstung des Balkons einen Allerweltsspruch über die Einheit von Partei und Volk oder dergleichen, den hat der Zuschauer im Rükken, und die Schauspieler auf der Bühne, die ihn vor sich sehen, sind erstens von Scheinwerfern geblendet und haben, zweitens, andere Sorgen.

Die Szene hinter dem kleinen Orchestergraben ist offen, als Kulisse hängt das Modell eines Segelschiffs vom Schnürboden herab – «Junona» und «Awos» sind Schiffsnamen –, Seile und Strickleitern markieren den Ort der Handlung, die beschworen werden soll: die Geschichte des russischen Grafen Nikolai Petrowitsch Resanow (1764–1807), der ein Gründungs- und Direktionsmitglied der russisch-amerikanischen Handelsgesellschaft war und in zaristischem Auftrag auch nach Japan segelte. Die Bühnenversion von Wosnessenskis Dichtung befasst sich, genauer, mit einer Reise des Grafen nach Kalifornien, wo er mit spanischen Kolonisten Handelsbeziehungen anzuknüpfen suchte. Und nun geht es los; auf der Verlängerung der Bühnenrampe, wo sich rechts und links die Verstärkeranlagen türmen, nehmen Spieler hinter einer Batterie von Trommeln und elektrischen Orgeln ihre Plätze ein; ein kleines Orchester mit teils herkömmlichen Instrumenten ist auch zur Stelle, ein schwarzgekleideter Dirigent, der auf der Bühne aufgeregt agiert, wird – dies ist vermutlich als Absage an die klassische Form zu verstehen – im Verlaufe des Abends mehrmals erschossen. Blinkende, farbige Lichteffekte setzen ein, erhellen für Augenblicke Gruppen von Darstellern und Musikern.

Was hinter der Rampe abrollt, markiert durch Dialoge und Pantomime, ist eher nur die Andeutung einer Handlung: der Auftrag an Resanow, die Abfahrt mit dem Schiff, Ankunft in Kalifornien, Verhandlungen und Verwicklungen in der Fremde. Das Bühnenbild, abgeschrägte Quadrate, bleibt sich gleich, je nach Beleuchtung und Bedarf gibt es das Schiffsdeck, die amerikanische Küste oder einen Prunksaal ab. Die Musik kennt in ihrer Intensität grösste Schwankungen; von einem volksliedartigen, melancholischen Abschiedslied, das zuerst vier Offiziere leise singen und das dann leitmotivisch (bis zur Enderschöpfung) wiederkehrt, steigert sie sich bis zu dissonanten Ausbrüchen, in Rhythmus und Lautstärke entfesselten Passagen. Die Sänger reissen dann die an Kabeln befestigten Mikrophone hoch, vor den Mund, Verstärker und Trommelfelle beben. Wer kein Liebhaber und (folglich) kein Kenner des Rock ist, enthalte sich des Urteils. Wer im Westen derartiges schon gesehen und gehört hat, mag abwinken. Wer aber mit den Schlagworten vertraut ist, die hier die Leitlinie für den Künstler setzen, wird sich seine Gedanken machen. Sänger und Musiker gleichen wörtlich aufs Haar ihren westlichen Kollegen, vertreten eine Internationale der Hemdsärmligkeit und Pilzköpfigkeit, die keineswegs jene ist, die man hier offiziell preist; und anstelle des mit wachem Verstand optimistisch verrichteten Dienstes an den herrschenden Idealen ist da eine Musik am Werk, die als Gattung an Unbewusstes appelliert, Rausch und Selbstvergessenheit hervorzurufen sucht.

Ein Gegengewicht ist freilich unübersehbar: Graf Resanow, die Hauptfigur. Stellt man ihn sich nach seiner Biographie als einen liberalen, um die Entwicklung des Handels bemühten Aristokraten vor, so erscheint er hier als jugendlicher Held, als ein Teufelskerl von einem Abenteurer in romantischem Licht. Sein erster Auftritt, wenn er im Scheinwerferkegel im Hintergrund in malerischer Pose unbeweglich dasteht, ist eines Lohengrin würdig. Dieser russische Schwanenritter erweist sich allerdings als ein unbändiger Draufgänger, der in Kalifornien das schönste und vornehmste spanische Mädchen gleich für sich gewinnt und einen Nebenbuhler in wilder Rauferei zu Boden streckt. Trinkfest und von goldenem Gemüt, wie er ist, leert er aber hernach mit dem Besiegten doch grosszügig-grossmütig den Freundschaftsbecher, solange die Flasche hält. All den degenerierten Spaniern in ihren Don-Carlos-Kostümen mit den läppischen Spitzenkragen führt er vor, was ein ganzer Mann ist, und auf dem Höhepunkt des grossen Liebesduetts fällt ihm nur das Versprechen ein, er werde der Geliebten «von Russland erzählen».

Ein literarisches Klischee? Gewiss: man erzählt in der Fremde über die Heimat. Hier indessen geht es um ein tiefer gelagertes Thema des nationalen Selbstverständnisses, das sogar da, in der leicht verworrenen Handlung der Rock-Oper, überdeutlich zum Vorschein kommt: um die Begegnung mit dem Ausland, dessen verfeinerte Zivilisation russischem Selbstgefühl qualvoll zu schaffen macht, deren Vertretern ein echter Russe von Schrot und Korn jedoch zu beweisen weiss, dass Ursprünglichkeit und Temperament, Mannesmut und Herzlichkeit er auf seiner Seite hat.

In Abweichung von der historischen Vorlage endet Wosnessenskis Bühnendichtung als Sage; Resanow kehrt nicht heim, unsichere Kunden verbreiten sich über sein Schicksal, und die Oper klingt unter Halleluja-Rufen aller Darsteller als ein Freudengesang auf die Liebe aus. Die Aufnahme? Es wäre schon übertrieben, wollte man sagen, dass es im Saal geknistert, dass zwischen der Bühne und dem Zuschauerraum die animierende Wechselwirkung grosser Abende bestanden hat. Man hörte höflich und offenbar ein wenig befremdet zu. Der Beifall zuletzt war aber kräftig.

Kultursplitter aus der Provinz

Das Stadttheater von Irkutsk, erbaut in den neunziger Jahren des letzten Jahrhunderts, ist klein, und mit seinen Galerien, Plüschsitzen, den unförmigen Reflektoren in den Prozeniumlogen und den engen Korridoren (Foyers hatte man auf Kosten des Pausenpublikums auch hier eingespart) könnte es in Oslo oder Zagreb ebenso stehen. Es trifft sich, dass unser Aufenthalt in der Stadt mit dem letzten Abend der Saison zusammenfällt, eine Wahl gibt es nicht mehr, sofern man einen kleinen Eindruck vom lokalen Theaterleben gewinnen will. Auf dem Programm steht das Stück «Liebe und Tauben» des sowjetischen Autors W. Gurkin. Sonderbar erscheint als Vorzeichen einzig, dass die Intouristbeamtin, die man im Hotel um die Bestellung der Karten bittet, sich einige diskrete Mühe gibt, ihre Gäste von dem Vorhaben abzuhalten und zu überreden, den Hunger nach Kultur, wenn schon, eher tags darauf durch den Besuch eines Orgelkonzerts zu stillen. Wir bleiben standhaft und werden belohnt – wenn nicht durch hohen Kunstgenuss, so doch durch Einblick in eine «Komödie», die vom heutigen Leben kleiner Leute irgendwo in einem sibirischen Städtchen handelt und deren Verfasser und Regisseur offenkundig dem Volksgeschmack haben entgegenkommen wollen.

Am interessantesten ist das Bühnenbild: eine etwas schmuddelige Dachterrasse mit einem Taubenschlag, da nämlich Wassili, die Hauptfigur, ein bestandener Mann und Vater dreier erwachsener Kinder, ein Taubennarr ist. Seine Freizeit und seine Leidenschaft gehören den Vögeln, und als gutmütiges Original lebt er mit sich selber und der Umwelt in Frieden, bis mit einemmal das Verhängnis über ihn und die Familie hereinbricht. Besagtes Verhängnis hat die Gestalt der Einweisung in ein Ferienheim zur Erholung, und man hat dazu zu wissen, dass der Sowjetbürger seinen Ferienort von der Gewerkschaft an seinem Arbeitsplatz zugeteilt bekommt, dass er deshalb allein hinfährt und dass die mit der Familie zusammen verbrachten Ferien als Ausnahme gelten. Und so kommt es zur Verwicklung, herbeigeführt durch eine etwas verlebte, dafür aber mannstolle Brünette, die den rechtschaffenen Ehemann am Kaspischen Meer in Bedrängnis und Nöte bringt. Wie die hundertprozentige Planerfüllung, so sicher ist freilich am Ende der Komödie der glückliche Ausgang, da doch die Tauben, diese beseelten Tiere, wie der Schwärmer Wassili meint, den Weg aus der Ferne zurück in ihren Schlag nicht aus Instinkt, sondern aus Liebe finden.

Vorgeführt wird das im Stil der massiven Volksbelustigung, und es sind denn auch die derbsten Scherze, die im Zuschauerraum Heiterkeit verbreiten. Wenn der arme Held des Stücks sich für die weite Fahrt in seinen besten Anzug stürzen muss und die vereinigte Familie mit allen Kräften vergebens an seiner Jacke zieht und zerrt, dann will sich das Publikum vor Lachen ausschütten, und nicht minder lustig findet man Wassilis Problem mit der Krawatte, die er nicht hat, jedoch haben sollte, da, wie es heisst, am Ferienort alle vornehm gekleidet sein würden und eine Krawatte auch eine Frage der Kultur sei. Deutlich wird hinter der Komödie, welch ein Ereignis im Sowjetalltag ein solcher Ferienaufbruch darstellt («Du wirst mit dem Flugzeug fliegen, das Meer sehen»), und man ist nicht ganz sicher, ob es Ironie entspringt, wenn die Verführerin im Erholungsheim Wassili entrückt zuflüstert, das Schicksal habe sie beide zusammengeführt, da die Gewerkschaften ihnen doch zu gleicher Zeit und an den gleichen Ort Ferieneinweisungen gegeben hätten. Es fehlt nicht im Stück der kauzige liebe Nachbar, der freilich – wer aber hätte nicht seine verzeihlichen kleinen Fehler? – die Wodkaflasche stets in der inneren Jackentasche trägt und (auch dies zur Freude der Zuschauer) immer wieder Gelegenheit findet, sich die Kehle zu schmieren. Und vorhanden sind auch die Ehefrauen, sie tragen selbst in diesem dürftig dargebotenen Schwank spürbar die Hauptlast des Lebens, und einmal sanftmütig und dann wieder zugriffig und polternd wachen sie über ihre ausschweifenden oder auch nur verschrobenen Männer.

Das empfohlene Konzert, ein Bach-Orgelabend, findet in einer winzigen, aus Ziegeln erstellten neugotischen Kirche statt – das gibt es in Irkutsk, es ist eine katholische Kirche, die einst der hier in Verbannung lebenden polnischen Gemeinde gehört hat. Das Hauptschiff ist nun kein Sakralraum mehr, die moderne Orgel steht vorne, anstelle des Altars. Als Gast spielt ein Moskauer Künstler – hervorragend – die Choräle aus Bachs «Orgelbüchlein». Bevor es aber soweit ist, kommt es zu einem peinlichen und zugleich für die beteiligten Mentalitäten höchst charakteristischen Zwischenfall. Kaum ist nämlich der erste Choral verklungen, verbeugt und verzieht sich der Organist bereits, und seine Stelle nimmt eine blondierte Dame in schwarzem Abendkleid ein, die zu einem Einführungsvortrag ausholt. Nach einigen Sätzen gelangt man zur Einschätzung, man habe ungefähr die Musiklehrerin am städtischen Gymnasium vor sich. Im Augenblick verhält sie sich allerdings so, wie wenn sie zu Erstklässlern spräche: «Vielleicht waren einige von Ihnen schon im Baltikum oder in Deutschland, die wissen, dass es dort in den Kirchen Orgeln gibt. Johann Sebastian Bach entstammte nun einer alten Musikerfamilie, er war selber Organist.» Und das so weiter – zwanzig Minuten lang.

Nun besteht das Publikum wohl zu zwei Dritteln aus Ausländern, Touristengruppen, deren Aufenthaltsprogramm in Irkutsk diesen Orgelabend mit einschliesst und die, mit Verlaub, kein Wort Russisch verstehen. Einigen von ihnen geht nach einer Viertelstunde die Geduld aus, sie unterbrechen den

Vortrag mit demonstrativem Applaus. Die Dame vorne stockt, errötet und erbleicht abwechselnd, blickt verstört in die Runde, sammelt sich und spricht weiter. Sie schliesst dann – die Berufung auf eine Autorität darf nicht fehlen –, indem sie eine Äusserung Schumanns, «des berühmten deutschen Komponisten», über Bachs Genialität zitiert. Und jetzt erst ist man einander gegenseitig los, jetzt erst darf das Konzert wirklich beginnen. Zurück aber bleibt der Eindruck von einem hoffnungslosen Missverständnis. Die Lehrerin, so ist zu vermuten, schmollt jetzt draussen, ist schmerzlich beleidigt und versteht die Welt nicht mehr, die ihr die Anstrengung, die Menschen zu erziehen und ihren Sinn für höhere kulturelle Werte zu wecken, so schnöde lohnt. Die entsetzlichen westlichen Touristen wiederum meinen, dass sie ins Konzert gekommen seien, um darüber selber zu urteilen, und dass sie selbst dann keine Belehrungen benötigten, wenn sie die Sprache der Vortragenden verstünden und wenn die Dame, was leicht möglich wäre, über Bach besser Bescheid wissen sollte als sie selber.

Ein «Nein», so sagt man, bedeute in diesem Land nicht unbedingt das letzte Wort, und so machen wir einen Versuch, in das historische Museum der Stadt mit Überredungskünsten einzudringen, obwohl das Haus wegen Renovierungsarbeiten geschlossen ist. Die kolonialen Anfänge Irkutsks sähe man gern dokumentiert, auch wäre es interessant zu erfahren, ob heutiges Geschichtsbild die Verbannungszeit Stalins an diesem Ort einbezieht oder aber wie die Tschechische Legion behandelt wird, die nach dem Ersten Weltkrieg in Sibirien auf weisser Seite gekämpft hat. Ein kurzes Gespräch mit dem Museumspersonal überzeugt uns indessen bald von der Unmöglichkeit des Vorhabens. Als schwer widerlegbares Argument endet es nämlich mit einem Hinweis auf den Museumshof. In einem grossen, unordentlichen Haufen türmen sich dort grossformatige Photographien, Plakate, Tafeln: «Die Exponate sind während des Umbaus ausgelagert.»

Offen ist dagegen die Kunstgalerie. Sie zeigt immerhin auch einige Stiche aus der Gründerzeit der Stadt, vor allem aber führt sie vor, was russische Malerei des Durchschnitts im letzten Jahrhundert gewesen ist. Neben einigen kleinformatigen Bildern Ilja Repins, die wohl den grössten Schatz des Museums bilden, findet sich Unterschiedlichstes – Liebliches, Braves und Bombastisches. Mit schneidender Deutlichkeit macht der Rundgang selbst in einer solchen Provinzsammlung die Bruchstelle bewusst, die sich in Geschichte und Kultur dieses Landes 1917 aufgetan hat. Vor der Jahrhundertwende entstandene Gemälde, welche sehr blaue Wellen des Meers vor Capri oder den sonnenbeschienenen Markusplatz zum Sujet haben, erinnern daran, dass es für den russischen Maler damals, wie für den europäischen Künstler allgemein, noch zur Norm gehörte, nach Italien zu ziehen, einige Jahre vielleicht in der Welt der Römer Bohème zu verbringen und dann mit einer Anzahl von mehr oder minder gelungenen Werken in die Heimat zurückzukehren.

In der Chronologie der Ausstellung weicht diese Weltoffenheit bald schon den plakativen Bildern der auf sich selbst zurückgeworfenen, eingeengten Sowjetkunst: Mittagspause bei der Feldarbeit, der Traktorist hat seine Maschine im Hintergrund abgestellt, und mit starker Hand schneidet er jetzt vom Brotlaib ab, während seine kleine Tochter für das Getränk sorgt. Ihr Kleid ist ebenso weiss wie die Milch, die sie in eine Schale giesst. Schlimm vollends wird es in der Nachkriegszeit, wenn auf den Bildern Rotarmisten in der Haltung von Heldentenören sich feige duckende deutsche Soldaten überrennen oder wenn die Partisanin Soja Kosmodemjanskaja auf die sie verhörenden Wehrmachtsoffiziere aus strahlenden Augen Blitze der Verachtung schleudert. Eine Figur der sowjetischen Kriegsmythologie ist aber dieses arme Mädchen bis heute geblieben, nicht darum, weil der Feind sie – wie so viele andere Partisanen – hingerichtet hatte, sondern weil sie mit dem als Drohung gerufenen Namen Stalins auf den Lippen gestorben war. Ihr Bild im Irkutsker Museum dient unausgesprochen nach wie vor dem Stalin-Kult.

Anstelle eines Nachwortes

Supermacht und Entwicklungsland

Es geschah einmal, dass ein westdeutscher Korrespondent in Moskau einen ihm bekannten Beamten des Aussenministeriums in seinem Wagen eine kurze Strecke mitführte und dass sich bei dieser Gelegenheit ein Gespräch ergab. «Wievielmal», fragte der Sowjetmann, «gehen Sie in einer Woche bei Ihrer Botschaft vorbei?» Als der Journalist antwortete, solche Besuche könnten je nach Notwendigkeit mehrmals oder aber während längerer Zeit überhaupt nicht vorkommen, da bekam er folgende nächste Frage: «Ja, wer gibt Ihnen denn sonst die Themen an, die Sie bearbeiten müssen?» Unterschiede der Auffassungen und des Weltbilds sind in einem solchen Fall derart, dass sie Erklärungen und Verständigung von vornherein als ein aussichtsloses Unterfangen erscheinen lassen. Da sowjetische Denkweise sich mit Vorliebe und praktisch ausschliesslich an den eigenen einheimischen Verhältnissen orientiert und sie zum Massstab nimmt, geht es den Moskauer Beamten nicht in den Kopf, dass westliche Korrespondenten (Vertreter von Zeitungen und Zeitschriften ausschliesslich) für private Unternehmen und nicht im Auftrag ihres Herkunftslandes tätig sind.

Der fremde Journalist ist nach Sowjetauffassung vorerst einmal ein Staatsvertreter; seine Berichte sind ein Teil der zwischenstaatlichen Beziehungen. Auch die Behandlung, die dem Korrespondenten in der UdSSR zuteil wird, richtet sich stark nach dem Verhältnis, das Moskau mit dem jeweiligen Land unterhält. Ein Schweizer Zeitungsmann kann sich in der Sowjethauptstadt in seinen Artikeln wie in seiner Lebensführung mehr erlauben als etwa ein amerikanischer Kollege. Manchmal genügt es aber nicht, Bürger eines neutralen Landes zu sein. Schwedische Presseleute etwa wurden von der Moskauer Verkehrspolizei eine Zeitlang hartnäckig angehalten und gebüsst – zufällig in den Tagen der in den Stockholmer Schären geführten U-Boot-Jagd. Auch als Schweizer gewöhnt man sich aber – rasch übrigens – daran, dass man in der eigenen Wohnung immer wieder telefonisch belästigt wird. Man hat einige recht durchsichtige Provokationsversuche zu parieren und kann am gleichen Vormittag, für den ein Treffen mit einem jüdischen «Refusnik» vereinbart worden war, sowohl den zeitungseigenen Dienstwagen als auch das Privatauto mit je einem platten Reifen am rechten Vorderrad vorfinden.

Dergleichen gehört zur hiesigen «Normalität», zeugt von der Aufmerksamkeit, welche die «Organe» dem fremden Journalisten widmen. Man lernt damit zu leben und regt sich zuletzt selbst dann nicht mehr übertrieben auf, wenn ein anonymer Anrufer mit schöner Direktheit zu verstehen gibt, dass in der eigenen Wohnung mit russischen Gästen geführte Gespräche abgehört wurden. Kontakte oder gar Freundschaft mit Einheimischen, die das journalistische Leben in diesem Land erst wertvoll und lebenswert machen, erfreuen sich nun einmal keiner amtlichen Wertschätzung. Und doch wissen die Sowjetbehörden genau, dass sie selber auf die Auslandspresse angewiesen sind, auf Journalisten, welche die propagandastrotzenden Sowjetphrasen täglich lesbar ins Europäische übersetzen und die auf solche Weise die Öffentlichkeit ihrer Länder entdecken lassen, dass der bombastische Tass- und «Prawda»-Stil gelegentlich auch erwägenswerte oder zumindest diskutierbare Standpunkte verdecken kann. Freilich sind Differenzierungsversuche solcher Art nicht Sache der sowjetischen Amtsstellen. Einfach genug gilt da als Kriterium nach wie vor allein, ob jemand «der Unsrige» oder «fremd» ist, Freund oder Feind. Durch bürokratische Nadelstiche, vom Aussenministerium von Zeit zu Zeit offiziell ausgesprochene Verwarnungen und durch verunglimpfende Presseangriffe markierten die Sowjets ihren Missmut wegen der Berichterstattung einzelner Korrespondenten. Zur Kenntnis nehmen kann man das alles nur mit Gelassenheit und mit einiger selbstironischer Verwunderung darüber, welche – anderswo längst schon abhanden gekommene – Bedeutung in der Sowjetunion journalistischer Arbeit beigemessen wird.

Es ist keine geringe Portion, die an sowjetischer Selbstgerechtigkeit in amtlichen Verlautbarungen, Presse und Fernsehen über den fremden Korrespondenten in Moskau täglich niederprasselt. Da sitzt man etwa bei einer Pressekonferenz des Aussenministeriums und hört einem Funktionär zu, der langatmig Elend und Rechtlosigkeit der Massen im Westen ausmalt und gleichzeitig das Sowjetsystem als vollkommenste Garantie aller Menschenrechte preist. Und da möchte man sich erheben und sich erkundigen, woher es beispielsweise kommt, dass gemäss amtlichen Angaben jährlich nicht mehr als 1,5 Prozent der Sowjetbevölkerung Auslandreisen unternehmen kann, wobei die Teilnehmer offizieller Delegationen und als Reiseziel die «Bruderländer» inbegriffen sind. Innerlich winkt man gleichzeitig ab, denn die Antworten sind berechenbar: Die Devisenschwierigkeit, leider, eine Folge übrigens feindlicher westlicher Diskriminierung, stehe dem Ausbau des Tourismus im Weg; es handle sich keineswegs um Hindernisse, die der Sowjetstaat aufbaue, ganz im Gegenteil, es sei ja nur allzu bekannt, dass die UdSSR auf beispielhafte Weise für die Völkerfreundschaft eintrete, dagegen hätten die US-Behörden vor kurzem zwei sowjetischen Professoren wieder einmal das Visum verweigert, woraus doch klar hervorgehe, und so weiter.

Da bleibt man also sitzen, und ein amerikanischer Kollege erhebt sich. Höflich, ohne jede Schärfe fragt er, ob der Funktionär als Regierungsvertreter die seit kurzem im Westen kursierenden Gerüchte bestätigen könne, die von der bevorstehenden Freilassung eines bekannten sowjetischen Dissidenten und seiner Abschiebung ins Ausland wissen wollen. Dem Berichterstatter aus Los Angeles geht es nicht um die grundsätzliche Auseinandersetzung: er will keine Debatte, sondern eine bejahende oder verneinende Antwort, die für ihn – so oder so – «News» bedeutet. Amerikanischer Pragmatismus, «Matter of fact»-Mentalität, so scheint es allgemein, wird mit sowjetischer Selbstdarstellung besser, müheloser fertig, als dies Europäern gegeben ist. Das Phänomen Sowjetunion mit all seinen Manifestationen liegt vor, ist Wirklichkeit; welches Verhalten drängt sich also auf gemäss unseren Interessen und den möglichen Folgen? Für angelsächsischen Realitätssinn geben diese Feststellungen und Fragen den Leitfaden ab. Wir dagegen, Kinder des Alten Kontinents, die wir – bewusst oder unbewusst – alle das Erbe des europäischen Idealismus in uns tragen, verspüren irritiert den Drang zur Wahrheitssuche, und dies bedeutet: zur Annahme der ideologischen Herausforderung.

«Immer, immer schreiben die nur negativ über die Sowjetunion!» Den Ausruf, so berichtete in Moskau ein Schweizer Geschäftsmann, tat der in Zürich residierende Chefvertreter eines Sowjetunternehmens nach der NZZ-Lektüre. In der Tat: Sind wir Korrespondenten nicht einseitig? Picken wir nicht konsequent stets das Abschreckende, das Ungenügende aus dem Sowjetleben heraus, um es unseren Lesern zu präsentieren? Folgt der westliche Journalist während seiner Moskauer Jahre nicht blind vorgefassten, bereits mitgebrachten Meinungen? Dass die Sowjetpresse es ihrerseits so hält, dass sie in ihren Berichten die Länder der parlamentarischen Demokratie Tag für Tag höhnisch mit Dreck bewirft, dies sollte uns nicht irremachen. Denn darum, dass wir in unseren Medien Vergeltung üben, kann es sich nicht handeln; wir wollen ja nicht an Norm und Niveau der Sowjets gemessen werden. Man braucht daher nicht an der Aufrichtigkeit des russischen Lesers in Zürich oder daran zu zweifeln, dass für einmal nicht der Staatsrepräsentant, sondern ein Privatmann gesprochen hat, der sich durch die schlechte Behandlung seiner Heimat gekränkt fühlt.

Fände sich also in der Sowjetunion für die journalistische Ausbeute nichts, wirklich gar nichts, dem man guten Gewissens und mit Freude zustimmen könnte? Und das sich entsprechend beschreiben liesse? Doch. Zwar liegen alle Themen solcher Art ausserhalb der politischen Sphäre, aber es gibt sie: in ihrer Grösse überwältigende Landschaften, von Kulturgeschichte gesättigte Gegenden und Städte und dann – dies vor allem – Menschen: schweigsame, in ihrer Versponnenheit liebenswerte Maler lernt man kennen, manchen seiner Kunst weltentrückt hingegebenen hervorragenden Musiker, belesene und bis zur Erschöpfung diskutierfreudige Intellektuelle, hie und da auch einen tüchtigen Arbeiter und Handwerker, und man erfährt Herzlichkeit und Hilfsbereitschaft jener, die mangels besserer Bezeichnung «die einfachen Leute» heissen. Das ist, versteht sich, nur eine Seite der Medaille, die Münze soll hier aber für einmal nicht umgewendet werden. Wer von Fairness etwas hält, wird als Korrespondent versuchen, auch diese Erlebnisse in seine Berichterstattung einfliessen zu lassen. Bald allerdings stösst er dabei auf jene politischen Grenzen, die er überwunden zu haben glaubt. Was man in russischen Heimen um den Küchentisch bei Hering, Salzgurke und Wodka auseinandersetzt, verträgt die Druckerschwärze zumeist einzig in der Form vager Andeutungen.

Aber die Leistungen des Sowjetstaats selber, verdienen sie kein Wort der Anerkennung? Da nun stösst man auf das grösste Dilemma des westlichen Journalisten. «Erklären Sie Ihren Lesern, dass Russland und die meisten Republiken, welche die Sowjetunion vereinigt, den Schritt ins 20. Jahrhundert von einer sehr tiefen Ausgangsstufe tun mussten. Bringen Sie ihnen bei, wenn es um die Mentalität unserer Leute geht, dass die Urgrossväter der heutigen Sowjetbürger noch Leibeigene waren.» Die Empfehlung stammt von einem offiziellen, sich aber gern «liberal» gebenden Moskauer Gesprächspartner. Tatsächlich, was in jedem Land recht ist, sollte für journalistisches Verhalten in der Sowjetunion billig sein. Man hätte von den historischen Voraussetzungen auszugehen, den heutigen Stand am zurückgelegten Weg zu messen und so zu bewerten, hätte sich die zivilisatorische und wirtschaftliche Verspätung Russlands stets vor Augen zu halten. Kurz, das Urteil wäre, wie überall sonst, unter Berücksichtigung der spezifischen, historisch geformten Eigengesetzlichkeit zu fällen. Und dabei käme man wohl zum Schluss, dass die Sowjetunion – mit Ausnahme der Militärtechnik und der ihr verwandten Raumfahrt – heute noch ein Entwicklungsland ist. Ein Entwicklungsland allerdings, das gewaltige und gewaltsame Anstrengungen unternommen hat und unternimmt, um über diesen Zustand hinauszugelangen.

Manche Meinung über die innere Lage in der Sowjetunion erschiene bei Beachtung dieses Hintergrundes gerechter, und selbst die Frage wäre diskutierbar, ob ein so heterogenes Riesenland, dessen Einwohnern in Jahrhunderten niemals Spielraum zur Selbstentfaltung gewährt wurde, mit anderen als (mehr oder weniger) autokratischen Methoden regiert und beisammengehalten werden kann. Es ist jedoch der ideologische Anspruch der sowjetischen Machthaber selber, der diese Betrachtungsweise verbietet. Sowjetpropaganda in ihrer Masslosigkeit will nichts von historischen Relativitäten wissen. Sie verkündet vielmehr, dass Staat und Gesellschaft der UdSSR die höchste Entwicklungsstufe in der Menschheitsgeschichte repräsentierten und an Fortschrittlichkeit ihresgleichen nicht hätten. Und die Rede ist keineswegs von einem ererbten, dem Land – vielleicht – gemässen autokratischen Führungsstil, nein, gesagt wird statt dessen, dass diesem hier praktizierten System als unausweichlicher geschichtlicher Notwendigkeit die Zukunft gehört, dass die Sowjetunion uns alle, den Rest des Planeten, morgen damit zu erlösen gedenkt. Und das nun, allerdings, verlangt auch vom Beobachter einen anderen Massstab. Wer eine solche Sprache führt, solche Absichten hegt (und sie mit Taten handfest unterstreicht), der muss es sich gefallen lassen, dass die Aussenwelt die Verheissung sehr genau kennen, Sowjetwirklichkeit schonungslos durchleuchten will.